Señales de violencia. Los agujeros fueron producidos por disparos de bala en una señal de tránsito situada en una carretera del este de Tijuana el martes 8 de diciembre de 2009.   Signs of violence: bullet holes in a traffic sign on a highway of east Tijuana, on Tuesday, December 8, 2009.

VIAJES AL ESTE DE LA CIUDAD
JOURNEY TO THE CITY'S EAST SIDE
© Omar Millán
Primera edición, 2013
First edition, 2013

COEDICIÓN   Trilce Ediciones
COEDITION   Consejo Nacional para la Cultura y las Artes–
             Dirección General de Publicaciones

D. R. © 2013, Trilce Ediciones
Carlos B. Zetina 61
Col. Escandón
Del. Miguel Hidalgo
C. P. 11800, México, D. F.
Tel. 5255 5804
www.trilce.com.mx
editorial@trilce.com.mx
trilce@trilce.com.mx

D. R. © 2013, Consejo Nacional para la Cultura y las Artes
Dirección General de Publicaciones
Avenida Paseo de la Reforma 175
Col. Cuauhtémoc
C. P. 06500, México, D. F.
www.conaculta.gob.mx

AEMI
Alianza
de Editoriales
Mexicanas
Independientes

Trilce Ediciones es miembro
fundador de la Alianza de Editoriales
Mexicanas Independientes
www.aemi.mx

Trilce Ediciones is a founder
member of the Mexican Independent
Publishers Alliance
www.aemi.mx

ISBN 978-607-7663-62-1, Trilce Ediciones
ISBN 978-607-516-310-9, Conaculta

Impreso y hecho en México
Printed and made in Mexico

TEXTO
TEXT
Omar Millán

FOTOGRAFÍAS
PHOTOGRAPHS
Guillermo Arias
Jorge Dueñes

EDICIÓN
PUBLISHERS
Déborah Holtz
Juan Carlos Mena

COORDINACIÓN EDITORIAL
PUBLISHING COORDINATOR
Mónica Braun

DISEÑO EDITORIAL
EDITORIAL DESIGN
Edgar A. Reyes

TRADUCCIÓN
TRANSLATION
Mariana Carreño King
Robin Myers

LECTURA DE PRUEBAS EN ESPAÑOL
SPANISH PROOFREADING
Miguel Rupérez

LECTURA DE PRUEBAS EN INGLÉS
ENGLISH PROOFREADING
Misha Maclaird

RETOQUE DIGITAL
DIGITAL EDITING
Jorge Bustamante

ASISTENCIA EDITORIAL
EDITORIAL ASSISTANCE
Ramiro Santa Ana Anguiano

ASISTENCIA EN DISEÑO
DESIGN ASSISTANCE
Berenice Martínez
Fernando Islas
Mariana Zanatta

FOTOGRAFÍA DE PORTADA | COVER IMAGE:
Guillermo Arias

PÁGINA ANTERIOR | ENDPAPER FRONT:
Guillermo Arias

GUILLERMO ARIAS: p. 2-3, 18-19, 32-33, 49, 54-55, 59,
64-65, 70-71, 72-73, 74-75, 76-77, 78, 79, 82-83, 94-95,
102-103, 114-115, 129, 130-131, 132-133, 136-137,
146-147, 148-149, 150-151, 152-153, 154-155, 162-163,
178, 201, 202-203, 204-205, 212-213, 214-215, 218-219,
220-221, 222-223, 224-225, 226-227, 230-231, 246-247,
270-271 y 393-394.

JORGE DUEÑES: p. 8-9, 10, 13, 14, 17, 50-51, 52-53,
56-57, 58, 60-61, 62-63, 66-67, 68, 69, 80, 104-105,
106-107, 134-135, 138-139, 140-141, 142-143, 144-145,
156-157, 158-159, 160, 184-185, 206-207, 208-209,
210-211, 216, 217, 228-229, 232 y 234-235.

VIAJES AL ESTE DE LA CIUDAD

OMAR MILLÁN

UNA CRÓNICA DE LA GUERRA CONTRA EL NARCO EN TIJUANA
JOURNEY TO THE CITY'S EAST SIDE: A CHRONICLE OF THE WAR AGAINST *NARCOS* IN TIJUANA

FOTOGRAFÍAS DE GUILLERMO ARIAS | JORGE DUEÑES

DIRECCIÓN GENERAL
DE PUBLICACIONES

ÍNDICE

INTRODUCCIÓN

LO QUE HACE ESPECIAL A UNA CIUDAD SON LOS RECUERDOS que ha ido reuniendo la gente que ha vivido mucho tiempo en las mismas calles; no sus edificios, los ríos que cruzan o su vista al mar. Hacia finales de 2008, cuando Tijuana era foco de atención internacional tras los cruentos asesinatos ligados al narcotráfico, comencé a encontrarme con personas –algunas nativas o con mucho tiempo de residir en la frontera– que empezaban a relacionar algunos sitios de la ciudad con personas muertas (colgadas, envueltas en cobijas o expuestas desnudas con las huellas de disparos) con las que se cruzaron mientras iban a sus empleos, escuelas o de paseo; o bien con familiares que habían sido víctimas de secuestros, persecuciones o asesinatos.

La violencia que estaban mostrando los dueños de la droga estaba convirtiendo a la ciudad –aparentemente acostumbrada a la cultura del narco desde que se instalara un cártel a comienzos de los ochenta– en un lugar completamente distinto. Los colores de las calles que a uno le hacían sentirse en casa estaban desapareciendo y recordándonos constantemente que los monstruos no se encuentran en reconfortantes cuentos, que las peores cosas las realizan personas a quienes nadie distinguiría en una muchedumbre.

Casi paralelamente a aquellos encuentros con fuentes que hablaban de una "época dorada" –un tiempo sin años definidos y que se sostenía simplemente con la frase *los días en que podías salir a cualquier hora en la ciudad y nada te pasaba*–, la editora para Asuntos Hispanos del *San Diego Union Tribune* me encargó un trabajo que me hizo por primera vez pensar en escribir un libro que contara lo que la comunidad fronteriza estaba viviendo; no me interesaba hablar de los crímenes ligados al narco, sino el porqué estaban sucediendo y las reacciones de la comunidad.

El trabajo que el diario me encargó consistía en buscar los nombres de las víctimas del narcotráfico en Tijuana, cómo habían sido ejecutadas y en qué sitios, durante 2008 y lo que iba de 2009, para armar un mapa virtual que el periódico lanzaría tentativamente en un especial para sus lectores estadunidenses junto con una serie de reportajes que titularía *Guerra en la frontera*.

Luego de tres meses de trabajo el mapa estaba listo. Eran cientos de homicidios que las autoridades relacionaban con la llamada "guerra contra el narco", que el entonces presidente de México, Felipe Calderón, había declarado casi al comienzo de su gobierno. Aproximadamente la mitad de las víctimas en el mapa estaban sin identificar, la mayoría habían sido asesinadas con rifles R-15 y AK-47 y las muertes estaban centradas en el este de la ciudad. Cuando abríamos el mapa en la computadora para agregarle nuevos datos, el oriente de Tijuana se llenaba de globos rojos que señalaban los crímenes. El trabajo nunca se publicó, se fue posponiendo y luego hubo cambios en la administración del periódico, despidos masivos de editores y reporteros, cierres de departamentos y recortes presupuestales –al igual que los hubo en otros diarios de Estados Unidos tras la crisis económica inmobiliaria.

Para mí no fue extraño que la mayor parte de los homicidios ligados al narco se centraran en el oriente de la urbe. Era una zona que concentraba los barrios más marginales de la frontera y donde una poderosa facción del crimen organizado había establecido sus operaciones. Hacía tiempo que viajaba en mi automóvil hacia el este de la ciudad para ver, como otros reporteros y fotógrafos, los cadáveres que grupos criminales dejaban tras enfrentamientos, ajustes de cuentas o como avisos para grupos rivales. Aunque, por absurdo que parezca, yo iba hacia esos sitios movido no por el morbo de ver un cadáver –la mayoría de las veces estaban ya cubiertos por una sábana blanca– sino porque quería ver en el paisaje la maldad que había ocasionado esa muerte.

La gente que entrevistaba en esos lugares, que había escuchado o visto algo del crimen, solía decir: "Todo pasó en un instante", o "fue cosa de un segundo". Pero yo sabía que no era así. Hay cosas que suceden y pasan en el tiempo de los distraídos y otras que, por su impacto o por la cercanía con la víctima, siguen ocurriendo a pesar de todo. Ocurren en larga cámara lenta, por así decirlo, siguen ocurriendo, sin más, a pesar de que ha pasado cierto tiempo.

Este libro es una crónica de que ocurrió y trajo mucha amargura. Tijuana fue la segunda región del país donde el gobierno de Felipe Calderón centró su "guerra contra el narco", después del operativo implementado en Michoacán, y donde tuvo un apoyo incondicional por parte del gobierno municipal y del gobernador. El comandante del Ejército Mexicano de la Segunda Región Militar fungió como mariscal de guerra coordinando los operativos contra los criminales de todas las secretarías de seguridad pública del estado de 2006 a 2012. La estrategia tuvo relativo éxito y Calderón declaró en varias ocasiones esto como un triunfo de su plan: se detuvo a algunos de los principales narcos, hubo grandes decomisos de droga y armas, descubrimientos de túneles transfronterizos y arrestos de funcionarios públicos acusados de corrupción. Sin embargo, hubo un aumento desmedido de adictos y, si bien se combatió a un cártel, otro grupo criminal tomó su lugar.

En este libro están las múltiples voces de protagonistas que explican este tiempo, el dolor y la corrupción generada por el narcotráfico, que difícilmente se podrá sanear en los años venideros; padres, esposas e hijos que claman por sus familiares desaparecidos; el problema de la droga que provoca derramamiento de sangre, la adicción local sin control de adultos y niños, jóvenes que solo conocen el lenguaje de la violencia para que un consumidor del *otro lado* quede satisfecho en nombre de *su búsqueda de felicidad* ("Aquí las ejecuciones al año se cuentan por centenares. Al norte, por miles y miles causadas por sobredosis", apuntaba el codirector del semanario *Zeta*, Jesús Blancornelas, en su libro *El cártel*). También ofrece la visión de funcionarios que trataron de cambiar las instituciones corruptas y que en el intento dieron sus vidas. Además, el libro dedica un capítulo, el más extenso y esperanzador, a explicar la reacción de la comunidad para contrarrestar esta dura situación; cómo se organizaron diversos grupos de la sociedad civil y empresarial –cada quién por su lado– para rescatar *la vida* en esta frontera e impedir que los residentes abandonaran sus calles luego de que ya los turistas lo habían hecho.

La mayoría de la información que utilicé para el libro la fui recabando mientras hacía diversos reportajes sobre el tema del narco como *freelancer* para el *San Diego Union Tribune* y para la Associated Press (AP), cuyos editores fueron siempre un faro: va mi agradecimiento por su invaluable guía.

El periodista estadunidense Jon Lee Anderson tiene un aforismo que dice: "Si algo se vuelve cotidiano, nos olvidamos de los detalles". A veces es peor: lo cotidiano se vuelve indiferente, invisible, y se toma en cuenta únicamente cuando ha estallado. El esfuerzo de esta obra es ofrecer al lector esos pormenores que muchos advertían décadas antes de que sucediera la tragedia. Cómo hubo una especie de síndrome de Estocolmo entre sus habitantes (algunos argumentaban que preferían tener a los narcos como amigos para que no les sucediera nada o decían frases como "mientras no te metas con ellos, ellos no se van a meter contigo; a la gente que matan o que secuestran es porque algo les debían") y cómo la comunidad despertó de esta pesadilla.

OMAR MILLÁN

" EL MUNDO DE ADENTRO ES LA RUTA INEVITABLE PARA LLEGAR DE VERDAD AL MUNDO EXTERIOR Y DESCUBRIR QUE LOS DOS SERÁN UNO SOLO CUANDO LA ALQUIMIA DE ESE VIAJE DÉ UN HOMBRE NUEVO, EL GRAN RECONCILIADO "

JULIO CORTÁZAR, *LA VUELTA AL DÍA EN OCHENTA MUNDOS*

" TAN MALA HA SIDO MI FORTUNA, QUE PARA MEJORARLA O ACABAR DE UNA VEZ, ARRIESGARÉ MI VIDA EN CUALQUIER LANCE "

WILLIAM SHAKESPEARE, *MACBETH*

" SEÑOR, YO SOY UN HOMBRE DE ESOS TAN MALTRATADOS POR LA SUERTE, QUE ME ARROJARÉ A CUALQUIER COSA, POR VENGARME DEL MUNDO "

WILLIAM SHAKESPEARE, *MACBETH*

" PODEMOS ACEPTAR CON RESIGNACIÓN LA MUERTE QUE SOBREVIENE DESPUÉS DE UNA LARGA ENFERMEDAD, E INCLUSO LA ACCIDENTAL PODEMOS ACHACARLA AL DESTINO; PERO CUANDO UN HOMBRE MUERE SIN CAUSA APARENTE, CUANDO UN HOMBRE MUERE SIMPLEMENTE PORQUE ES UN HOMBRE, NOS ACERCA TANTO A LA FRONTERA INVISIBLE ENTRE LA VIDA Y LA MUERTE QUE NO SABEMOS DE QUÉ LADO NOS ENCONTRAMOS "

PAUL AUSTER, *LA INVENCIÓN DE LA SOLEDAD*

VIAJES AL ESTE DE LA CIUDAD

DOS DÍAS ANTES DE QUE EL PRESIDENTE FELIPE CALDERÓN termi-
nara su sexenio marcado por la guerra que emprendió contra los
cárteles de la droga en México, al este de Tijuana –una de las primeras ciudades donde comenzó esta batalla– autoridades encontraron cerca de dos mil fragmentos óseos y piezas dentales pertenecientes a unas setenta personas asesinadas, cuyos restos habían
sido enterrados en una fosa clandestina situada en una propiedad
abandonada de un barrio pobre.

Oficiales de la Subprocuraduría Especializada en Investigaciones de Delincuencia Organizada (Seido) desenterraron los restos
humanos entre el 27 de noviembre y el 14 de diciembre de 2012 en
jornadas de ocho horas diarias.

Habían llegado hasta ahí conducidos por Fernando Ocegueda, un hombre moreno y delgado de 56 años que preside la Asociación Unidos por los Desaparecidos de Baja California, un organismo que representa a familiares de 315 personas secuestradas de
2006 a 2010 que hasta el momento no han sido halladas. Ocegueda encontró el sitio siguiendo las referencias que un criminal confeso hizo durante su declaración en la Seido y cuyo expediente le
hicieron llegar de forma anónima para que encontrara algún rastro de su hijo, plagiado en su casa el 10 de febrero de 2007 por un
grupo de supuestos oficiales.

Era la tercera fosa clandestina que descubrían en Tijuana en
los últimos tres años y la primera que daba a las familias de los desaparecidos esperanzas reales de reconocer –a través de exámenes
de ADN– a sus hijos, esposos o padres, pues los fragmentos humanos no estaban tan deteriorados.

El hallazgo, sin embargo, no produjo conmoción en la comunidad de esta ciudad. No hubo manifestaciones en las calles ni
exigencias por parte de organismos civiles o de derechos humanos para que se esclarecieran esos crímenes, como las hubo cuatro
años atrás. La noticia la llevaron varios medios locales en sus por-
tadas acompañadas de discretas declaraciones de funcionarios de

la fiscalía estatal, en el sentido de que cooperarían con la oficina federal cuando esta los requiriera, y algunos testimonios de familiares de las víctimas que contaban el último día que los vieron.

Entonces ya la "guerra contra el narcotráfico" en Tijuana era un tema que la comunidad o bien había intentado olvidar o buscaba evadir, pese a la conmoción que causó principalmente de 2008 a 2011, cuando hubo más de dos mil ochocientos asesinatos, cientos de secuestros y *levantones*, docenas de cadáveres colgados en puentes y decapitados y múltiples tiroteos en restaurantes, salones de baile, hospitales, zonas residenciales y calles transitadas; y aún cuando el resto del país seguía teniendo noticias todas las mañanas de nuevas matanzas y desapariciones en diversas regiones. La sensación era que la guerra se había trasladado a otros estados del país y los crímenes más atroces ya no sucedían aquí.

En enero de 2013, un informe de la Comisión Nacional de Derechos Humanos apuntó que en el sexenio de Calderón hubo más de veinticinco mil desaparecidos en México y habrían muerto cerca de sesenta mil personas en el contexto de la batalla contra el narco.

Para el frío invierno de 2012, el gobierno local, empresarios, políticos y algunos comerciantes habían cambiado su discurso alarmante que tuvieron hasta hacía poco. Ahora incluso negaban que el narco continuara violentando a la comunidad y calificaban a menudo de inmorales a ciertos medios cuando estos coreaban la violencia "porque *eso* alejaba a los turistas o a los posibles inversores en la frontera".

EL CONSUMO DE DROGA NO SE HABÍA DETENIDO, LOS ADICTOS SE HABÍAN TRIPLICADO EN TIJUANA DURANTE EL SEXENIO DE CALDERÓN.

La explicación a los asesinatos relacionados con el narco que aún sucedían, tenían argumentos como que estaban "focalizados" solo en aquellos que estaban involucrados en el crimen organizado.

En efecto, "los crímenes de alto impacto" –eufemismo que utilizaban las autoridades y líderes de opinión para referirse al sadismo con que actuaron los narcotraficantes– habían disminuido considerablemente, pero el "terror" continuaba ahí: en el año 2011 "solo" hubo 476 asesinatos ligados al narco y 364 en 2012, de acuerdo con la fiscalía estatal.

Aunque lo más grave sucedía a puerta cerrada: el consumo de droga no se había detenido, los adictos se habían triplicado en Tijuana durante el sexenio de Calderón, luego de que se abaratasen los estupefacientes, pues muchos narcotraficantes pagaban con mercancía a sus cómplices. Algunos adictos fueron obligados por sus padres a ingresar a centros de rehabilitación; pero la mayoría estaban en casa, con sus familias que negaban que el enemigo estuviera a un costado de ellos y al que se quiere más que a la vida.

ENTONCES YA LA "GUERRA CONTRA EL NARCOTRÁFICO" EN TIJUANA ERA UN TEMA QUE LA COMUNIDAD O BIEN HABÍA INTENTADO OLVIDAR O BUSCABA EVADIR, PESE A LA CONMOCIÓN QUE CAUSÓ PRINCIPALMENTE DE 2008 A 2011, CUANDO HUBO MÁS DE DOS MIL OCHOCIENTOS ASESINATOS. LA SENSACIÓN ERA QUE LA GUERRA SE HABÍA TRASLADADO A OTROS ESTADOS DEL PAÍS Y LOS CRÍMENES MÁS ATROCES YA NO SUCEDÍAN AQUÍ.

VEINTE DÍAS DESPUÉS DE QUE DESENTERRARAN los restos humanos, el 4 de enero de 2013, en el predio conocido como *La Gallera* en el barrio Maclovio Rojas, situado en una loma al este de Tijuana entre casas pobrísimas con cercos de llantas, estrechas calles de tierra que cruzan enormes surcos que desembocan en arroyos y almacenes convertidos en "templos" cristianos, fui de nuevo con Ocegueda al sitio.

La muerte de su hijo, que aceptaba como un hecho pues todas las pistas que había hallado así lo confirmaban, lo había dejado en la orfandad, así se sentía, me dijo Ocegueda. Sobre todo luego de diciembre, cuando durante ese mes, desde su desaparición en 2007, junto a su esposa guardaba luto y se entregaba a sesiones de oraciones, rezaba como nunca antes lo había hecho. Su acercamiento a la religión católica, me dijo, le había ayudado a no perder la razón ante tanto sufrimiento. La desaparición de su hijo hizo que descubriera que un ser humano no puede vivir sin creer en Dios.

Recorrimos el lugar de unos mil metros cuadrados, que contenía una antigua gallera con 20 granjas vacías y una casa destartalada protegida por una barda de ladrillo con varias pintas de grafiti que sobrepasa los dos metros y donde, dicen los vecinos, alguna vez "los propietarios" criaron gallos de pelea, pero "los nuevos dueños dejaron el negocio. Ahí comenzaron a celebrar muchas fiestas, algunas veces se escuchaban gritos como de gente que pedía perdón o suplicaba. Llegaban autos de lujo y patrullas se estacionaban enfrente, como si vinieran también a la fiesta. Una vez incluso apareció frente a ese lugar un hombre sin cabeza. Vino la policía pero no hizo nada. Nadie decía nada porque teníamos miedo", me dijo un vecino del barrio.

Ocegueda me comentó que "sentía" que en ese lugar estaba el cadáver de su hijo. Las referencias del lugar y el tiempo que encontró en la declaración a la Seido que hizo Santiago Meza –apodado *El Pozolero* por el oficio de *pozolear* o desintegrar en sosa cáustica cuerpos de personas asesinadas que eran llevadas por integrantes de células ligadas a cárteles de la droga, tras su detención en enero de 2009– le hacían creer que entre los huesos de "más de setenta cuerpos humanos muertos" que pretendió desaparecer Meza –según el expediente– estaba el de su hijo.

A Ocegueda no le sorprendió la reacción de indolencia, apatía o indiferencia que mostró la comunidad frente al hallazgo de restos humanos, "Tijuana era así", me dijo. Él muchas veces convocó a la comunidad a marchas y plantones y nunca tuvo eco en la gente, salvo en los familiares de las víctimas.

ALBERT CAMUS ESCRIBIÓ EN SU NOVELA *LA PESTE* que el modo de conocer una ciudad "es averiguar cómo se trabaja en ella, cómo se ama y cómo se muere".

Si la amargura o la melancolía son características de muchas ciudades coloniales de México –esa sensación de pérdida dolorosa de un pasado que se cree fue mejor que el presente y que da a sus habitantes miradas de ausencia, como si sus cuerpos y sus almas no se hallaran en la misma fecha–, en Tijuana la palabra que define a su gente es la esperanza, esa confianza en que ocurrirá algo que mejorará la pesadumbre de la vida que se lleva, ya sea porque la ciudad fue construida sin tener que hundir a otra civilización (no hay conciencia de un pasado remoto *esplendoroso*. "La conciencia nos hace cobardes", dice Hamlet); o porque su cercanía con el país del norte nos hace creer que algún día seremos como ellos, mientras ya nos grabamos sus canciones, sus series de televisión y procuramos comer al menos una vez por semana su comida rápida; o porque como ciudad de paso el viajero migrante siempre pensó de forma optimista que al salir de su lugar de origen, pese a no tener nada (o quizá por ello), la vida ya no podría ser más difícil.

Tijuana fue fundada por emigrantes mexicanos –sobre todo de los estados de Jalisco y Sonora– e inmigrantes europeos y asiáticos a finales del siglo xix.

DESDE LOS AÑOS NOVENTA DEL SIGLO PASADO LA CIUDAD SE HABÍA CONVERTIDO EN UNA DE LAS URBES MÁS POBLADAS E IMPORTANTES DE MÉXICO POR SU DINÁMICA ACTIVIDAD INDUSTRIAL, ECONÓMICA, MIGRATORIA Y CULTURAL. PERO TAMBIÉN ERA CONOCIDA COMO LA SEDE DEL CÁRTEL ARELLANO FÉLIX, LA ORGANIZACIÓN CRIMINAL Y DE NARCOTRÁFICO MÁS IMPORTANTE DEL PAÍS QUE SE CONVIRTIÓ EN FOCO DE ATENCIÓN INTERNACIONAL TRAS EL ASESINATO DEL CARDENAL JUAN JESÚS POSADAS OCAMPO, Y DE OTRAS SEIS PERSONAS MÁS, EN EL AEROPUERTO INTERNACIONAL DE GUADALAJARA TRAS UN ENFRENTAMIENTO ENTRE SICARIOS EL 24 DE MAYO DE 1993.

Esa característica y su frontera geográfica con California, el estado más rico y quizá el más poderoso de Estados Unidos, ha dado a los seres que habitan esta comunidad un carácter que muchos catalogan como "especial": una mezcla de frivolidad, ironía y audacia que se expone a veces cuando se ríen por las ocurrencias de la gente del centro y otras veces cuando se asombran (luego imitan) de las novedades de sus vecinos del norte. En todo caso siempre intentan aprovechar las oportunidades que se les presentan.

Los tijuanenses son conocidos porque trabajaban mucho, siempre pensando en volverse ricos. El principal interés aquí es el comercio, las fábricas extranjeras y los negocios binacionales. Ser vecinos de Estados Unidos, ese país convertido en centro del mundo por su desarrollo tecnológico ininterrumpido, dio a los habitantes de esta ciudad una visión muy singular de la vida: probar el primer mundo y tratar de parecerse —mucho antes de que se hablara de globalización— con las limitaciones que da el estar en una tierra

PRECISAMENTE CUANDO SE HABLABA DE ARRAIGO, A MENUDO SUS HABITANTES DISCUTÍAN LA LEYENDA NEGRA DE TIJUANA, QUE NACIÓ EN 1920 LUEGO DE QUE ESTADOS UNIDOS PROMULGARA LA LEY SECA QUE PROHIBÍA LA FABRICACIÓN Y VENTA DE BEBIDAS ALCOHÓLICAS, LEGISLACIÓN QUE DURÓ HASTA 1932, CONVIRTIENDO A ESTA CIUDAD EN LUGAR DE CONTRABANDO, JUEGO, PROSTITUCIÓN Y, POR SUPUESTO, EN UN PARAÍSO ETÍLICO.

subdesarrollada. A menudo esta ciudad ha sido vista como un gran laboratorio, el experimento de seres humanos nuevos cuyos léxicos e historias pertenecen a dos mundos o a ninguno de ellos.

Aquí la orgullosa clase media se vanagloria de ser bilingüe, tener pasaporte para cruzar las garitas internacionales, conocer Disneyland y otros parques temáticos de California; tener el hábito de consumir productos estadunidenses cada semana y acceder a tiendas de marca y otras especiales de calidad a precios razonables; algunos de trabajar "al otro lado" y tener a sus hijos en escuelas del condado de San Diego.

Desde los años noventa del siglo pasado la ciudad se había convertido en una de las urbes más pobladas e importantes de México por su dinámica actividad industrial, económica, migratoria y cultural. Pero también era conocida como la sede del cártel Arellano Félix, la organización criminal y de narcotráfico más importante del país que se convirtió en foco de atención internacional tras el asesinato del cardenal Juan Jesús Posadas Ocampo, y de otras seis personas más, en el Aeropuerto Internacional de Guadalajara tras un enfrentamiento entre sicarios el 24 de mayo de 1993.

Tijuana para entonces parecía estar dividida imaginariamente en dos partes: del crucero 5 y 10 hacia el oeste estaba la comunidad "arraigada": allá vivían los fundadores y sus familias, estaban los grandes edificios, restaurantes gourmet, distritos de arte y las mejores escuelas. Mientras que del 5 y 10 hacia el este estaban los "desarraigados", los migrantes recién llegados a la frontera que se asentaron en zonas sin servicios públicos pero cerca de enormes maquiladoras dispuestas a contratar mano de obra barata.

Precisamente cuando se hablaba de arraigo, a menudo sus habitantes discutían la leyenda negra de Tijuana, que nació en 1920 luego de que Estados Unidos promulgara la ley seca que prohibía la fabricación y venta de bebidas alcohólicas, legislación que duró hasta 1932, convirtiendo a esta ciudad en lugar de contrabando, juego, prostitución y, por supuesto, en un paraíso etílico. El casino Agua Caliente –construido por el mítico mafioso Al Capone–, los primeros hipódromos y la avenida Revolución eran símbolos de ese periodo histórico que a algunos les causaba vergüenza y a otros les fascinaba.

La forma de amar de los residentes de esta frontera no es muy distinta a la de otros lugares occidentales. Los noviazgos generalmente son fugaces y acaban en casamientos o en una madre soltera. Las familias salen principalmente los fines de semana a comer o al cine o bien, durante el verano, a algún festival artístico o gastronómico que se coloca sobre una calle. La mayoría de los jóvenes de clase media y alta suelen aprovechar las ofertas en bebidas y entradas que bares y cafés de la ciudad colocan los martes y jueves; otros jóvenes con menos recursos suelen esperar el fin de su jornada laboral para reunirse en la colonia con sus amigos, juegan futbol o basquetbol y después beben cerveza en botellas de 1.2 litros, conocidas como *caguamas*.

Tampoco era distinta la forma como las personas morían aquí a la de otras ciudades. De acuerdo conl Sistema de Salud del estado de Baja California, históricamente las principales causas de muerte en Tijuana eran las enfermedades del corazón, la diabetes mellitus y el cáncer. Sin embargo, de 2008 a 2011 la principal causa de mortandad en Tijuana fueron los homicidios causados durante la guerra contra el narcotráfico.

AQUELLA TARDE EN LA GALLERA le dije a Ocegueda que creía que a pesar de la indiferencia de la comunidad, los desaparecidos eran fantasmas que recordarían por siempre a la gente, hasta que sus cadáveres no fueran encontrados, el horror que se vivió en esta ciudad, donde Dios o acaso el diablo quiso que supiéramos que en materia de crueldad humana no había límites, que siempre era posible ir más allá para infligir tormento al prójimo. Ocegueda meneó negativamente su cabeza y me dijo: "Ojalá, ojalá".

La primera reacción que tuvo esta comunidad frente a una serie de sucesos violentos sin precedentes –familias huyendo de la ciudad, secuestros de profesionistas, una docena de cadáveres dejados a un costado de una escuela o un tiroteo de casi tres horas entre criminales y militares y policías en una zona residencial– fue la incredulidad.

Así parecía defenderse el residente de esta frontera ante crueldades y dolores que aún veía ajenos, porque de alguna manera estaba acostumbrado: "Le pasó eso porque seguro estaba en el narco", era la respuesta que a menudo la gente de aquí hacía ante asesinatos o secuestros.

Luego cambiaría de opinión, se llenaría de terror y abandonaría sus calles en la noche. Sería testigo, durante el día, de los peores sucesos que han acontecido en esta ciudad.

LA GUERRA CONTRA EL NARCOTRÁFICO EXPUSO EN ESTA FRONTERA LAS INFILTRACIONES QUE LOS CÁRTELES TUVIERON EN ORGANIZACIONES PÚBLICAS Y PRIVADAS QUE SERVÍAN A SUS INTERESES, PRINCIPALMENTE CORPORACIONES POLICIACAS; ASÍ COMO LA PÉRDIDA DE FE EN EL SISTEMA DE JUSTICIA PENAL Y EL CAOS QUE ORIGINABA.

DESDE EL SOFOCANTE VERANO DE 2007 hasta el frío invierno de 2012, yo continuamente viajé del oeste de la ciudad –donde había nacido y me habían criado mis padres nativos también de esta frontera– a la Zona Este casi siempre por el mismo motivo: testificar, como otros reporteros y fotógrafos, los cadáveres que grupos criminales dejaban tras enfrentamientos, ajustes de cuentas o como avisos para grupos rivales.

Conocí desde niño el oriente de la ciudad, que entonces era conocido como zona rural de Tijuana. Trabajaba con un ingeniero agrónomo que experimentó en un rancho la siembra de flores de ornato. Aquella parte de la ciudad parecía un lugar tranquilo pese a las carencias que había. Era un lugar seco, de un amarillo sepia, poco habitado, de calles de tierra, donde la gente construía fosas y pilas porque no tenían ni drenaje ni servicio de agua potable; quemaban la basura porque tampoco el ayuntamiento mandaba para allá sus camiones recolectores. En los últimos veinticinco años la Zona Este fue poblada por inmigrantes del sur de México que llegaron a Tijuana con la ilusión de cruzar de forma ilegal a Estados Unidos y, mientras conseguían el dinero para el *coyote*, se empleaban de forma inmediata en enormes fábricas extranjeras casi el mismo día que llegaban.

Para los años noventa del siglo pasado, las principales vialidades habían mejorado y la migración había atraído cadenas de supermercados y franquicias, pero aún la zona tenía grandes rezagos en sus servicios públicos y, sobre todo, en escuelas.

Esos recorridos por el este de la ciudad durante los años de violencia hicieron en mí lo que el viaje hace a un protagonista de una *road movie*. Mi ciudad no era lo que yo creía, se había convertido en una región violenta en la que dos facciones del crimen organizado se disputaban el control de la venta y trasiego de droga ante un gobierno que afirmaba que estaba dispuesto a enfrentarlas pero en ese camino debía hacer una *limpieza* en sus corporaciones policiacas porque eran corruptas.

La guerra contra el narco en Tijuana se centró en la Zona Este, donde había una mayor marginación y menor educación, un cóctel explosivo que mostraba a jóvenes sin nada que perder, recién drogados y sin inhibiciones, dispuestos a matar por pertenecer a algo y acceder a sitios de lujo.

Si bien la declaración de guerra contra el narco fue un acto de valentía del gobierno de Calderón, solo alguien ingenuo o ajeno a la problemática del consumo de estupefacientes podría creer que era posible acabar así con el tráfico de drogas y la delincuencia organizada.

¿Se podría derrotar a esa hidra? Apenas las autoridades arrestaban a un cabecilla, reaparecía otro más sanguinario y audaz. La detención de Francisco Javier Arellano Félix, *El Tigrillo*, en agosto de 2006 en las costas de Baja California Sur, quien había tomado las riendas del cártel luego que su hermano Benjamín fuera detenido en marzo de 2002 en Puebla, un mes después de que su otro hermano, Ramón, fuera asesinado durante una balacera en Mazatlán, había derivado en una pugna a finales de 2007 entre dos líderes de células criminales que trajo la peor ola de violencia sucedida en esta ciudad.

Pero además, lo comprobaban los hechos, el poder de los cárteles de la droga era enorme. Desde que los narcotraficantes colombianos decidieron a principios de los ochenta del siglo pasado desviar el grueso de sus exportaciones a narcotraficantes mexicanos, evadiendo con ello el mayor riesgo que corren los narcos al cruzar la frontera de Estados Unidos, no solo condenaron al norte de México a sufrir el mismo destino que Colombia, sino también fabricaron una bestia que pronto tuvo un poder autónomo y reclamó las mejores ganancias a sus patrones como un boxeador lo hace con su apoderado en la madurez de su carrera, pues ellos estaban dando la cara y arriesgando sus vidas.

La guerra contra el narcotráfico expuso en esta frontera las infiltraciones que los cárteles tuvieron en organizaciones públicas y privadas que servían a sus intereses, principalmente corporaciones policiacas; así como la pérdida de fe en el sistema de justicia penal y el caos que esto originaba. Pero también mostró una ciudad desconocida y –aunque aproximadamente un ocho por ciento de la población abandonó Tijuana huyendo de la inseguridad mientras la mayoría se quedó en casa esperando a que pasara la tempestad– hubo habitantes que entre ese desmadre paradójicamente hallaron una identidad y un propósito en su vida.

DURANTE AQUELLOS VIAJES AL ESTE DE LA CIUDAD escuché repetidamente en la gente que entrevisté la sensación de ahogo que tenía, la sensación de vivir en un pozo y de vez en cuando acostarse en el fondo, mirar hacia el cielo, ver las estrellas suspendidas en la noche y evadirse de las profundidades de ese pozo, pues ya era suficiente con vivir en él. El mundo brillaba allá arriba. Hubo momentos buenos. Sí, esta tierra era nuestra, pero en otro tiempo; la ciudad donde nacimos estaba en nuestras mentes. Ahora había aflicción.

Le comenté esto a Ocegueda mientras estábamos en *La Gallera*, él miraba la tierra donde habían sacado los restos óseos y piezas dentales y tenía el semblante de quien ha vivido su vida, ha aprendido lo que tenía que aprender, y su última misión es encontrar el cuerpo –o lo que quedara de él– de su hijo, no se iba a echar a correr por nadie ni tenía miedo a las consecuencias.

"Le he contado a Dios lo que siento, por qué he llorado. Me he sentido tan descompuesto... Le he hablado con franqueza, eso me ha ayudado", dijo Ocegueda, pero no era una respuesta a mi pregunta, él estaba en sus cavilaciones y no había escuchado lo que yo decía.

SÍ, ESTA TIERRA ERA NUESTRA, PERO EN OTRO TIEMPO; LA CIUDAD DONDE NACIMOS ESTABA EN NUESTRAS MENTES. AHORA HABÍA AFLICCIÓN.

LOS GRITOS ADOLECENTES DEL NARCO

SU NARIZ TENÍA POLVO Y ASPIRABA DESESPERADAMENTE. Las balas le habían entrado por la espalda, atravesaron pulmones y pechos. Isabel Guzmán Morales, de 15 años, se derrumbó sobre la acera, frente a la casa donde había vivido desde que tenía cuatro años y en la que sus dos hermanos escuchaban cantos cristianos frente al televisor. Tenía los brazos abiertos y la boca inundada de sangre. Decenas de perros en las casas vecinas ladraban sin parar.

A un costado de Isabel estaban tendidos su primo Víctor Alfonso Corona Morales, de 17 años, y Felipe Alejandro Pando Villela, de 19 años, quien era *tirador* de droga del barrio. Ambos tenían sus rostros cubiertos de tierra y sangre, sus ojos cerrados a la vida y sus bocas abiertas, como si siguieran preguntado por el sentido de la existencia.

El 13 de octubre de 2008, al filo de las diez de la noche, un comando de sicarios disparó contra los tres adolescentes que se encontraban en la calle Cerrada Noviembre de la colonia 3 de Octubre, un barrio pobre al este de la ciudad poblado por inmigrantes del sur del país.

Los dos jóvenes murieron en el instante, mientras que Isabel quedó moribunda. Poco después fallecería cuando era trasladada al hospital de la Cruz Roja.

La Procuraduría General de Justicia del Estado (PGJE) de Baja California informó en un reporte pericial que se localizaron en la escena del crimen 68 casquillos percutidos calibre 7.62 de AK-47, rifles de guerra también conocidos como cuernos de chivo.

Isabel y su primo Víctor Alfonso fueron incluidos en la lista de 81 menores de edad asesinados durante 2008, 75 adolescentes más que en el 2007, según el departamento de estadística de la fiscalía estatal.

Hacía apenas dos meses que Isabel había cumplido sus 15, pero su madre no pudo hacerle la tradicional fiesta con la que sueñan miles de adolescentes en México y que simbólicamente marca la transición de niña a mujer.

"Solo comimos ese día [28 de julio de 2008] carne asada y frijoles… Aquí en el patio de la casa", me dijo Teresa Morales, de 33 años.

Su casa de una planta está al borde de uno de los cinco cañones que conforman la colonia 3 de Octubre. Es un hogar pobre con láminas y lonas que cubren el techo, ladrillos y maderas que improvisan sus paredes, piso de cemento. El padre de Teresa, un inmigrante guanajuatense radicado en Los Ángeles, California, le enviaba a su hija cada treinta o cuarenta y cinco días 200 dólares para la manutención de la familia. Así sorteaban sus gastos.

Teresa Morales me dijo que recién había perdido su empleo cuando la fábrica de costura cerró. Se había separado de su segundo esposo y tenía que mantener a sus tres hijos. Isabel era la mayor.

"Ella me decía que quería comprarse ropa como la de su prima, que quería cosas, pero yo no se las podía dar. A su prima le habían hecho fiesta de quince años y mi hija quería una igual. Yo no podía hacérsela, yo estoy sola, con qué dinero", me dijo sollozando a un metro donde paramédicos encontraron a su hija.

Un día después de que mataron a Isabel, su madre recibió dinero de sus vecinos y con ello compró un vestido de quinceañera, una corona plateada con destellos brillantes, ropa interior blanca y un ramo de flores. Vestida así enterró a su hija.

Morales me aseguró que no esperaba que las autoridades resolvieran el caso. Tampoco pedía venganza, el ojo por ojo, diente por diente. "Pienso en las madres de los que mataron a mi hija y no quisiera que ellas sintieran lo que yo estoy viviendo", me dijo.

Ella cree que su hija y su sobrino eran inocentes, solo estaban en un mal lugar a una hora equivocada. Al tercer joven que murió en el atentado no lo conocía, pero supo por las autoridades que fue a él a quien seguían los sicarios. "Él corrió para donde estaban mi hija y mi sobrino y fue cuando les tocaron las balas".

La investigación de la PGJE señala que Felipe Alejandro Pando Villela era vendedor de droga. En la jerga callejera también se les llama *tiradores*: jóvenes principalmente que compran y distribuyen mariguana, cristal, anfetaminas y cocaína; trabajan en la calle y venden no solo al menudeo sino también a casas donde otros las revenden: *tienditas*. Las autoridades locales afirman que en Tijuana había en 2008 al menos mil quinientos *tiradores* de droga. Para 2012 estimaban que se habían triplicado.

Pocos días después del asesinato de Isabel Guzmán, cuatro jóvenes –tres de ellos de solo 17 años– fueron decapitados y abandonados en un páramo al este de Tijuana.

La policía reportó que los cuatro cadáveres se hallaban alineados, tres de ellos traían bolsas de plástico que les cubrían el cuello cercenado, mientras la otra víctima estaba envuelta en una cobija floreada. Sus cabezas estaban en bolsas negras de plástico. A un costado de los cuerpos estaba un mensaje de los verdugos: "Esto es lo que les va a pasar a todos los que digan que trabajan para El Ingeniero, atentamente, La Maña".

LA ZONA ESTE DE LA CIUDAD HA SIDO LA MÁS AFECTADA por la llamada guerra contra el narco. Según la Secretaría de Desarrollo Social del Ayuntamiento de Tijuana, esta área la conforman 30 colonias populares donde viven unas ochocientas mil personas, casi la mitad de la población total de la urbe. Esos barrios, principalmente agrupados en las zonas El Florido y Mariano Matamoros, nacieron en los años ochenta del siglo pasado cuando miles de emigrantes del sur de México invadieron los ejidos de lo que hasta entonces se consideraba la zona rural de Tijuana.

Muchos emigrantes eran apegados a sus tradiciones y costumbres y llegaron a esta frontera no porque desdeñaran su cultura y sus pueblos y soñaran con ser como los tijuanenses. Nada de eso. Estas personas vinieron aquí porque no tenían otra salida. En sus regiones no había trabajo para poder alimentar a sus familias.

Después, de acuerdo con estudios de El Colegio de la Frontera Norte (Colef), emigrar o irse a conseguir el sueño americano sí se convirtió en un patrón tras el retorno de paisanos que hablaban de las oportunidades de empleo y las pagas y el estatus que ello generaba en sus lugares de origen.

"Los índices de crecimiento de la ciudad eran muy altos, llegaban cada año cien mil personas a la zona conurbada", me dijo Javier Castañeda, un político que había sido secretario de Desarrollo Social Municipal y había trabajado en diversos programas sociales en esa área de la ciudad durante casi dos décadas.

Castañeda me dijo que fue en los años noventa del siglo pasado cuando la Zona Este se comenzó a ordenar: se dotó a las princi-

❝ ESTAMOS VIENDO PERSONAS QUE VIENEN DE TODAS PARTES DEL PAÍS, TAMBIÉN DEPORTADOS MEXICANOAMERICANOS; TENEMOS UN CONJUNTO DE JÓVENES QUE NO SOLO SON DEL ESTE DE LA CIUDAD, DONDE ANTE LA FALTA DE EXPECTATIVAS LES HA SIDO FÁCIL ACCEDER A GRUPOS DELINCUENCIALES. PARA LOS CRIMINALES LES ES FÁCIL CONTRATAR A ESTOS JÓVENES POR SALARIOS BAJOS PARA QUE SE DEDIQUEN AL NARCOMENUDEO O COMO SICARIOS, ES DECIR, MATAR POR UN SALARIO. [PARA LOS JÓVENES] ESTO SE CONVIERTE EN UNA FORMA DE VIDA. EN LAS DETENCIONES QUE HEMOS HECHO SE PLASMA EL ORIGEN: MUCHOS DE ELLOS SIN TRABAJO, DE LA ZONA ESTE O CON POCO TIEMPO DE RESIDENCIA EN LA CIUDAD ❞ ROMMEL ROMERO

pales colonias de luz, agua y drenaje; se crearon avenidas y oficinas municipales y estatales. Pero la migración los rebasaba.

"La Zona Este nació con parejas jóvenes, que no tenían hijos o tenían hijos pequeños, que llegaron ahí para forjarse un patrimonio. En la actualidad el grueso de la población son jóvenes de secundaria y preparatoria", me dijo.

Según la Secretaría de Desarrollo Social Federal, en la Zona Este de Tijuana 210,338 familias –al menos ciento cincuenta mil personas– vivían en la pobreza en 2010.

La principal demanda social de la población de esa zona en los noventa era de primarias y preescolares. Actualmente la demanda es de secundarias y, sobre todo, de preparatorias, me dijo Castañeda.

> **❮❮ AHORA EL CRIMEN ORGANIZADO ESTÁ REORGANIZÁNDOSE, CADA VEZ MÁS JÓVENES ESTÁN SIENDO UTILIZADOS COMO MULAS O DISTRIBUIDORES, YA SEA PARA CRUZAR DROGA A ESTADOS UNIDOS O PARA VENDERLA EN LA CIUDAD. LOS MENORES DE EDAD SON MANO DE OBRA BARATA Y DESECHABLE PARA EL CRIMEN ORGANIZADO EN UN AMBIENTE EN DONDE NO HAY MUCHAS OPORTUNIDADES DE EMPLEO Y RECREACIÓN PARA ELLOS, Y DONDE EL NEGOCIO DE LA DISTRIBUCIÓN Y CONSUMO DE DROGA HA CRECIDO ACELERADAMENTE ❯❯ VÍCTOR CLARK**

En 2012 solo había cuatro preparatorias y 15 secundarias al oriente de la urbe, además de cuatro unidades deportivas, dos de ellas en proceso de rehabilitación, para más de doscientos cincuenta mil adolescentes.

"El embudo natural se hizo muy duro contra los jóvenes que quieren seguir estudiando porque no hay opciones. Muchos no pueden pagar dos o tres transportes desde la Zona Este al centro de la ciudad para ir a una escuela", me dijo Castañeda.

Esta combinación de expectativas, aunada a la disminución de oportunidades para los sectores de menor educación y la crisis económica que generó un alto desempleo, ha sido un coctel explosivo muy apto para que el crimen organizado aumente su ejército.

Asesinatos de adolescentes y jóvenes fueron comunes de 2008 a 2012 en esta ciudad, cuando hubo una guerra intestina de dos facciones del crimen organizado que se disputaban el control del trasiego y venta de droga, ante un gobierno federal decidido a atacarlos frontalmente pero cuyas fuerzas policiales estaban infiltradas por el narcotráfico, según han admitido las autoridades.

La PGJE registró en Tijuana durante esos años 3,167 asesinatos, casi una centena de desaparecidos y más de cien secuestros. Aunque cifras extraoficiales de organismos no gubernamentales estimaban casi quinientos desaparecidos y decenas más de secuestros.

En los últimos dos años del sexenio de Calderón, los asesinatos ligados al narco en Tijuana bajaron considerablemente tras el arresto de varios narcotraficantes, una "limpieza" en la policía y una eficiente coordinación de los operativos de las instituciones militares y policiacas. Aun así, la PGJE reportó 476 homicidios en 2011 y 364 en 2012, el ochenta por ciento de ellos ligados al narco.

Para el procurador de justicia de Baja California, Rommel Moreno, hay mucha evidencia de que las mafias están reclutando a jóvenes y adolescentes para robos de automóviles y transportar armas y droga. Los menores de 18 años no son imputables en México y los cárteles de la droga lo están aprovechando.

La legislación en Baja California tiene leyes especiales para adolescentes –considerados así entre los 12 y los 17 años– que establecen penas máximas de siete años, aun cuando el menor de edad haya asesinado o cometido diversos crímenes y sea reincidente.

"Hay una dinámica muy compleja en el estado. Precisamente el crimen organizado se está valiendo de la falta de valores, por la cuestión económica, y está contratando a jóvenes. Muchos son narcomenudistas", me dijo el procurador.

"Baja California es un estado migratorio", agregó el funcionario. "Estamos viendo personas que vienen de todas partes del país, también deportados mexicanoamericanos; tenemos un conjunto de jóvenes que no solo son del este de la ciudad, donde ante la falta de expectativas les ha sido fácil acceder a grupos delincuenciales. Para los criminales les es fácil contratar a estos jóvenes por salarios bajos para que se dediquen al narcomenudeo o como sicarios, es decir, matar por un salario. [Para los jóvenes] esto se convierte en una forma de vida. En las detenciones que hemos hecho se plasma el origen: muchos de ellos sin trabajo, de la Zona Este o con poco tiempo de residencia en la ciudad".

La percepción de la policía estatal es que en los últimos dos años se ha incrementado el número de arrestos de adolescentes de 2010 a 2012, de acuerdo con la Secretaría de Seguridad Pública de Baja California (SSPE). Aunque no hay una estadística del número de adolescentes detenidos por vender o distribuir estupefacientes porque la legislación vigente no permite llevar expedientes delincuenciales de menores de edad.

Por primera vez, esta dependencia tenía registrados en el Consejo Tutelar de Tijuana –una prisión estatal para menores de 17 años– a 10 adolescentes que están encerrados por el delito de distribución de estupefacientes en 2012.

La oficina del Servicio de Inmigración y Control de Aduanas (ICE) de San Diego dijo que entre 2008 y 2011 se incrementó diez veces el arresto de jóvenes entre 14 y 18 años que trataron de cruzar droga, principalmente metanfetaminas, en la frontera Tijuana-San Diego. Lauren Mack, vocera de ICE en San Diego, indicó que en 2008 hubo 19 arrestos de jóvenes, mientras que en 2009 hubo 165; en 2010, 190 y en 2011, 190.

La mayoría eran estudiantes de secundaria que llevaban la droga escondida en sus cuerpos o en los vehículos que conducían. Intentaban contrabandear sobre todo drogas fuertes como metanfetaminas y cocaína, me dijo Mack.

El crimen organizado ha utilizado constantemente a los menores de edad, me explicó Víctor Clark Alfaro, director del Centro Binacional de Derechos Humanos y analista del tema del narcotráfico en la frontera. Sin embargo, me dijo, "es un fenómeno reciente el que los utilicen como piezas centrales en el narcomenudeo".

"El cártel de los Arellano Félix, a principio de los noventa [del siglo pasado], se enriqueció reclutando como sicarios en San Diego a *gangas* [pandillas] del Barrio Logan [San Diego] y en Ti-

EN EL VERANO DE 2012 VISITÉ VARIOS CENTROS DEDICADOS A LA REHABILITACIÓN DE ADICTOS A LAS DROGAS, ENTRE ELLOS EL CIRAD, UNO DE LOS 132 ORGANISMOS CIVILES EN TIJUANA DEDICADOS AL TRATAMIENTO DE LAS ADICCIONES. EL CIRAD HABÍA ATENDIDO EN PROMEDIO TRES MIL DOSCIENTOS ADICTOS ANUALMENTE ENTRE 2007 Y 2011, LA CUARTA PARTE ERAN MENORES DE 18 AÑOS. EL NÚMERO DE ADICTOS SE HABÍA TRIPLICADO DURANTE EL SEXENIO DE CALDERÓN EN COMPARACIÓN CON EL SEXENIO ANTERIOR.

juana a jóvenes de la clase alta, conocidos como *narcojuniors*. Eso les permitió entrar a ese mundo con el que tuvieron estrecha relación", me dijo el especialista.

Clark me explicó que en esa década muchos adolescentes eran utilizados solo como *banderas*, una especie de espías callejeros que advertían de operativos o policías que circulaban por las zonas.

"Ahora el crimen organizado está reorganizándose, cada vez más jóvenes están siendo utilizados como *mulas* o distribuidores, ya sea para cruzar droga a Estados Unidos o para venderla en la ciudad. Los menores de edad son mano de obra barata y desechable para el crimen organizado en un ambiente en donde no hay muchas oportunidades de empleo y recreación para ellos, y donde el negocio de la distribución y consumo de droga ha crecido aceleradamente", me dijo.

Parte de la erosión causada por la guerra contra el narco se puede ver en antiguos almacenes utilizados actualmente como centros de rehabilitación para adictos a las drogas.

En el verano de 2012 visité varios de estos centros, entre ellos el Cirad, uno de los 132 organismos civiles en Tijuana dedicados al tratamiento de las adicciones. El Cirad había atendido en promedio tres mil doscientos adictos anualmente entre 2007 y 2011, la cuarta parte eran menores de 18 años. El número de adictos se había triplicado durante el sexenio de Calderón en comparación con el sexenio anterior, me aseguró José Luis Ávalos López, presidente de esa asociación.

Los casos que tienen de menores de edad son solo la punta del iceberg, me dijo Ávalos, porque muchos padres no admiten que ellos o sus hijos son adictos pues significa que han fracasado y por eso no van o no los envían a centros de apoyo.

"Las condiciones sociales actuales de la ciudad: desintegración familiar, migración, falta de oportunidades de empleo y corrupción, son un caldo de cultivo para que los adolescentes entren al ambiente de las drogas y al crimen organizado", me dijo Ávalos.

José Héctor Acosta, director de la Unidad de Tratamiento Noroccidente del Centro de Integración Juvenil, un organismo que desde hace tres décadas da tratamiento médico a adictos a drogas, me aseguró que la droga de inicio en Tijuana es la mariguana y el cristal [metanfetaminas] y no el cigarro y el alcohol, como sucede en otras ciudades del país.

En el Cirad platiqué con muchos adictos, todos con ese brillo en los ojos, ese resplandor predatorio que no pueden ocultar los que consumen ácidos o metanfetaminas. Y esa orfandad como la de aquel revolucionario del cuento de Rulfo: "Es algo difícil crecer sabiendo que la cosa de donde podemos agarrarnos para enraizar está muerta. Con nosotros, eso pasó".

El lugar, situado a pocos minutos del centro de la ciudad en un barrio llamado El Rubí, tiene apartados a los menores de edad del resto de los internos, además de sus cuartos austeros y comedores –donde todo es de todos– hay salones de clases para alumnos regulares y salones de computación. Ahí estaba a principios de 2012 Luis, de 14 años.

Pese a su corta edad, Luis transmite seguridad, tiene una mirada penetrante como si tratara de hallar el talón de Aquiles de su interlocutor. Me dijo que eso es porque desde muy chico conoció "la vida": no tuvo padre, trabajó desde pequeño, se enganchó en la droga y fue utilizado por una célula criminal para distribuir narcóticos. Tenía cuatro meses internado en el Cirad entre una centena de menores de edad que sorteaban tratamientos de al menos seis meses.

"Me trajeron aquí porque vendía y consumía *criloco*", me dijo Luis aludiendo a su adicción a la metanfetamina, la potente droga blanca y cristalina que consume el noventa por ciento de los adolescentes en recuperación, por su bajo costo y gran disponibilidad en la calle.

Luis, cuyos apellidos me pidió no difundir para no tener repercusiones, me explicó que desde hacía dos años vendía y distribuía metanfetaminas en un barrio del este de la ciudad junto a un grupo de menores que eran dirigidos por "un patrón". Al día obtenía 200 pesos (unos 16 dólares), que gastaba en comida y droga para consumir.

"Entre mis amigos y yo vendíamos unos cuarenta paquetes al día. Mi patrón le sacaba a cada paquete 1,100 pesos (alrededor de 88 dólares) y todo lo que sobraba era para nosotros. A veces sobraban tres o cuatro paquetes y nos los repartíamos", me dijo.

También en el Cirad estaba internado por segunda vez Pedro, de 17 años, a causa de su consumo de droga, sobre todo cocaína. Pedro –de naciente bigote y piel blanca– bien pasaría en la calle o en cualquier preparatoria como un adolescente normal, un poco distraído y de risa fácil. Sin embargo me aseguró que él era uno de los mejores *tiradores* de droga.

Me explicó que fue contratado por un hombre "de menos de 30" –a quien Pedro compraba mariguana desde que tenía 14 años– para vender metanfetaminas y *mota*. La razón, le explicaron, era que él podía tener más empatía con clientes de su misma edad en la colonia Unión, al oeste de la ciudad.

"Yo solo vendía droga por mi casa y era fácil. Diario sacaba 300 pesos (alrededor de 23 dólares). Había veces que me compraban la mariguana por onzas, que valen 200 pesos (unos 15 dólares) cada una, es cuando me iba mejor... Yo siempre pagué lo que me daban a vender y por eso nunca tuve algún problema", me dijo.

Tenía una red de 50 clientes, principalmente menores de edad, me dijo. Además de él había otros seis adolescentes que trabajaban en las colonias Unión, Herrera, Los Altos, El Soler y Francisco Villa, ubicadas al oeste y sur de Tijuana.

"Lo malo es que yo gastaba el dinero que ganaba en comprarme píldoras y cocaína", agregó Pedro.

Otros adolescentes que se emplearon como *tiradores* de droga y que fueron internados en otros centros de rehabilitación también me dieron sus testimonios. Sus historias se parecían a las de Luis y Pedro, algunos agregaron insólitamente que sus padres también eran adictos y que desde que tenían uso de razón los habían visto consumir estupefacientes como alguien que toma dos o tres tazas al día de café para mantenerse con los ojos abiertos a este mundo. Muchos eran hijos de padres migrantes, obreros que habían sufrido junto a sus familias hambre, falta de empleo, el acoso policial o bien jornadas extenuantes en trabajos que les exigían mucho pero con pagas con las que apenas podían llevar el día. Eran vidas tan rotas que habían quedado desprovistas de sentido.

Directores de centros de rehabilitación de Tijuana me dijeron que tenían identificado que al menos el diez por ciento de los adolescentes adictos en recuperación fueron utilizados por el crimen organizado para el narcomenudeo.

El que adolescentes fueran piezas en la distribución de drogas en la ciudad es un fenómeno que comenzó a advertirse en las casas de asistencia para drogadictos a finales de 2008 y se fue incrementando en los años posteriores, me dijo José Luis Serrano, director del centro de rehabilitación El Mezón.

Serrano me explicó que cada año atienden un promedio de setenta adolescentes adictos, al menos diez de ellos con antecedentes de haber pertenecido a un grupo delincuencial o pandilla dedicada a la distribución de droga o al robo de vehículos.

La utilización de menores en la venta de drogas no era común, me dijo por su parte José Ramón Arreola, director del área para niños y adolescentes del centro Cirad. Agregó que a partir del 2009 comenzaron a atender al mes cuatro o cinco menores que además de adictos se dedicaban a vender narcóticos, aparte de veinticinco o treinta casos mensuales de niños que solo consumen.

La guerra contra el narco emprendida por el gobierno de Calderón no había disminuido el consumo de droga en Tijuana, al contrario, lo había incrementado, me confirmaban directores de centros de rehabilitación.

"En las calles sigue habiendo mucha droga, aquí [en el Cirad] todos te pueden decir lo fácil que es conseguirla", me dijo Arreola.

Serrano me explicó que a finales de 2008, en medio de la violencia y los cientos de muertos en la ciudad ligados al narco, las drogas se abarataron. La metanfetamina se podía conseguir hasta por 15 pesos (poco más de un dólar) y estaba disponible en cualquier lugar.

"Al crimen organizado se le comenzó a complicar cruzar la droga a Estados Unidos [al reforzarse las medidas de seguridad en la frontera]. Además, comenzaron a pagar con mercancía a la gente que trabajaba con ellos y estos obligatoriamente tenían que distribuirla en la franja fronteriza. Fue cuando notamos un incremento de menores consumidores de drogas, principalmente de cristal [metanfetaminas]", me dijo Serrano.

La metanfetamina ha tenido un gran auge en esta ciudad. En los últimos diez años ha desplazado a otras drogas de uso, me dijo Acosta. La droga de inicio en los adolescentes es la mariguana y de ahí pasan a la metanfetamina, una droga "de diseño" producida en laboratorios clandestinos.

De acuerdo con la Encuesta Nacional de Adicciones, Tijuana es desde hace una década la ciudad mexicana con más consumidores de esta droga, una pastilla que parece una aspirina, fácil de usar, que actúa rápido y genera una sensación de bienestar y energía. Produce una adicción inmediata. El mismo documento afirma que esta ciudad tiene el segundo lugar nacional en cocainómanos y el tercero en dependientes de la mariguana desde 2008.

La metanfetamina ha contaminado a muchos jóvenes y a la clase trabajadora por su bajo costo y porque prolonga la euforia más que la heroína o la cocaína, pero los destruye más rápido, me dijo Mario Anguiano, un adicto rehabilitado hace catorce años que actualmente es consejero de adicciones y terapeuta familiar.

Alrededor del sesenta y cinco por ciento de los setenta mil adictos que tiene identificados el estado están enganchados a la metanfetamina y poco más de la mitad reside en Tijuana, según el Instituto de Psiquiatría de Baja California.

Además una encuesta realizada por el mismo instituto en escuelas de nivel básico del estado de 2008 a 2011, reveló que ciento seis mil estudiantes menores de 15 años están propensos a consumir drogas dado su contexto de desintegración familiar, padres adictos o hábitats donde el uso y venta de droga es común.

"Se está combatiendo la oferta pero no la demanda, y mientras esta siga va a haber personas que estén produciendo y distribuyendo drogas", me dijo Acosta.

❝ AL CRIMEN ORGANIZADO SE LE COMENZÓ A COMPLICAR CRUZAR LA DROGA A ESTADOS UNIDOS [AL REFORZARSE LAS MEDIDAS DE SEGURIDAD EN LA FRONTERA]. ADEMÁS, COMENZARON A PAGAR CON MERCANCÍA A LA GENTE QUE TRABAJABA CON ELLOS Y ESTOS OBLIGATORIAMENTE TENÍAN QUE DISTRIBUIRLA EN LA FRANJA FRONTERIZA. FUE CUANDO NOTAMOS UN INCREMENTO DE MENORES CONSUMIDORES DE DROGAS, PRINCIPALMENTE DE CRISTAL [METANFETAMINAS] ❞ JOSÉ LUIS SERRANO

LA GUERRA CONTRA
EL NARCO EN TIJUANA
SE CENTRÓ EN LA ZONA
ESTE, DONDE HABÍA
UNA MAYOR MARGINACIÓN
Y MENOR EDUCACIÓN,
UN CÓCTEL EXPLOSIVO
QUE MOSTRABA A JÓVENES
SIN NADA QUE PERDER,
RECIÉN DROGADOS Y SIN
INHIBICIONES, DISPUESTOS
A MATAR POR PERTENECER
A ALGO Y ACCEDER A
SITIOS DE LUJO.

Un presunto narcotraficante fue encontrado muerto frente a su casa en Tijuana el domingo 6 de septiembre de 2009.
An alleged drug trafficker was found dead in front of his house on Sunday, September 6, 2009.

LA ZONA ESTE DE LA CIUDAD HA SIDO LA MÁS AFECTADA POR LA LLAMADA GUERRA CONTRA EL NARCO. SEGÚN LA SECRETARÍA DE DESARROLLO SOCIAL DEL AYUNTAMIENTO DE TIJUANA, ESTA ÁREA LA CONFORMAN 30 COLONIAS POPULARES DONDE VIVEN UNAS OCHOCIENTAS MIL PERSONAS, CASI LA MITAD DE LA POBLACIÓN TOTAL DE LA URBE. ESOS BARRIOS, PRINCIPALMENTE AGRUPADOS EN LAS ZONAS EL FLORIDO Y MARIANO MATAMOROS, NACIERON EN LOS AÑOS OCHENTA DEL SIGLO PASADO CUANDO MILES DE EMIGRANTES DEL SUR DE MÉXICO INVADIERON LOS EJIDOS DE LO QUE HASTA ENTONCES SE CONSIDERABA LA ZONA RURAL DE TIJUANA.

MUCHOS MIGRANTES MEXICANOS ERAN APEGADOS A SUS TRADICIONES Y COSTUMBRES Y LLEGARON A ESTA FRONTERA NO PORQUE DESDEÑARAN SU CULTURA Y SUS PUEBLOS SOÑARAN CON SER COMO LOS TIJUANENSES. NADA DE ESO.

LOS MIGRANTES DEL SUR DEL PAÍS LLEGARON
A LA FRONTERA Y SE INSTALARON EN LA ZONA
ESTE PORQUE NO TENÍAN OTRA SALIDA. EN
SUS REGIONES NO HABÍA TRABAJO PARA PODER
ALIMENTAR A SUS FAMILIAS.

AUTORIDADES LOCALES CREÍAN QUE LOS EXCONVICTOS —SOBRE TODO PANDILLEROS QUE PERTENECIERON A GANGAS EN CALIFORNIA— QUE ESTADOS UNIDOS ESTABA DEPORTANDO POR LA FRONTERA DE TIJUANA ERAN MANO DE OBRA IDÓNEA PARA EL CRIMEN ORGANIZADO.

Un soldado camina entre los destrozos frente a la penitenciaría de La Mesa donde al menos 23 prisioneros murieron durante los motines sucedidos el 14 y el 17 de septiembre de 2008.

A soldier walks amidst the debris in the La Mesa penitentiary, where at least 23 prisoners died during the riots on September 14 and 17, 2008.

Si algo lo podría definir, aseguró el teniente coronel Julián Leyzaola, es su "odio a los narcotraficantes y hacia todo lo que estos representan en la sociedad".   If something defines him, Lieutenant Colonel Julián Leyzaola says, it's his "hate for drug traffickers and everything they represent in society."

El entonces secretario de Seguridad Pública de Tijuana, Julián Leyzaola, izquierda, camina junto a un presunto ladrón de bancos arrestado en mayo de 2009.   Then-Secretary of Public Safety Julián Leyzaola, left, walks with an alleged bank robber arrested in May 2009.

Policías municipales sin uniforme custodian el 26 de septiembre de 2008 a detenidos acusados de haber matado a policías en forma sistemática en la ciudad de Tijuana.

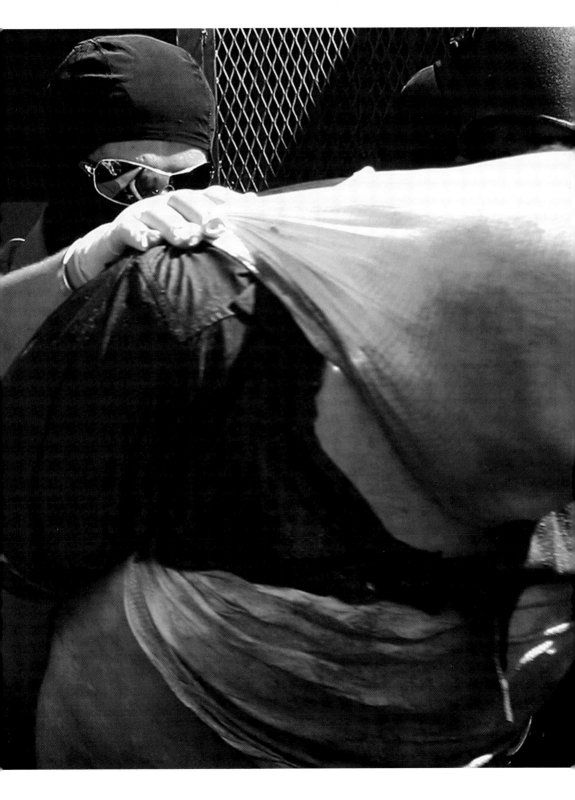

On September 26, 2008, plainclothes municipal policemen guard people accused of systematically killing policemen in Tijuana.

Elementos de la Policía Municipal custodian el 1 de octubre de 2008 a cuatro personas acusadas de asesinar a policías en la ciudad de Tijuana.

On October 1, 2008, municipal policemen guard four people accused of killing police officers in Tijuana.

EN UNA CIUDAD EN DONDE LOS JEFES DE POLICÍA SI NO SE
SUBORDINABAN AL NARCO ERAN ASESINADOS, LEYZAOLA
NO SOLO HABÍA SOBREVIVIDO SIN CORROMPERSE SINO QUE
HABÍA PUESTO EN JAQUE A VARIOS CABECILLAS DE CÉLULAS
CRIMINALES, PROHIBIDO LA PRESENTACIÓN EN LA CIUDAD
DE LEGENDARIAS BANDAS MUSICALES —TIPO NORTEÑO— QUE,
ASEGURABA, RENDÍAN CULTO A LOS NARCOS, PUESTO TRAS
LAS REJAS A DECENAS DE NARCOMENUDISTAS Y ENFRENTADO
EN TIROTEOS A DELINCUENTES.

Elementos periciales de la PGJE inspeccionan la camioneta donde fueron ejecutados un hombre y una mujer dentro de su vehículo situado en la tercera etapa del río Tijuana el 24 de octubre de 2008.

Experts from the PGJE inspect the van where a man and woman were executed in the third section of the Tijuana River on October 24, 2008.

El procurador de la PGJE de Baja California, Rommel Moreno, durante una conferencia de prensa en el verano de 2011.   Rommel Moreno, State Attorney General for Baja California's PGJE, during a press conference in the summer of 2011.

Soldados mexicanos custodian mariguana decomisada en la ciudad de Tijuana y presentada en el cuartel Morelos el 19 de julio de 2008.
Mexican soldiers guard confiscated marijuana at the Morelos barracks in Tijuana on July 19, 2008.

Elementos de la policía de Tijuana detuvieron a sospechosos de tráfico de droga y armas en la Zona Norte de Tijuana durante un operativo el 9 de marzo de 2009.

Tijuana policemen detain alleged drugs and weapons traffickers in Tijuana's North Zone during a raid on March 9, 2009.

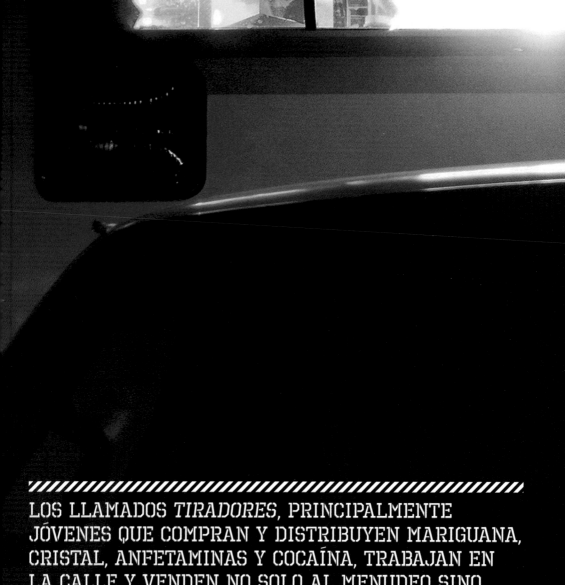

LOS LLAMADOS *TIRADORES*, PRINCIPALMENTE
JÓVENES QUE COMPRAN Y DISTRIBUYEN MARIGUANA,
CRISTAL, ANFETAMINAS Y COCAÍNA, TRABAJAN EN
LA CALLE Y VENDEN NO SOLO AL MENUDEO SINO
TAMBIÉN A CASAS DONDE OTROS LAS REVENDEN:
TIENDITAS. LAS AUTORIDADES LOCALES AFIRMAN QUE
EN TIJUANA HABÍA EN 2008 AL MENOS MIL QUINIENTOS
TIRADORES DE DROGA. PARA 2012 ESTIMABAN QUE
SE HABÍAN TRIPLICADO.

Paramédicos trabajan con una víctima de un tiroteo en Playas de Rosarito, a 20 kilómetros al sur de Tijuana, el 23 de octubre de 2008.
La policía reportó durante el siniestro cuatro personas muertas y una herida en el interior de una tienda de suministros agrícolas.

Paramedics treat a gunshot victim in Rosarito Beach, 20 kilometers south of Tijuana, on October 23, 2008. The police reported four people killed and one wounded inside a agricultural supply store.

Un investigador forense se aproxima al cuerpo de un hombre asesinado por un grupo criminal para tomar sus huellas dactilares en la morgue de Tijuana el lunes 19 de enero de 2009.

A forensic investigator approaches the body of a man killed by a criminal group to fingerprint him at the Tijuana morgue on Monday, January 19, 2009.

Una mujer se lamenta dentro de una oficina de la policía de Tijuana porque un pariente de ella fue detenido en un operativo policial en el barrio de la Zona Norte de Tijuana el 9 de marzo de 2009.

A woman in an office complains at a Tijuana police precinct because a relative was arrested in a police operation in the North Zone of Tijuana on March 9, 2009.

LA DISMINUCIÓN DE OPORTUNIDADES PARA LOS SECTORES DE MENOR EDUCACIÓN Y LA CRISIS ECONÓMICA QUE GENERÓ UN ALTO DESEMPLEO HAN SIDO UN COCTEL EXPLOSIVO MUY APTO PARA QUE EL CRIMEN ORGANIZADO AUMENTE SU EJÉRCITO.

Soldados mexicanos montan una guardia de seguridad en la Zona Este de Tijuana el 22 de enero de 2009.

Mexican soldiers stand guard on Tijuana's east side on January 22, 2009.

Un familiar de un policía municipal –que fuera ejecutado cumpliendo con su labor– se duele a un costado del ataúd durante los honores rendidos al oficial a las afueras del Palacio Municipal el 28 de septiembre de 2008.   A relative of a municipal policeman, who was executed, grieves by the coffin during the ceremony outside the municipal palace on September 28, 2008.

NI SIQUIERA CON
VOLVERNOS A PONER
LA ROPA DE NUESTROS
PADRES U OLER AROMAS
QUE NOS RECONFORTARAN
PODÍAMOS QUITARNOS
LA INTENSA SENSACIÓN
DE PÉRDIDA Y AUSENCIA
QUE LLEVÁBAMOS DENTRO,
COMO SI NUESTRO MUNDO,
LO QUE ERA ESTA CIUDAD,
YA NO ESTUVIERA AQUÍ.

CAP. 03

ABUELAS REZAN PARA APAGAR LA VIOLENCIA... Y APARECE LA VIRGEN

TAL VEZ DEJAMOS DE RAZONAR y acudimos a la religión, porque esta es sobre todo para los que sufren. Es lo único que puede espantar a la maldad de nosotros, aunque muchos no lo entienden", me dijo Lidia Aceves, de 78 años, en su residencia de la colonia Hipódromo, uno de los barrios adinerados del distrito Centro de Tijuana a pocos metros de un campo de golf y del edificio del Consulado de Estados Unidos.

Aceves era la presidenta de Abuelas en Acción, un organismo civil integrado por tres señoras septuagenarias de clase alta que habían pedido a la comunidad, en una medida de desesperación, rezar todos los días a las siete de la noche para detener la inseguridad en Tijuana.

"La ciudad está pasando por una epidemia de violencia y la vacuna es la oración", me dijo cuatro días antes de celebrar una segunda misa en el Auditorio Municipal con pastores de las Iglesias adventista, católica e israelita, y monjes hare krisna.

Las Abuelas fundaron su grupo la tarde del 18 de enero de 2008, tras "ver con pavor" cómo medios mexicanos y extranjeros exponían una y otra vez las imágenes de niños de un preescolar huyendo –entre maestras, soldados y policías– de los disparos durante una balacera en Tijuana.

Un día antes de la reunión de las Abuelas, al filo de las diez de la mañana del 17 de enero de 2008, un grupo de sicarios del cártel Arellano Félix se enfrentó a más de trescientos soldados y policías, luego de huir y refugiarse en una casa de seguridad, una residencia de tres pisos conocida entre los vecinos como "la casa de piedra"[1] o "la cúpula"[2], ubicada en el fraccionamiento Cortés, un barrio de clase media en el distrito La Mesa, a pocas cuadras de la casa de Aceves.

Con armas de guerra –rifles AK-47 y R-15– los dos bandos se batieron durante casi tres horas. Durante ese lapso las autoridades cerraron los bulevares Díaz Ordaz y Agua Caliente, dos de los más transitados en la ciudad, mientras los habitantes de cuatro manzanas que rodean "la casa de piedra" fueron desalojados, incluyendo a una centena de niños de una escuela.

Aquella mañana, entre el vaivén de agentes y soldados armados, llantos de mujeres en pánico, comerciantes de la zona sorprendidos con las manos en sus cabezas, sirenas de ambulancias y patrullas, reporteros buscando cubrirse y a la vez mirar un poco, atronadores disparos, un helicóptero que sobrevolaba el área, más disparos y el sonido continuo de las sirenas, amenazas de sicarios a través de la frecuencia radial de patrullas, entre ese ambiente de horror y muerte, escuché varios testimonios que coincidían entre vecinos del lugar, rescatistas y reporteros: la sensación desagradable que experimentaron de que en cualquier momento *alguien* les podía meter un balazo. Un miedo que hasta entonces desconocían.

La Secretaría de Seguridad Pública Federal informaría que durante el enfrentamiento fueron heridos cuatro oficiales –uno de ellos fallecería mientras era atendido en el hospital– y murió un presunto delincuente. Detuvieron a cuatro supuestos criminales, entre ellos un policía municipal y un ministerial que trabajaba en el servicio de inteligencia del estado. Además fueron encontradas en el interior de la casa seis personas asesinadas. Las víctimas estaban maniatadas, tenían mordaza y habían recibido disparos en sus cabezas conocidos como "tiros de gracia".

---

1   El 9 de junio de 2009 fue arrestado José Filiberto Parra Ramos, alias *La Perra*, en un operativo del Ejército mexicano y la Marina en la Zona Río de Tijuana. Parra era considerado por las autoridades como uno de los sicarios más sanguinarios del cártel Arellano Félix que junto a Teodoro García Simental, alias *El Teo*, abandonó esta organización y se unió al cártel de Sinaloa. La PGR cree que estuvo detrás de la balacera de *La casa de piedra*, entre decenas de crímenes.

2   Un corrido de Los Tucanes de Tijuana, titulado *La Perra Cúpula*, que autoridades creen que fue mandado hacer por el propio Parra Ramos, habla del enfrentamiento que tuvieron los sicarios con los militares y policías en *La casa de piedra*, también llamada *La cúpula*, y señala los orígenes de *La Perra* y su ascenso en la organización criminal: "fue mecánico un tiempo del jefe/ luego se convirtió en pistolero/ trae la escuela también de ocho-nueve/ como hermanos son él y El Teo/ ahora trae un comboy a su mando/ y deseando toparse al gobierno/ es un hombre que cuando hay misiones/ se emociona tanto que da miedo/ trae un cuerno de chivo cortito/ no hay mejor arma pa'la defensa...".

"Estábamos en *shock*", me dijo Aceves, ¿qué podían hacer tres señoras mayores de 70 años frente a esto? ¿Cómo ayudar a una ciudad que parecía sumirse en un pozo de sangre? Esas fueron las preguntas que se hizo aquella tarde junto a Josefina Akerludh y Luz María de Palmer.

"Yo llegué a Tijuana en 1964 de Guadalajara, donde nací. Llegué con mi marido y dos de mis ocho hijos. A mi marido [el ingeniero civil Fernando Aceves] lo había contratado el gobierno para construir la Puerta México. Nos gustó mucho la ciudad, el ambiente era grandioso, toda la ciudad era muy festiva. Aquí nacieron mis otros hijos… De eso estuvimos platicando mis amigas y yo, de lo felices que habíamos sido en esta ciudad y el amor que le tenemos. Concluimos que, ante nuestra situación física, lo mejor que podíamos hacer era orar. Convocar a la comunidad a que rezara por la seguridad de esta ciudad", me dijo Aceves.

Me explicó que desde mediados de los noventa del siglo pasado muchas familias de Tijuana comenzaron a advertir que algo extraño estaba sucediendo en la comunidad.

"Sabíamos de vecinos aquí en la colonia Hipódromo que andaban en malos pasos. A unos los mataron, a otros los secuestraron y a otros los mandaron a prisión. Creímos que eso era algo pasajero, no nos dimos cuenta de que era la raíz de lo que ahora está pasando en la ciudad y no quisimos o no pudimos denunciar", agregó Aceves.

Tras la reunión del 18 de enero, las Abuelas compraron con su dinero 9 mil veladoras que regalaron a la comunidad fuera de centros comerciales y mercados con la consigna de que la prendieran y oraran todos los días a la siete de la noche. También convocaron el 26 de noviembre de 2008 a una misa masiva en el Auditorio Municipal con los principales representantes de las Iglesias en la ciudad a la que asistieron poco más de tres mil personas.

Asistí a esa misa como reportero. Ya para entonces la atmósfera en la ciudad estaba saturada de crímenes y frustración: más de seiscientos asesinatos, cadáveres decapitados y mutilados, más de cuatrocientos secuestros y desaparecidos y múltiples tiroteos en lugares públicos.

Además de las organizadoras de la ceremonia, había organizaciones de clase media con nombres abstractos de ciudadanos de a pie como Mujeres, Estudiantes, Artistas, Profesionales, Madres... Esa clase media tijuanense –con sus generalizados resentimientos y su secreto amor esclavo al trabajo, a la comida, a la tecnología y al consumo en las tiendas– que ahora por ironías de la vida había tomado calles y foros para protestar desde hacía meses como nunca antes. Estábamos viviendo, lo decían, momentos en que la vida valía un automóvil, unos zapatos de marca, una novia, un terreno, una amistad dudosa, un gesto de menosprecio. Y parecía que no se respetaba el lenguaje, la moral, el esfuerzo recto, la buena actitud.

La aflicción se advertía entre los asistentes a través de fotografías de víctimas y mantas de familias que decían: "Dios, toca sus corazones para que nos regresen a mi papito"; "Tenemos miedo, nos sentimos desamparados por tanta corrupción que hay", o "El poder divino de Dios se impondrá contra la maldad".

"La nuestra es una religión sobre todo para los que sufren y estamos sufriendo mucho, por eso hay que orar, no importa de qué religión seas", me dijo en aquella ocasión el arzobispo de Tijuana, Rafael Romo, cuando ingresó al auditorio.

> **MUCHA GENTE ESTABA SIN NINGUNA ILUSIÓN, CREO QUE ESTO FUE COMO UNA CHISPA DE ESPERANZA, UN CAMBIO DE ACTITUD. PERO NO TENGO RESPUESTA AÚN SOBRE QUÉ LOGRAMOS** LIDIA ACEVES

AQUELLA MAÑANA, ENTRE EL VAIVÉN DE AGENTES Y SOLDADOS ARMADOS, LLANTOS DE MUJERES EN PÁNICO, COMERCIANTES DE LA ZONA SORPRENDIDOS CON LAS MANOS EN SUS CABEZAS, SIRENAS DE AMBULANCIAS Y PATRULLAS, REPORTEROS BUSCANDO CUBRIRSE Y A LA VEZ MIRAR UN POCO, ATRONADORES DISPAROS, UN HELICÓPTERO QUE SOBREVOLABA EL ÁREA, MÁS DISPAROS Y EL SONIDO CONTINUO DE LAS SIRENAS, AMENAZAS DE SICARIOS A TRAVÉS DE LA FRECUENCIA RADIAL DE PATRULLAS, ENTRE ESE AMBIENTE DE HORROR Y MUERTE, ESCUCHÉ VARIOS TESTIMONIOS QUE COINCIDÍAN ENTRE VECINOS DEL LUGAR, RESCATISTAS Y REPORTEROS: LA SENSACIÓN DESAGRADABLE QUE EXPERIMENTARON DE QUE EN CUALQUIER MOMENTO ALGUIEN LES PODÍA METER UN BALAZO. UN MIEDO QUE HASTA ENTONCES DESCONOCÍAN.

MUCHA GENTE ESTABA SIN NINGUNA ILUSIÓN, me dijo Aceves, "creo que esto fue como una chispa de esperanza, un cambio de actitud. Pero no tengo respuesta aún sobre qué logramos".

Sin embargo, en la segunda misa masiva, que celebraron el 27 de noviembre de 2009 también en el Auditorio Municipal, asistieron solo quinientas personas de cinco mil que esperaban, pese a que "la campaña de oración" de las Abuelas en Acción continuó durante ese año cuando fueron a cerca de cincuenta escuelas para hablar de participación ciudadana, unión familiar, valores morales, apoyo a los gobernantes y de oración; además de recorrer los más importantes medios de comunicación locales para anunciar su oración.

Aquella ceremonia fue muy semejante a la primera, pero lo que me llamó la atención –aparte de la falta de asistencia– fue que nadie llevaba mantas o mensajes grabados.

"No sé qué pasó, por qué fue tan poca gente. Nosotros aún queremos convocar una misa más para el 2010", me dijo.

Pedí la opinión al respecto de Guillermo Alonso, un antropólogo social del Departamento de Estudios Culturales de El Colegio de la Frontera Norte, una universidad situada a un costado del océano Pacífico en Tijuana. Él me dijo que la poca asistencia a la oración masiva le asombraba igual que los tres mil que congregaron en 2008. "La sociedad a veces rebasa las expectativas, ese es su misterio. A veces está desmoralizada o por el contrario se entusiasma con novedades".

Muchos católicos creen que la oración será efectiva para mejorar el ambiente enrarecido, me dijo. En todo caso, esas misas son "manifestaciones de desesperanza" que históricamente las comunidades religiosas han realizado en situaciones de crisis: sequías, plagas, pestes, injusticias o enfermedades.

"Se cree que la oración es un paliativo para ayudar a mejorar las cosas; pero la paradoja es que muchos sicarios y criminales también oran o llevan consigo imágenes religiosas, como vírgenes o escapularios, pidiendo protección y amparo", me comentó.

Unos días después de la balacera en "la casa de piedra", un grupo de reporteros entramos a la residencia, que aún olía a pólvora y a gas lacrimógeno. No había muebles, los vidrios de las ventanas quebradas estaban sobre los pisos de concreto y alfombra de sus 12 habitaciones, sin embargo los impactos de las balas no habían estropeado sus paredes de piedra. El funcionario de la Secretaría de Seguridad Federal que nos guiaba por la casa nos dijo que había sido construida como una fortaleza expresamente por el cártel Arellano Félix; la utilizarían como casa de seguridad y para resistir este tipo de enfrentamientos. En una de sus habitaciones, donde fueron hallados los cadáveres de seis personas ejecutadas, estaba la mayor crudeza de aquella destrucción: había grandes charcos de sangre y masa encefálica de las víctimas sobre la alfombra gris y las paredes. Sus verdugos, según nos dijo el funcionario, les habían dejado una veladora encendida con una estampa de la Virgen de Guadalupe cuyo pabilo aún permanecía encendido.

> **SE CREE QUE LA ORACIÓN ES UN PALIATIVO PARA AYUDAR A MEJORAR LAS COSAS; PERO LA PARADOJA ES QUE MUCHOS SICARIOS Y CRIMINALES TAMBIÉN ORAN O LLEVAN CONSIGO IMÁGENES RELIGIOSAS, COMO VÍRGENES O ESCAPULARIOS, PIDIENDO PROTECCIÓN Y AMPARO** GUILLERMO ALONSO

LA TERCERA MISA MASIVA, como las llamaban las Abuelas en Acción, nunca la celebraron; la poca asistencia de la segunda ceremonia las desanimó. Pero otro suceso religioso volvió a mostrar la desesperación de la comunidad en el invierno de 2009: la supuesta aparición de la Virgen de Guadalupe en un cono naranja para control vehicular que ocasionó que residentes de una colonia conflictiva al este de la ciudad se sintieran "protegidos" de la violencia imperante.

"Siento que *la virgencita* apareció por tanto que estamos sufriendo, siento yo, por lo que ha pasado la comunidad últimamente. Desde que apareció, no sé, los vecinos nos sentimos tranquilos, protegidos", me dijo María Elena Hernández Mena, de 58 años, quien fue quien encontró la imagen.

Hernández Mena me contó que el domingo 4 de octubre, al filo de las 4:45 de la mañana, ella caminó media cuadra desde su casa, situada en la calle Invernadero, hasta la avenida Principal del barrio popular El Florido, donde cada fin de semana pone un puesto en un mercado ambulante, conocido como "sobrerruedas", para vender ropa usada y otros artículos de segunda mano.

Ese día un vehículo chocó contra un cono naranja para control vehicular, muy cerca de un canal de aguas negras cuyo cauce es paralelo a la avenida Principal. El automovilista se fue, me dijo, ella recogió el señalamiento y cuando lo vio se quedó perpleja.

Entre la oscuridad de la madrugada y sus ojos descompuestos por las cataratas, María Elena me dijo que vio a la Virgen de Guadalupe. Confundida despertó a sus hijos y los consultó; después fue con sus vecinos y con unos comerciantes que a esa hora ya se habían instalado en el mercado. Todos estaban de acuerdo con ella.

Desde el miércoles 7 de octubre colocó el cono en un improvisado altar frente a su humilde casa, en el número 1012 de la calle Invernadero, donde viven también ocho de sus hijos y quince nietos. Pronto cientos de vecinos y curiosos comenzaron a llegar.

La imagen, vista con ojos objetivos, parece solo una mancha dejaba por las llantas de un vehículo. Vista con ojos fieles, semeja una silueta –sobre todo en su parte superior– de la legendaria imagen reproducida de la Virgen de Guadalupe.

Cuando visité a la señora Hernández Mena vi que el altar tenía 27 ramos de lidias frescas, dos pequeños cuadros de la Guadalupana y siete veladoras.

"Yo no entiendo bien qué ha pasado… Tal vez es una señal para parar tanta cosa fea que está pasando", me dijo Vicente Santillán Ruelas, de 53 años, quien vende aparatos electrónicos a una cuadra donde fue colocado el altar.

Lino Bernardino Meléndez, de 49 años, otro vecino de esa cuadra, tiene sus dudas acerca de si se trata de la Virgen, pero en todo caso, me comentó, se ha sentido "más seguro y aliviado de las broncas que hay en Tijuana".

El Florido, situada a las faldas del Cerro Colorado, es una zona conflictiva habitada en su mayor parte por familias de bajos recursos. La PGJE de Baja California había reportado una treintena de homicidios relacionados con el crimen organizado de 2008 a 2010 en ese barrio. La propia señora Hernández Mena me dijo que aún guardaba en su memoria la imagen de dos jóvenes asesinados a tiros en noviembre de 2008 que habían sido tirados en el canal de aguas negras, a media cuadra de su casa.

"En estos tiempos las personas estamos necesitados de Dios y tal vez ocupamos mensajes de esperanza", me dijo José Guadalupe Rivas Saldaña, el párroco de la iglesia San Pedro–San Pablo y representante del Obispado en El Florido.

Rivas Saldaña interpretaba la supuesta aparición de la Virgen en el cono vehicular más como una necesidad de la población para acercarse y tener unidad frente al ambiente enrarecido en la ciudad, que como un milagro.

"El tema de las apariciones es muy delicado y siempre se requieren estudios serios que pueden llevarse años", me dijo. El párroco agregó que cuando la gente habla de apariciones de la Virgen está hablando también de Cristo y también de una necesidad de cambiar de vida.

Para el sociólogo Guillermo Alonso, investigador del Departamento de Estudios Culturales de El Colegio de la Frontera Norte, esta supuesta aparición es un síntoma para analizar qué sociedad se encuentra detrás de esa creencia.

"Como los niños, los adultos también intentan llamar la atención, en este caso para decir cómo viven *amolados* pero aun así la Virgen se les apareció. Es un discurso típico de la Iglesia católica: aguanten que el cielo está cerca", me dijo Alonso.

Supuestas imágenes religiosas formadas al azar en objetos, nubes o cortezas de árboles son muy antiguas, me explicó el especialista, aparecen en muchas tribus y civilizaciones. De alguna forma son tomadas como estímulos simbólicos para soportar la situación trágica que viven a diario.

ENTRE LA OSCURIDAD DE LA MADRUGADA Y SUS OJOS DESCOMPUESTOS POR LAS CATARATAS, MARÍA ELENA ME DIJO QUE VIO A LA VIRGEN DE GUADALUPE. CONFUNDIDA DESPERTÓ A SUS HIJOS Y LOS CONSULTÓ; DESPUÉS FUE CON SUS VECINOS Y CON UNOS COMERCIANTES QUE A ESA HORA YA SE HABÍAN INSTALADO EN EL MERCADO. TODOS ESTABAN DE ACUERDO CON ELLA.

LAS FOSAS COMUNES DE SANTIAGO MEZA, EL POZOLERO

EL TESTIMONIO DE UN CRIMINAL CONFESO, que operó para el cártel Arellano Félix y después para una célula ligada al cártel de Sinaloa, revela múltiples detalles de la cruel batalla que horrorizó a esta comunidad.

También es una muestra de lo que ha significado la batalla contra el narcotráfico en el país.

Santiago Meza, *El Pozolero*, testificó en la Seido que deshizo en sosa caústica a cientos de personas en cinco sitios específicos y que además tiró restos humanos en arroyos y drenajes de la ciudad de 1996 a 2009.

De acuerdo con la averiguación previa PGR/SEIDO/JEIDCS/032/2009, Meza recuerda esas fosas clandestinas y el número aproximado de víctimas que le fueron enviadas muertas para que las *pozoleara*, un término que utilizaba el crimen organizado para referirse a los caldos de sosa caústica que cocinaba para intentar borrar todo rastro de los asesinatos que cometían.

"No sé quiénes eran, ni a qué se dedicaban [las víctimas]", agregó durante el interrogatorio, "recuerdo que de todos los cuerpos que me tocaron *pozolear* [hubo] tres mujeres, tampoco me tocaron personas uniformadas", declaró Meza.

Hasta ahora las autoridades han explorado cinco de esos lugares y en tres han hallado huesos, dientes y materia orgánica, además de objetos personales de seres humanos.

La última búsqueda la emprendió personal de la Seido en diciembre de 2012 en un predio conocido como *La Gallera*, situado en la colonia Maclovio Rojas, al este de la ciudad.

La PGJE no tiene evidencias de que esto sigua ocurriendo. Desde 2010 y hasta 2012 no han encontrado más sitios donde haya materiales utilizados para hacer esta labor.

Sin embargo, Meza afirma en su declaración que él enseñó a más *pozoleros* y antes de que él aprendiera este siniestro oficio ya había otros.

Los crímenes de Meza se dieron a conocer tras su arresto en enero de 2009, justo cuando la violencia arreciaba en las calles de Tijuana.

La PGJE reportó entre 2008 y 2009 un total de 1,507 asesinatos, más de cien secuestros, tiroteos en lugares públicos, aproximadamente un ocho por ciento de la población huyendo de la ciudad y decenas de desaparecidos.

La disputa por el control del trasiego y venta de droga de dos grupos criminales y su enfrentamiento con corporaciones militares y policiacas, estas últimas infiltradas por el crimen organizado (solo la Policía Municipal despidió a más de seiscientos agentes), impuso actos de sadismo insospechados: colgados, decapitados y mutilados que aparecían en vías públicas.

La violencia de alto impacto disminuyó en la ciudad a raíz de las detenciones de capos y líderes de células criminales, las depuraciones de las Policías Estatal y Municipal y, sobre todo, tras los múltiples operativos del Ejército mexicano que resultaron en importantes decomisos de arsenales y droga.

Aunque las muertes violentas continuaron. La PGJE reportó en 2010 un total de 820 homicidios, 476 en 2011 y 264 en 2012, el ochenta por ciento de todos ellos relacionados con el narcomenudeo.

Si bien existe la percepción de que la violencia ha bajado en esta ciudad, también es cierto que hay personas que todavía padecen la tragedia de los peores años que vivió la ciudad.

Según dos asociaciones civiles integradas por familiares de las víctimas, ambas con sede en Tijuana, en el estado tienen registradas 488 personas desaparecidas, pero estiman que existen decenas de casos más que no han sido denunciados públicamente porque las familias no se atreven por temor a represalias. Menos de una cuarta parte han levantado denuncias ante las autoridades porque desconfían de ellas o bien están amenazadas, aseguran los titulares de los organismos.

El fiscal especial de personas desaparecidas de la PGJE, Miguel Ángel Guerrero, me dijo que hasta el invierno de 2011 solo tenían registradas 96 averiguaciones previas de personas "extraviadas o ausentes", 70 de ellas en Tijuana y 26 en Mexicali. Los casos van de

1995 a 2011, pero el ochenta por ciento corresponde a desapariciones que sucedieron de 2007 a 2010.

Guerrero dijo que el noventa por ciento de las investigaciones de los desaparecidos está ligado al crimen organizado y que un quince por ciento de los asuntos de Tijuana están directamente relacionados con El Pozolero.

Santiago Meza se encuentra actualmente en una prisión federal en el estado mexicano de Nayarit acusado de delincuencia organizada, encubrimiento de crímenes y posesión de armas de fuego de uso exclusivo del Ejército.

Una copia de la declaración de Meza ante la Seido me fue entregada a principios de septiembre de 2011 por Fernando Ocegueda, presidente de la Asociación Unidos por los Desaparecidos en Baja California, quien me dijo que se la hicieron llegar de forma anónima para que pudiera encontrar algún indicio de su hijo, secuestrado el 10 de febrero de 2007, y de otras víctimas.

En el documento, El Pozolero revela cinco lugares específicos donde operó, además de otros sitios donde tiraba restos humanos.

> ❝ SIEMPRE QUE SE TRABAJABA CON LOS CUERPOS HUMANOS NO LES VEÍAMOS A LA CARA, YA QUE TODOS LOS CUERPOS HUMANOS TRAÍAN UNA MÁSCARA DE CINTA ADHESIVA DE PLÁSTICO DE COLOR GRIS Y CUANDO LOS METÍAMOS A LA OLLA O A LOS TAMBOS CON SOSA CAÚSTICA EN AGUA, SOLO LES CORTÁBAMOS LA CINTA POR LA PARTE DE LA NUCA SIN QUITÁRSELAS TOTALMENTE ❞ SANTIAGO MEZA

Pese a que la declaración fue rendida el 25 de enero de 2009, hasta ahora las autoridades solo han explorado tres de esos predios, donde encontraron huesos, dientes, anillos y materia orgánica de seres humanos, y uno más en terrenos aledaños a la presa Abelardo L. Rodríguez, donde no hallaron restos. Las autoridades dicen que las investigaciones toman tiempo porque hay que excavar grandes extensiones de terreno y no se cuenta con tecnología avanzada.

Al ser detenido, Meza dijo que deshizo "unos trescientos cuerpos humanos" en sosa cáustica. Pero en su declaración ante la Seido no precisa esa cantidad de cadáveres, sobresalen las palabras "unos", "al menos", "alrededor" cuando refiere las cantidades de víctimas que le fueron enviadas. De sus relatos se desprende que hubo por lo menos 151 víctimas de 1996 a 2009 solo en Tijuana.

Meza, quien fue arrestado el 23 de enero de 2009 cuando se encontraba drogado en una fiesta que celebraba su patrón, Teodoro García Simental, *El Teo*, en una casa ubicada al sur de Playas de Rosarito, declaró que trabajó primero a las órdenes de Efraín Pérez, apodado *El Efra*; y después, a partir de 2002, para Teodoro García Simental, *El Teo*, ambos jefes de diferentes células de sicarios y narcotraficantes al servicio del cártel Arellano Félix.

A El Efra lo conoció en 1992, cuando llegó a trabajar como albañil, junto a dos de sus hermanos, a un taller de pintura ubicado en la colonia Reforma, un barrio al este de la ciudad, según su declaración. Tenía 29 años y acababa de llegar a esta frontera de su natal Guamúchil, Sinaloa.

Pérez luego lo invitó a que le cuidara el rancho *El Contento*, donde tenía caballos de carreras, y luego lo llevó a la bodega que conocían como *07*, ubicada en la colonia Jardines de La Mesa, donde guardaba automóviles robados.

Por cuidar el almacén le pagaba 200 dólares a la semana, de acuerdo con la averiguación previa de la Seido.

"Como a los cinco años de haber llegado a la organización, un día en la bodega *07*, estando presentes Efraín Pérez *El Ocho Cin-*

co, su ayudante al que le decían El Negro, a uno que le llamaban *El Macumba* (Jorge Aureliano Félix), con clave *Ocho Cuatro*, y yo; me llamó Efraín Pérez *El Ocho Cinco* para que yo viera un experimento, entonces ellos llevaban sosa granulada y una cubeta, entonces le echaron a la cubeta agua como a la mitad y le echaron como cuatro kilos de la sosa caústica, como a mí me estaban explicando me pidieron que moviera la sosa en el agua para que se desbaratara y cuando empezó a humear le eché una pierna de res que llevaron y la dejamos como por dos horas y en esas dos horas la empezamos a mover y se deshacía la carne", explicó Meza.

A los seis meses de esa prueba, agregó, El Efra le habló por radio para decirle que iban a experimentar con carne humana y que además le mandaría "unos plebes" para que los preparara para ese trabajo, cuatro jóvenes a los que solo conocía por su apodos: El Negrillo, El Chico, El Cuic y El Don King. Era el año 1996.

Esa noche deshizo su primer cadáver, explicó Meza, pero algunos fragmentos que no pudieron desintegrarse los tiró a la mañana siguiente al arroyo Alamar, a un costado del canal del río Tijuana.

La bodega *07* fue clausurada dos años después porque en una investigación policial se mencionaba que ahí había automóviles robados, declaró Meza. Señaló que en ese lapso *pozoleó* ocho cadáveres más que le fueron llevados y también tiró los restos al arroyo Alamar.

El Efra lo llevó a otra bodega, ubicada en el fraccionamiento Villa Floresta, también al oriente de Tijuana, que tenía fachada de casa, "donde la técnica para pozolear era mejor", declaró Meza. Habían instalado tambos soldados a un registro fluvial, una tubería que podían abrir para tirar al drenaje los restos humanos que no había consumido la sosa cáustica.

Ahí operaron tres años y deshizo "unos cuarenta cuerpos humanos o más" que le fueron llevados por varias personas que no conocía, según su testimonio. Cerraron esa bodega "porque había rumores que iba a caer la ley".

Meza contó que de este lugar lo llevaron a un predio ubicado en la colina de una zona rural de la colonia Valle Bonito, al este de la ciudad. Para entonces ya no trabajaba a las órdenes de El Efra, pues lo habían detenido las autoridades. Se entendía directamente con Teodoro García Simental, *El Teo*.

"En este nuevo ranchito que nos dieron para trabajar también había una bodega pero no había drenaje, hacíamos unos hoyos como de un metro o metro y medio de profundidad por un metro de ancho aproximadamente y ahí echábamos los restos del pozole, o sea, los restos de los cuerpos humanos que metíamos a la sosa caústica para deshacerlos", dijo Meza.

Elementos de la PGJE y de la Seido hicieron excavaciones en ese predio en la primavera de 2011. El fiscal especial para personas desaparecidas dijo que habían encontrado restos humanos que mandarían a la oficina central de la Seido en la Ciudad de México para someterlos a pruebas de perfil genético con el objeto de compararlas con las bases de datos que tiene la fiscalía especial de familiares de las víctimas.

Los resultados de las pruebas de ADN a principios de 2012 aún no habían sido enviados, pues es un proceso que demora por el daño que provocaron los materiales en los restos humanos, me dijo Guerrero, el fiscal especial de personas desaparecidas de la PGJE.

LA PGJE REPORTÓ ENTRE 2008 Y 2009 UN TOTAL DE 1,507 ASESINATOS, MÁS DE CIEN SECUESTROS, TIROTEOS EN LUGARES PÚBLICOS, APROXIMADAMENTE UN OCHO POR CIENTO DE LA POBLACIÓN HUYENDO DE LA CIUDAD Y DECENAS DE DESAPARECIDOS.

Meza explicó en su declaración que a ese predio le llevaron más de veintidós cadáveres; algunas veces bajaron de las camionetas hasta ocho personas muertas en un solo viaje. Abandonaron este predio a raíz de que el Ejército mexicano llegó cuando no había ninguno de los que operaban en el lugar.

Para entonces tenía cuatro ayudantes nuevos a los que conocía por sus sobrenombres: El Yiyo, El Cenizo, El Satur y El Mario. A dos de sus anteriores colaboradores los habían corrido porque se hicieron adictos al cristal, otro murió en un accidente y uno más enfermó de cáncer.

Del Valle Bonito cambiaron a un lugar que Meza identifica en la averiguación previa como *La Gallera*, ubicada en la colonia Maclovio Rojas, al oriente de Tijuana. Ahí "las personas que llevaban los cuerpos de personas muertas siempre llevaban escolta tipo patrullas".

"En este lugar duré año y medio, pero también en este lugar llegaron militares, pero no encontraron nada, que en ese lugar me llevaron más de setenta cuerpos humanos muertos para meterlos a la sosa caústica con agua", dijo.

Santiago Meza contó a la Seido que el último lugar donde trabajó como *pozolero* fue en un predio del ejido Ojo de Agua, una zona casi rural al este de la ciudad que colinda con la antigua carretera al municipio de Tecate.

A pesar de que es el lugar que medios nacionales e internacionales bautizaron como *La finca del Pozolero* y apuntaron que ahí deshizo en ácido unos trescientos cadáveres, Meza aseguró en su declaración que pasó en ese sitio "como un año y feria y en ese lapso fueron como diez personas cuando mucho que se deshicieron".

En la fosa, de dos metros de diámetro por tres metros de profundidad, agentes federales ministeriales hallaron restos óseos, dientes y anillos en la primavera de 2009.

"En este último lugar las personas muertas me las llevaban pura plebada, es decir jóvenes de 20 o 22 años, que eran nuevos, que recibían instrucciones unos de *La Perra* [Filiberto Parra Ramos, detenido el 10 de junio de 2009] y otros de *El Muletas* [Raydel López Uriarte, detenido el 8 de febrero de 2010], pero que ambas células pertenecían a la organización que comandaba El Teo [detenido el 12 de enero de 2010], para quien trabajaba yo directamente", dijo Meza.

De acuerdo con la PGJE y a la Procuraduría General de la República (PGR), a finales de 2007, Teodoro García Simental no quería reconocer a Fernando Sánchez Arellano –apodado *El Ingeniero* y sobrino de los fundadores del cártel– como líder de la organización de los Arellano Félix.

La guerra de las facciones del cártel Arellano Félix se recrudeció a comienzos de 2008. Según informes de la PGR y la PGJE, Sánchez Arellano había heredado el puesto luego que Francisco Javier Arellano Félix, *El Tigrillo*, fuera detenido frente a las costas de Baja California Sur en agosto de 2006.

El Tigrillo había tomado las riendas del cartel luego que su hermano Benjamín fuera detenido en marzo de 2002 en Puebla, un mes después de que su otro hermano, Ramón, fuera asesinado durante una balacera en Mazatlán.

AL SER DETENIDO, MEZA DIJO QUE DESHIZO "UNOS TRESCIENTOS CUERPOS HUMANOS" EN SOSA CÁUSTICA. PERO EN SU DECLARACIÓN ANTE LA SEIDO NO PRECISA ESA CANTIDAD DE CADÁVERES, SOBRESALEN LAS PALABRAS "UNOS", "AL MENOS", "ALREDEDOR", CUANDO REFIERE LAS CANTIDADES DE VÍCTIMAS QUE LE FUERON ENVIADAS. DE SUS RELATOS SE DESPRENDE QUE HUBO POR LO MENOS 151 VÍCTIMAS DE 1996 A 2009 SOLO EN TIJUANA.

El 4 de enero de 2012, Benjamín Arellano Félix se declararía culpable ante una corte federal de San Diego, California, de los delitos de asociación ilícita y complot para lavado de dinero. Con su declaración, alcanzada a través de un acuerdo con la fiscalía, le fue dada una pena máxima de 25 años de prisión y evitó un juicio que lo podría condenar a 150 años de prisión.

Sin El Tigrillo vinieron nuevos traficantes a llenar el vacío de poder, incluyendo células del cártel de Sinaloa y La Familia de Michoacán. Los problemas de la droga y la violencia se agravaron entre las células que comandaban El Teo y El Ingeniero.

La Zona Este de la ciudad, la más vulnerable por su rezago en servicios públicos y familias migrantes casi recién llegadas a la frontera, estaba llena de jóvenes desempleados, repletos de testosterona y a menudo bien armados por los cárteles de la droga.

> **EN ESTE NUEVO RANCHITO QUE NOS DIERON PARA TRABAJAR TAMBIÉN HABÍA UNA BODEGA PERO NO HABÍA DRENAJE, HACÍAMOS UNOS HOYOS COMO DE UN METRO O METRO Y MEDIO DE PROFUNDIDAD POR UN METRO DE ANCHO APROXIMADAMENTE Y AHÍ ECHÁBAMOS LOS RESTOS DEL POZOLE, O SEA, LOS RESTOS DE LOS CUERPOS HUMANOS QUE METÍAMOS A LA SOSA CÁUSTICA PARA DESHACERLOS**
> SANTIAGO MEZA

De acuerdo con las autoridades, esa área era controlada por El Teo, quien había heredado de su hermano Mario Alberto García Simental, luego que este fuera arrestado, el poder de una célula criminal que había servido a Benjamín Arellano Félix, y quien tras el pleito con El Ingeniero se había aliado al cártel de Sinaloa.

Meza cuenta en su declaración que por órdenes de El Teo llevó hasta el restaurante Mariscos del Pacífico, ubicado en la colonia 20 de noviembre, dos tambos azules con restos humanos y sosa caústica y escribió con plumón negro en una cartulina: "Esto les va a pasar a todos los que andan con el Ingeniero". El hallazgo fue reportado por la Policía Municipal el 30 de septiembre de 2008.

Para finales de 2007 y principios de 2008, los *levantones* y los secuestros comenzaron a darse con mayor frecuencia, reportaban autoridades.

Las asociaciones civiles de personas desaparecidas señalan que de 2007 a 2010 se dieron el ochenta por ciento de las 488 desapariciones. Aunque, según la declaración de Meza, la mayor parte de las víctimas las deshizo de 2002 a 2007.

Por eso es posible que muchas de estas víctimas no estén registradas ni en las asociaciones civiles ni en la PGJE.

"Siempre que se trabajaba con los cuerpos humanos no les veíamos a la cara, ya que todos los cuerpos humanos traían una máscara de cinta adhesiva de plástico de color gris y cuando los metíamos a la olla o a los tambos con sosa caústica en agua, solo les cortábamos la cinta por la parte de la nuca sin quitárselas totalmente", declaró Meza.

En la averiguación previa de la Seido, Meza señaló que él y algunos miembros de las células criminales tenían credenciales de policías ministeriales, y que algunos agentes activos de la Ministerial asistían a las fiestas que organizaban. Incluso durante el interrogatorio el representante social de la federación le preguntó si reconocía los nombres y las fotografías de 49 policías presuntamente involucrados en el crimen organizado, pero Meza solo aceptó conocer a dos que acudían a reuniones organizadas por El Teo.

Los titulares de la Policía Municipal de Tijuana y de la PGJE han reconocido que sus corporaciones estaban infiltradas por el crimen organizado. Unos seiscientos agentes municipales y cerca de doscientos policías ministeriales (que investigan diversos crímenes) fueron despedidos de 2007 a 2010.

El fiscal especial para personas desaparecidas de la PGJE, Miguel Ángel Guerrero, me dijo que tal vez haya setenta o cien cuerpos que deshizo Santiago Meza que no tengan contemplados en sus averiguaciones previas, pero de esas víctimas no hay nombres ni material de ADN registrados.

Pero también, señaló, es posible que algunos de los desaparecidos hayan sido enterrados en la fosa común del panteón municipal, situado a cinco minutos del ejido Ojo de Agua, porque apenas desde 2005 la PGJE comenzó a tomar pruebas de ADN.

Decenas de cadáveres sin identificar, muchos de ellos asesinados entre 2008 y 2009, fueron enviados por el Servicio Médico Forense (Semefo) a la fosa común municipal luego que transcurrieron treinta y seis horas y nadie los reclamó.

Desde que la fiscalía especial para personas desaparecidas empezó en diciembre de 2008 ha habido dos casos de exhumación en la fosa común a raíz de que familiares reconocieron a quienes buscaban por fotografías subidas tiempo después a la página electrónica de Semefo.

"Las autoridades nos han obligado a que nosotros seamos los investigadores de los casos de los desaparecidos, porque cada dependencia se pasa la bolita y no hacen nada. A mí ya no me interesa quién fue ni por qué, solo quiero los restos de mi hijo para darle cristiana sepultura", me dijo Irma Leyva, de 60 años, durante una manifestación de familiares de personas desaparecidas en la glorieta Independencia de la Zona Río de Tijuana en el verano de 2011. Ella es madre de Diego Alonso Hernández, un joven ex policía ministerial que fue *levantado* el 1 de enero de 2007 en Mexicali por una célula criminal.

Esa tarde soleada, unos cuarenta familiares de desaparecidos rezaron y colocaron mantas alrededor de la glorieta que contenían las fotografías de sus hijos y esposos ausentes, imágenes que fueron tomadas en cumpleaños, días de campo o graduaciones. Algunos sonrientes frente a la cámara, retratos de una felicidad instantánea. En la calle, peatones y automovilistas cruzaban cerca de ellos indiferentes. El problema se percibe como lamentable pero ajeno a la mayor parte de la población de esta ciudad. Las marchas o protestas solo han sido integradas por las familias –o lo que queda de ellas– de los desaparecidos.

LA VIOLENCIA DE ALTO IMPACTO DISMINUYÓ EN LA CIUDAD A RAÍZ DE LAS DETENCIONES DE CAPOS Y LÍDERES DE CÉLULAS CRIMINALES, LAS DEPURACIONES DE LAS POLICÍAS ESTATAL Y MUNICIPAL Y, SOBRE TODO, TRAS LOS MÚLTIPLES OPERATIVOS DEL EJÉRCITO MEXICANO QUE RESULTARON EN IMPORTANTES DECOMISOS DE ARSENALES Y DROGA.

LA SEÑORA HODOYÁN O LA METÁFORA DE LA TÍA JUANA

"HACÍA TIEMPO QUE SENTÍA QUE LA CIUDAD HABÍA CAMBIADO de arriba abajo", me dijo la señora Cristina Palacios de Hodoyán. Muchas calles habían perdido su alma. Las tiendas y cines por los que había andado con los amigos que habían compartido su niñez habían desaparecido. Sin embargo, lo que más pesar le causaba de su ciudad era que ahora parecía que se autodestruía con su obsesión por la violencia.

Yo la observaba: su menuda figura, porte distinguido, traje sastre y pelo blanco lacio en forma de casco que cubría parte de su cuello. Ella estaba sentada frente a mí en un restaurante de la colonia Hipódromo, en el distrito Centro, a pocos pasos de su casa. La había visto antes en acción encabezando media docena de marchas –junto a decenas de personas que clamaban a las autoridades que investigaran los casos de desaparecidos, no criminalizaran a los secuestrados, frenaran la violencia y aplicaran la justicia, entre otras demandas– y me había sorprendido su temple y fortaleza, pese a sus 69 años. Pero ahora me parecía frágil, indefensa. Fumaba sin descanso, miraba nerviosa todo el tiempo la puerta del establecimiento y se paralizaba al escuchar las sirenas de patrullas que pasaban a toda velocidad cerca del local.

Le había pedido a Palacios una entrevista para hablar de su labor como presidenta de la Asociación Ciudadana contra la Impunidad, un organismo que representaba a las familias de 488 personas secuestradas en Tijuana, el ochenta por ciento de las víctimas desaparecidas entre 2006 y 2009; y de dos de sus hijos: el mayor secuestrado, desaparecido y con toda seguridad asesinado; el menor en prisión, acusado de asesinar a un alto funcionario de la PGR por órdenes del cártel Arellano Félix. Ambos llamados *narcojuniors*, un término que acuñaron las autoridades para referirse a hijos de familias de clase adinerada que se involucraron en el crimen organizado en busca de adrenalina y poder porque económicamente parecían tenerlo todo.

Al filo de las 8:30 de la noche del 20 de agosto de 2009 ella llegó a la cita en el restaurante Merlot. Yo llevaba un cuestionario con

54 preguntas que quería hacerle, pero no tuve que hacerlas todas porque no paró de hablar, como si le hubieran dado cuerda. Su letanía respondió a todos mis cuestionamientos y yo comprendía que aquello significaba para ella un desahogo. Además hizo que se me ocurriera una analogía: Cristina Palacios –parte de una clase privilegiada, con arraigo en la ciudad y una vida resuelta casi desde su infancia, que por infortunio, descuido o destino había dejado de lado su papel de dama de sociedad para convertirse en una activista porque era la madre de una víctima y de un victimario, los dos lados de una tragedia que normalmente la viven dos seres– era lo que también le estaba sucediendo a la sociedad en Tijuana.

Palacios fue presidenta del club Campestre, un exclusivo centro social y deportivo de Tijuana que alberga el histórico campo de golf, que data de los años veinte del siglo pasado y que era parte del casino Agua Caliente, el centro de juegos creado por Al Capone; y fue fundadora del Instituto México en esta frontera, un exclusivo colegio privado de hermanos maristas donde estudiaban los hijos de empresarios católicos de la región.

Esos cargos solo afianzaron la amistad que sostenía con la clase alta de la ciudad, porque desde que llegó a Tijuana en 1950, siendo una niña, formó parte de esa élite gracias a su padre, un empresario dedicado a la actividad inmobiliaria que construiría tres fraccionamientos emblemáticos en la ciudad.

Palacios suspiró y prendió el tercer cigarro en menos de treinta minutos. Era evidente su nostalgia. Aquel mundo donde todo estaba ordenado (los niños a qué universidad irían, con quién se casaría la pequeña, qué ciudad europea conocerían a los 15 y a los 20...), ese pasado y aquella ciudad (tan cercana y parecida a Estados Unidos, un carnaval cada fin de semana tras las corridas de toros, las carreras de caballos en el hipódromo, las temporadas del frontón jai alai, el ambiente de la avenida Revolución y la orgullosa clase media que ganaba en dólares y le sobraba tiempo para pensar en el ocio y la felicidad) ya no existían.

CUANDO ALEJANDRO HODOYÁN PALACIOS, de 35 años, fue *levantado* —un término utilizado en la región para referirse a secuestros ligados a venganzas contra las víctimas o sus familias— la mañana del 5 de marzo de 1997 en un transitado bulevar de Tijuana—, su madre, Cristina, comenzó a tocar decenas de puertas de altos funcionarios en México para dar con su paradero.

Tenía muchas pistas de quiénes habían atentado contra su hijo, me dijo Palacios. El 11 de septiembre de 1996 Alejandro fue detenido por militares en Guadalajara, Jalisco, junto a Fausto Soto Miller, *El Chef*, un narcotraficante al servicio del cártel Arellano Félix que recibió su apodo porque era el cocinero de Ramón Arellano, uno de los cabecillas de la organización, y regenteaba el desaparecido restaurante Boca del Río en Tijuana.

El cártel Arellano Félix se había convertido en noticia nacional, y causado una conmoción entre la clase adinerada en Tijuana, el 24 de mayo de 1993 tras el asesinato del cardenal Juan Jesús Posadas Ocampo, y otras seis personas más, en un enfrentamiento entre sicarios registrado en el aeropuerto de Guadalajara, Jalisco.

La balacera había sido encabezada por Ramón Arellano, quien junto a su hermano Benjamín eran muy conocidos en Tijuana por su desprendimiento de dinero en bares, discotecas y fiestas celebradas en sitios exclusivos de la ciudad, además de su amistad con jefes de las policías locales, empresarios e hijos de familias acaudaladas.

Desde finales de los ochenta del siglo pasado, los hijos de Palacios eran amigos de Ramón Arellano, quien pagaba las cuentas de lo que consumían en diversos establecimientos, me dijo. Por ellos supo que los Arellano eran de Sinaloa y estaban en el negocio de camiones de carga. No le extrañó ese tipo de fortuna. Desde 1985, a raíz del terremoto de la Ciudad de México, muchas familias de clase alta emigraron a Tijuana y compraron residencias y oficinas de contado. Su preocupación empezó en 1993 luego del caso del cardenal Posadas.

"Ellos me dijeron que ya no veían a Ramón, que ya no estaba en la ciudad… Yo les creí", me dijo.

Durante cuatro meses, sin levantarle un cargo, Alejandro Hodoyán fue retenido en Guadalajara y Ciudad de México por militares bajo las órdenes del general Jesús Gutiérrez Rebollo, quien fue nombrado por el entonces presidente Ernesto Zedillo, jefe de las fuerzas antidrogas de México.

Poco después, en febrero de 1997, el propio gobierno mexicano arrestó al general Gutiérrez Rebollo por presuntamente proteger al cártel de Juárez, liderado por Amado Carrillo Fuentes, *El Señor de los Cielos*, quien falleció inesperadamente el 4 de julio de 1997 en una clínica de maternidad de la Ciudad de México. Los periódicos dijeron que murió de un ataque al corazón tras una operación de cirugía plástica y liposucción de ocho horas de duración.

Según la versión oficial, Gutiérrez Rebollo, quien había apresado a varios capos en Tijuana gracias a que había estado recibiendo información confidencial del cártel de Juárez, era el brazo ejecutor de El Señor de los Cielos para desmantelar el cártel Arellano Félix. Ambas bandas estaban enfrascadas en una guerra por el control del negocio de la droga en la frontera de México con Estados Unidos, que hacia finales de los noventa del siglo pasado representaba unos treinta mil millones de dólares anuales, según estimaciones del gobierno estadunidense. El militar mexicano fue condenado por la justicia mexicana a purgar una sentencia de cuarenta años de prisión.

LA HABÍA VISTO ANTES EN ACCIÓN ENCABEZANDO MEDIA DOCENA DE MARCHAS Y ME HABÍA SORPRENDIDO SU TEMPLE Y FORTALEZA, PESE A SUS 69 AÑOS. PERO AHORA ME PARECÍA FRÁGIL, INDEFENSA.

"Todo el tiempo que estuvo con los militares, *Alex* [Alejandro Hodoyán] nos dijo que tenía que hacer un trabajo, que no podía decirnos más", me dijo Palacios.

Meses después vio consternada un video difundido a nivel nacional por Canal 40 en el que se mostraba a su hijo durante un interrogatorio con militares. En las imágenes, Alejandro estaba descompuesto: tosía constantemente, carraspeaba, su mirada estaba ida. Parecía drogado.

Palacios me dijo que una semana antes de ser detenido, supo que su hijo era adicto a la cocaína. Cuando fue liberado por el Ejército mexicano y entregado a la Administración de Cumplimiento de Leyes sobre las Drogras de Estados Unidos (DEA, por sus siglas en inglés) por ser ciudadano estadunidense –una característica de los tijuanenses de clase media o alta era que no nacían en esta ciudad sino que sus madres los parían en hospitales de California– en enero de 1997, Alejandro Hodoyán contó a su familia que le daban droga para que hablara.

Además lo torturaban física y mentalmente, me explicó Cristina quebrando su rostro duro y encendiendo un nuevo cigarro. "Le daban toques eléctricos, lo asfixiaban, le ponían fundas en su cabeza o cobijas mojadas para luego pegarle con tablas. Mi hijo me dijo que durante los interrogatorios le daban de patadas en todo su cuerpo y en una ocasión le quemaron los dedos de los pies y de las manos con encendedores", me dijo. También le mostraban fotografías recientes de sus hijas, su esposa y sus padres llegando a casa o a la escuela para que les dijera lo que querían, sino "algo" le pasaría a su familia.

"El problema de Alex era que sabía demasiadas cosas. En Tijuana muchos sabían demasiadas cosas", me dijo Palacios.

Bajo tortura, Alejandro Hodoyán delató a varios miembros del cártel Arellano Félix, incluyendo a su propio hermano, Alfredo Hodoyán, presunto sicario del cártel, y a un grupo de amigos –hijos de familias adineradas en Tijuana– a quienes conocía desde su infancia y que los medios habían bautizado como *narcojuniors*.

Su hermano menor, Alfredo Hodoyán, fue detenido en Coronado, California, el 30 de septiembre de 1996, un día después de asistir a un partido de futbol americano de Los Cargadores de San Diego. La fiscalía federal lo acusó de haber participado en el homicidio del exdelegado de la PGR en Baja California, Ernesto Ibarra Santés, quien fue acribillado por órdenes de los Arellano el 14 de septiembre de 1996 en la Ciudad de México cuando viajaba a bordo de un taxi del aeropuerto a la sede de la PGR.

Cuando la DEA liberó a Alejandro Hodoyán en San Diego, existía un contrato no escrito del cártel Arellano Félix para asesinarlo, según declaró el entonces fiscal federal Gonzalo Curiel. Pero ni Alejandro ni su familia lo creyeron, me dijo Cristina. En todo caso pretendía que su hijo se quedara en San Diego. La DEA le había ofrecido el programa de testigo protegido y someter el caso a la decisión de un gran jurado, aunque corría el peligro de ir a prisión en Estados Unidos si no contestaba alguna pregunta del jurado.

Tras un par de semanas de estar escondido en casas de familiares que vivían en Tijuana y Playas de Rosarito, la familia de Alejandro Hodoyán le convenció de que regresara a San Diego.

EL CÁRTEL ARELLANO FÉLIX SE HABÍA CONVERTIDO EN NOTICIA NACIONAL, Y CAUSADO UNA CONMOCIÓN ENTRE LA CLASE ADINERADA EN TIJUANA, EL 24 DE MAYO DE 1993 TRAS EL ASESINATO DEL CARDENAL JUAN JESÚS POSADAS OCAMPO, Y OTRAS SEIS PERSONAS MÁS, EN UN ENFRENTAMIENTO ENTRE SICARIOS REGISTRADO EN EL AEROPUERTO DE GUADALAJARA, JALISCO.

Al filo de las 11:20 de la mañana del 5 de marzo de 1997, Cristina conducía su automóvil en el bulevar Agua Caliente junto a su hijo. Pretendía cruzar a Alejandro a California, pero antes de tomar el cruce del bulevar Cuauhtémoc fueron interceptados por un comando armado.

Todo lo que siguió fue muy rápido, me dijo Palacios. Su hijo al verlos dijo: "Otra vez los mismos", en referencia a los militares que lo habían detenido en Guadalajara. Un hombre, que por más esfuerzos que Cristina ha hecho siempre lo ve borroso como un fantasma, abrió la puerta del automóvil y encañonó a Alejandro; y otro hombre, a quien sí identificó como un militar al servicio del general Gutiérrez Rebollo, se puso en la puerta frente a Cristina mostrando un rifle tipo R-15. Luego lo subieron a la camioneta, una Aerostar oscura.

Cristina me dijo que para entonces ella se había bajado de su coche y corría a la puerta del vehículo donde estaba retenido su hijo, tiraba manotazos, gritaba que lo soltaran; pero el mismo Alejandro le dijo que se fuera, que lo dejara ir. Nunca más lo volvió a ver.

LA VIOLENCIA EN ESCALADA HIZO QUE LAS CLASES MEDIA Y ALTA DE TIJUANA, SIEMPRE REACIAS AL RECURSO DE LAS MARCHAS COMO EXIGENCIA, SE MANIFESTARAN EN LAS CALLES Y EXIGIERAN AYUDA FEDERAL E INCLUSO LA PRESENCIA DEL EJÉRCITO MEXICANO ANTE LA DESCONFIANZA EN LAS POLICÍAS LOCALES.

EN LA BÚSQUEDA DE SEÑALES DE SU HIJO PLAGIADO, Cristina Palacios se metió a un laberinto que primero la llevó a las más altas esferas gubernamentales y después a las calles de Tijuana para manifestarse al no encontrar respuestas satisfactorias.

Durante ese camino halló a muchos, que como ella, querían que las autoridades investigaran qué había sucedido con sus familiares secuestrados. La paradoja era que muchos de esos crímenes los habían cometido células del cártel Arellano Félix al que se acusaba que su hijo menor pertenecía. Palacios me dijo que no creía que su hijo Alfredo había contribuido a esas desapariciones, porque este ya había sido detenido.

En la primavera de 2001 se unió a una asociación llamada Esperanza, al que pertenecía cerca de una centena de familiares de víctimas desaparecidas a finales de los noventa del siglo pasado en Tijuana y Mexicali. Para entonces tenía un año en la presidencia de México Vicente Fox, el primer gobernante del país que emanaba del Partido Acción Nacional (PAN) y ponía fin a casi setenta años de hegemonía del Partido Revolucionario Institucional (PRI), y aún había mucha esperanza en su gobierno. Los mexicanos pretendían que solucionara la falta de empleo, la crisis económica y sobre todo la corrupción en las principales instituciones del gobierno que había crecido al amparo del PRI.

DURANTE EL SEXENIO DEL PRESIDENTE FOX cayeron las principales cabezas del cártel Arellano Félix. Primero en marzo de 2002 fue arrestado por militares Benjamín Arellano Félix en la capital del estado de Puebla, apenas un mes después de que su hermano Ramón cayera abatido a tiros durante una balacera en Mazatlán, Sinaloa. Mientras que en agosto de 2006, autoridades estadunidenses detuvieron en las costas de Baja California Sur a Francisco Javier Arellano Félix, *El Tigrillo*, quien había tomado las riendas de la organización criminal.

Sin embargo también durante el periodo del gobierno de Fox se fugó uno de los narcotraficantes más temidos. El 19 de enero de 2001, tras corromper a las autoridades del penal de máxima seguridad de Puente Grande, Jalisco, escapó Joaquín *El Chapo* Guzmán, quien inauguró una nueva guerra contra los señores de la droga en México y se convertiría en la primera década de este siglo en el narco más poderoso a nivel mundial con una red internacional de tráfico de estupefacientes, superando la estructura de los históricos narcos colombianos.

En la región, de acuerdo con la PGR, al frente del cártel quedó Fernando Sánchez Arellano, *El Ingeniero*, sobrino de los fundadores. Pero pronto hubo una escisión con uno de sus subalternos: Teodoro García Simental, *El Teo*, el jefe de una sangrienta célula criminal dedicada al secuestro y a la ejecución que dominaba el trasiego y control de la droga al este de Tijuana.

El Teo se unió al cártel de Sinaloa, que comanda *El Chapo* Guzmán, durante la guerra contra el narco declarada por el presidente Felipe Calderón, el segundo de extracción panista, y con ello inauguró la peor ola de violencia en la historia reciente de Tijuana.

LA GUERRA CONTRA EL NARCO EN MÉXICO COINCIDIÓ CON LA PUGNA INTERNA DEL CÁRTEL ARELLANO FÉLIX, CUYO ESCENARIO FUE PRINCIPALMENTE LA ZONA ESTE DE TIJUANA. COMO NUNCA EN LA HISTORIA DE LA CIUDAD, APARECÍAN CIENTOS DE VÍCTIMAS ACRIBILLADAS, DECAPITADAS, ENCOBIJADAS O MUTILADAS. ERA EL HORROR, EL VERDADERO ROSTRO DEL NARCOTRÁFICO QUE AUTORIDADES Y SOCIEDAD HABÍAN TOLERADO Y HASTA VISTO CON SIMPATÍA.

ESTA FRONTERA FUE UNA ESPECIE DE LABORATORIO para la guerra contra el narco emprendida por Calderón, incluso una de sus razones para comenzarla. Durante la inauguración de una nueva puerta de entrada de Estados Unidos a México, llamada El Chaparral, el 11 de octubre de 2012, Calderón dijo durante su discurso que cuando estuvo en campaña por la presidencia en 2006, en un mitin en Tijuana, varios empresarios se reunieron en privado con él y le explicaron su miedo frente a la inseguridad que se vivía en la ciudad: secuestros, *levantones* de comandos vestidos como oficiales, asesinatos, sobornos de las policías, extorsiones, tiroteos en sitios públicos y familias adineradas huyendo de la violencia. Por eso había decidido enfrentar a los criminales, dijo Calderón en aquel discurso. Para él, seis años después, Tijuana era otra, "la guerra [contra el narco] se iba ganando".

La guerra contra el narco en México coincidió con la pugna interna del cártel Arellano Félix, cuyo escenario fue principalmente la Zona Este de Tijuana. Como nunca en la historia de la ciudad, aparecían cientos de víctimas acribilladas, decapitadas, encobijadas o mutiladas. Era el horror, el verdadero rostro del narcotráfico que autoridades y sociedad habían tolerado y con el que, en muchos casos, hasta simpatizado.

La violencia en escalada hizo que las clases media y alta de Tijuana, siempre reacias al recurso de las marchas como exigencia, se manifestaran en las calles y exigieran ayuda federal e incluso la presencia del Ejército mexicano ante la desconfianza en las policías locales.

CUATRO MARCHAS CELEBRADAS EN 2008 Y 2009 en las que participó un contingente de la Asociación Ciudadana contra la Impunidad, la nueva organización que encabezaba Palacios, partieron de la calle Cuarta, frente al parque Teniente Guerrero, en el distrito Centro, justo a una cuadra donde Cristina vivió en su infancia.

Jugaba en ese parque con su familia cuando tenía 10 años, pocos meses después de instalarse en la ciudad en 1950 procedente de su natal Ciudad de México, me dijo. En ese tiempo en Tijuana vivían unas sesenta mil personas y las únicas calles pavimentadas eran la avenida Revolución, la calle Madero y parte del bulevar Agua Caliente.

Las marchas, pues, no solo fueron para Cristina Palacios gritar el desconsuelo de la gente y la solicitud de justicia, sino también caminar por el pasado. El grupo de personas marchó hacia la avenida Revolución, después hasta la calle Once y luego hacia la glorieta Independencia en la Zona Río. Resultaba inevitable la comparación, cada paso insistía en recordar la Tijuana antigua, en ebullición, con sus miles de turistas estadunidenses caminando por su calle principal, el colorido y los olores de aquella época. Las inmensas salas de cine: el Bujazán, donde Palacios vio por primera vez *Bailando bajo la lluvia*, con Gene Kelly; *Gigante*, con James Dean, y *Cleopatra*, con Elizabeth Taylor. Caminaba entre la nostalgia y la realidad, esa realidad a la que llegó por sus hijos: uno desaparecido y el otro en prisión, dos tijuanenses nacidos en Estados Unidos, educados en escuelas maristas, de familias acomodadas y en una ciudad que les brindaba todo. Ella caminaba a ras de suelo como todo el mundo en un tiempo enrarecido por una guerra extraña, de gana o pierde, vive o muere, inhala o exhala.

"Nunca nos dimos cuenta cuándo la ciudad fue tomada por un grupo criminal. Vivíamos en nuestro mundito, ocupados… Pero se nos cayó encima ese mundo donde no había problemas y donde nunca habíamos resentido alguna crisis. Cambiamos, las familias que nos pasó esto nos retrajimos, ya no somos los mismos", me dijo Palacios sin mirarme, con sus ojos como si miraran la imagen de su muchacho, que seguía día y noche con ella, sin poder quitárselo de la cabeza.

EN DIVERSOS SITIOS PÚBLICOS, MURALES Y CALLES DE LA CIUDAD HAY ALUSIONES AL FENÓMENO QUE ESTÁ CAUSANDO LA GUERRA CONTRA EL NARCO. HAY, POR EJEMPLO, PIEZAS-ESCULTURAS DE UN ROMPECABEZAS BLANCO CON FRASES DE ARMONÍA, TOLERANCIA Y PAZ COLOCADAS EN VARIOS LUGARES DURANTE MARCHAS QUE CIUDADANOS HICIERON PARA CLAMAR EL CESE DE LA VIOLENCIA Y JUSTICIA O EXIGIR A LAS AUTORIDADES QUE ENCONTRARAN A LOS DESAPARECIDOS.

"LAS CONDICIONES SOCIALES ACTUALES DE LA CIUDAD: DESINTEGRACIÓN FAMILIAR, MIGRACIÓN, FALTA DE OPORTUNIDADES DE EMPLEO Y CORRUPCIÓN, SON UN CALDO DE CULTIVO PARA QUE LOS ADOLESCENTES ENTREN AL AMBIENTE DE LAS DROGAS Y EL CRIMEN ORGANIZADO"

JOSÉ LUIS ÁVALOS LÓPEZ, PRESIDENTE DEL CENTRO DE REHABILITACIÓN CIRAD

El general Alfonso Duarte, comandante de la Segunda Región Militar, frente a un narcotúnel de 298 metros de longitud descubierto el 12 de agosto de 2011 en las inmediaciones del Aeropuerto Internacional de Tijuana.   General Alfonso Duarte, commander of the Second Military Region, in front of a 298-meter *narco-tunnel*, uncovered on August 12, 2011, near the Tijuana International Airport.

Presos del penal estatal de La Mesa en Tijuana protestan durante un motín el 14 de septiembre de 2008 por la muerte de reos a manos de celadores.

State prison inmates of La Mesa in Tijuana during a riot protesting the killing of inmates at the hands of guards on September 14, 2008.

HABÍAN ESCAPADO DEL INFIERNO DE LAS
PANDILLAS Y DE LOS BARRIOS QUE LOS HABÍAN
OBLIGADO A HACER COSAS QUE NO QUERÍAN.
PRETENDÍAN INVENTARSE UNA NUEVA VIDA,
PERO LES ERA DIFÍCIL PORQUE NO RECORDABAN
OTRA SINO SOLO AQUEL INFIERNO.

Presos de la penitenciaría estatal de La Mesa en Tijuana se amotinaron el 14 de septiembre de 2008 mientras un helicóptero de la policía local evaluaba el conflicto.

State-prison inmates of La Mesa in Tijuana riot on September 14, 2008, as a local police helicopter assesses the conflict.

Internos de la penitenciaría se aglomeran en la azotea arrojando piedras y otros objetos a policías estatales que intentan ingresar para restablecer el orden dentro de la prisión el 17 de septiembre de 2008.

Prison inmates gather on the roof, throwing stones and other objects at state policemen trying to reestablish order inside the prison on September 17, 2008.

Ciudadanos participan en una protesta cerca de la valla fronteriza entre Estados Unidos y México en San Diego, California, el 12 de agosto de 2012, convocados por los miembros del Movimiento por la Paz con Justicia y Dignidad y otras ONG.

Citizens take part in a demonstration near the U.S.–Mexico border in San Diego, California, on August 12, 2012, convened by members of the *Movimiento por la Paz con Justicia y Dignidad* and other NGOs.

Interior de *La casa de piedra* o *La cúpula* a una semana de la balacera suscitada en el lugar resguardado por elementos de
la Policía Federal el 24 de enero de 2008.

Inside of La casa de piedra ("The Stone House") or La cúpula ("The Dome") a week after the shooting, guarded by federal police officers on January 24, 2008.

Durante los honores realizados a policías municipales asesinados por sicarios, celebrados el 30 de abril de 2009, el teniente coronel Julián Leyzaola acomoda una manta colocada sobre el ataúd de un oficial ejecutado.

During the honoring of municipal policemen killed by criminals, held on April 30, 2009, Lt. Col. Julián Leyzaola places a blanket on the coffin of an murdered officer.

Familiares observan los ataúdes de siete policías municipales durante los honores realizados el 30 de abril de 2009 a las afueras del edificio de gobierno de la ciudad a tres días de haber sido ejecutados sistemáticamente en diferentes sitios de Tijuana.

Relatives of seven murdered municipal policemen during the ceremony on April 30, 2009, outside the government offices, three days after the officers were systematically executed in several parts of Tijuana.

Elementos de la Policía Municipal cargan los ataúdes el 30 de abril de 2009 con los cuerpos de siete compañeros oficiales asesinados sistemáticamente en la ciudad de Tijuana.

Municipal policemen carry the coffins of seven of their colleagues systematically murdered in Tijuana, April 30, 2009.

Ciudadanos llegan al final de una marcha por la paz al monumento del Policía Caído en la Zona Río de Tijuana el 26 de julio de 2009.

Citizen at the end of a demonstration near the Fallen Officer monument in the Tijuana River area on July 26, 2009. **147**

El arco de la Virgen de Guadalupe "protege" un barrio marginal en la Zona Este de la ciudad.

The silhouette of the Virgin of Guadalupe "protects" a lower-class neighborhood on Tijuana's east side. **149**

Tijuanenses protestan por el clima de inseguridad el 30 de agosto de 2008. Mexicanos en todo el país participaron masivamente contra la marea de asesinatos y secuestros que los azotaban a pesar de la lucha agresiva del gobierno federal contra la bandas de narcotraficantes.

Citizens protesting against the city's insecurity on August 30, 2008. Mexicans throughout the country participated in massive demonstrations against the wave of murders, kidnappings, and shootouts that happened despite of the federal government´s aggressive initiatives against drug traffickers. **151**

Ciudadanos marchan por la paz en Tijuana el 26 de julio de 2009. Para entonces las autoridades hablaban de más de once mil asesinados por la violencia del narcotráfico desde 2006 en el país. El gobierno federal afirmaba que la mayoría de las víctimas estaban relacionadas con el narco.

Citizens at a demonstration for peace in Tijuana on July 26, 2009. By then authorities reported over 11 thousand people killed around the country in the war against drug traffickers since 2006. The federal government insisted that the majority of the victims were related to trafficking. **153**

Una mujer sostiene un letrero, un ruego, dirigido a Dios durante una protesta ciudadana el 15 de noviembre de 2008 contra la ola de asesinatos, secuestros y tiroteos que azotaban Tijuana.

On November 15, 2008, a woman holds a sign, a prayer to God, during a demonstration against the wave of murders, kidnappings, and shootouts that plagued Tijuana.

Una niña acompañada de su padre marcharon por la paz tras el aumento de la criminalidad en la ciudad el 29 de enero de 2007.

A girl and her father during a demonstration for peace following a wave of crimes in the city on January 29, 2007.

Cientos de personas piden el cese de la violencia durante una marcha ciudadana tras el incremento de asesinatos, secuestros y *levantones* en la ciudad el 30 de agosto de 2008.

Hundreds of people demand an end to the violence during a demonstration following a rise in murders, kidnappings, and *levantones* in the city on August 30, 2008.

" LO PEOR QUE PODEMOS HACER ES ABANDONAR LAS CIUDADES; DEBEMOS TOMARLAS, BUSCAR FORMAS DE CONVIVENCIA, FORMAS DE ESTAR JUNTOS. ES EL ÚNICO ANTÍDOTO FRENTE A ALGO QUE ESTAMOS VIVIENDO, QUE ES MUY INTENSO "

JOSÉ MANUEL VALENZUELA, ANTROPÓLOGO SOCIAL E INVESTIGADOR DE EL COLEGIO DE LA FRONTERA NORTE

CAP. 06

EL FISCAL
EN SU
LABERINTO

CUANDO LA POLÍTICA DE VENGANZAS COMENZÓ a carcomer a los jefes de células criminales en Tijuana, el procurador de justicia de Baja California, Rommel Moreno Manjarrez, supo que eso era un signo de fracaso y disfunciones profundas en el cártel de droga que históricamente había controlado la mafia en esta región; pero también que esas matanzas traerían profundos cambios en el interior de su propio departamento que, lo sabía, estaba infiltrado.

La guerra contra el narco, declarada por el presidente Felipe Calderón (2006-2012), trajo a Tijuana hacia finales de 2007 contingentes de marinos y policías federales y puso en la calle al Ejército mexicano ante una crisis interna de las corporaciones policiacas locales que se encontraban corrompidas por el crimen organizado.

Pero la mayor parte de las muertes que se sucedían eran producto de una batalla intestina del cártel Arellano Félix, al cual las autoridades estadunidenses le habían asestado un duro golpe tras la detención de Francisco Javier Arellano Félix, *El Tigrillo*, en agosto de 2006 en las costas de Baja California Sur.

El Tigrillo había tomado las riendas de la organización luego que, como ya se comentó, su hermano Benjamín fuera detenido en marzo de 2002 en la capital de Puebla, un mes después de que su otro hermano, Ramón, fuera asesinado a tiros durante una balacera en Mazatlán, Sinaloa. El vacío de poder y la llegada intempestiva de un sobrino de los fundadores del cártel derivaron en una pugna interna en la que un jefe de una célula criminal que servía a los Arellano se alió al cártel de Sinaloa, encabezado por Joaquín *El Chapo* Guzmán, lo que llevó a la peor ola de violencia sucedida en esta ciudad.

El baño de sangre que cobró tintes de una tragedia de venganza isabelina se reveló sobre todo luego de la mañana del 29 de septiembre de 2008. Ese día fueron encontradas 19 personas asesinadas, 12 de ellas en un lote baldío situado a un costado de una escuela primaria en un barrio al este de la ciudad. Las víctimas tenían diversas heridas de balas y sus cabezas cubiertas de cinta adhesiva y bolsas de plástico. Algunos tenían sus manos maniatadas y los pies envueltos con vendas. No habían hecho el intento de enterrarlos. Los muertos estaban semidesnudos, expuestos como una final humillación para que fotógrafos tomaran imágenes y nos obligaran a ver el terror, un asomo de lo que somos. Todos habían sido asesinados a disparos, pero tenían huellas de sadismo y tortura antes de que apagaran sus vidas. Uno de ellos, incluso, tenía sus pantalones y su ropa interior en los tobillos y lo habían colocado boca abajo. Sin embargo lo que a mí me llamó la atención de esa escena fue el rostro casi descubierto de una de las víctimas. Era la cara aplastada de un jovencito que tenía el ceño fruncido. Su cuerpo era delgado, casi frágil, moreno. El resto era un misterio. Podía ser cualquier estudiante con el que me hubiera topado

LA GUERRA CONTRA EL NARCO, DECLARADA POR EL PRESIDENTE FELIPE CALDERÓN (2006-2012), TRAJO A TIJUANA HACIA FINALES DE 2007 CONTINGENTES DE MARINOS Y POLICÍAS FEDERALES Y PUSO EN LA CALLE AL EJÉRCITO MEXICANO ANTE UNA CRISIS INTERNA DE LAS CORPORACIONES POLICIACAS LOCALES QUE SE ENCONTRABAN CORROMPIDAS POR EL CRIMEN ORGANIZADO.

en algún lugar. Seguro le gustaba el futbol y pasaba horas en los videojuegos. A veces salía a la calle con sus amigos, soñaba con tener un automóvil deportivo e iba mal en la escuela porque desde hacía tiempo había perdido el sueño tras haberse enamorado. Suposiciones. Ahí tirado solo era uno de los 12 cadáveres. Pocos

EL BAÑO DE SANGRE QUE COBRÓ TINTES DE UNA TRAGEDIA DE VENGANZA ISABELINA SE REVELÓ SOBRE TODO LUEGO DE LA MAÑANA DEL 29 DE SEPTIEMBRE DE 2008. ESE DÍA FUERON ENCONTRADOS 19 PERSONAS ASESINADAS, 12 DE ELLAS EN UN LOTE BALDÍO SITUADO A UN COSTADO DE UNA ESCUELA PRIMARIA EN UN BARRIO AL ESTE DE LA CIUDAD. LAS VÍCTIMAS TENÍAN DIVERSAS HERIDAS DE BALAS SUS CABEZAS CUBIERTAS DE CINTA ADHESIVA Y BOLSAS DE PLÁSTICO. ALGUNOS TENÍAN SUS MANOS MANIATADAS Y LOS PIES ENVUELTOS CON VENDAS. NO HABÍAN HECHO EL INTENTO DE ENTERRARLOS. LOS MUERTOS ESTABAN SEMIDESNUDOS, EXPUESTOS COMO UNA FINAL HUMILLACIÓN PARA QUE FOTÓGRAFOS TOMARAN IMÁGENES Y NOS OBLIGARAN A VER EL TERROR, UN ASOMO DE LO QUE SOMOS.

días después la fiscalía estatal lo identificó. Su nombre era Gustavo Morales Lara, de 15 años. Había sido secuestrado un día antes junto a Israel Bernabé Millán Ocampo, de 18 años, y Felipe Ramón Espinoza Salinas, de 17 años, cuyos cadáveres también habían sido arrojados al lote baldío. La investigación de la PGJE apuntaba a que eran *tiradores* de droga y que trabajaban en las calles para un grupo criminal afiliado a un cártel que habían escuchado desde que tenían uso de razón pero cuyos jefes no conocían en persona.

Desde aquella mañana, todos los días fueron reportados al menos dos asesinatos en la ciudad. La costumbre incluso hizo que muchos reporteros de la sección policiaca llegaran a diario al departamento de comunicación de la policía local con la consigna de "pásame los datos de los muertitos del día".

"Sabíamos que desde 2007 había un sisma en términos del control, sobre todo de las comunidades y barrios de la ciudad, había una especie de quién se iba a quedar con el control del mercado. El cártel de Sinaloa entraba y salía. En la dinámica de los cárteles siempre está esta posibilidad de tener un control absoluto, aunque haya cierto respeto por esos mercados –que hoy evidentemente no se da–. Se empezaba a generar una especie de información judicializada a través de los expedientes al hacer detenciones, tanto en el tema de secuestros como con la información que tenían los militares, cuando nos empezamos a coordinar los niveles de gobierno. Nos empezamos a dar cuenta que había en sus declaraciones judiciales ya cierta información para ver este sisma radical. Lo vimos nosotros en los albores de 2008, por secuestros entre un grupo y otro; era un referente para mandarse entre ellos mensajes en términos de capacidad y potencialidad del control de la droga y sus propios grupos de poder", me dijo Moreno durante una larga entrevista la tarde del 3 de junio de 2011 en el hotel Camino Real de Tijuana que había solicitado a la PGJE para este libro.

El procurador –un hombre alto, de peso mediano, de 45 años, aire serio, sin barba ni bigote– era una de las figuras claves para entender la guerra del narco en esta ciudad. Había sido nombrado para esta tarea por el gobernador de Baja California, José Guadalupe Osuna (2007-2013). Hasta entonces había resistido con aplomo la batalla, incluso bajo amenazas de muerte que lo obligaron a suspender eventos públicos en Tijuana, pero no había salido ileso, al menos moralmente.

En la primavera de 2008, el entonces comandante de la Segunda Región Militar, el general Sergio Aponte Polito, publicó una carta abierta dirigida a Rommel Moreno en la que denunciaba con pruebas la corrupción dentro de la PGJE, especialmente de tres funcionarios nombrados por el procurador, y de las corporaciones policiacas locales.

Aponte era un militar sexagenario que tenía a su mando el Ejército instalado en Baja California, Sonora y Baja California Sur. Había llegado a ese cargo en octubre de 2006 y combatido como ninguna otra autoridad lo había hecho antes al crimen organizado y la inseguridad en Baja California –especialmente en Tijuana– arrestando a narcotraficantes y confiscando toneladas de droga, armas, vehículos, avionetas, casas de seguridad y dinero. El general comenzó una campaña –que en poco tiempo resultó muy efectiva– dirigida a la comunidad llamada "Nosotros sí vamos" (una clara alusión a la ineficacia de las Policías) en la que instaba a la ciudadanía a realizar delaciones anónimas al Ejército mexicano, ya fuera por teléfono o por correo electrónico, alertando de la presencia de criminales o actos sospechosos, lo que aumentó el número de criminales detenidos. Además, como parte de su estrategia para el combate al narcotráfico, había acordado con el gobernador Osuna nombrar a militares en el retiro como directores de las Policías Municipales de Tijuana y Playas de Rosarito y de la Policía Estatal Preventiva. Era, pues, el hombre duro e incorruptible que enfrentaba sin miedo a los cárteles establecidos en esta región.

La carta, fechada en Mexicali el 22 de abril de 2008, surgió –según apuntó Aponte– como una respuesta directa al procurador general de justicia Rommel Moreno, quien en un arrebato hizo una declaración a un periódico local donde pidió al general pruebas que demostraran la corrupción de elementos de corporaciones policiales. La misiva no solo exponía lo que el fiscal quería sino también daba una radiografía de la descomposición que había causado en la sociedad el crimen organizado en esta región.

Tras citar estadísticas del Programa Integral de Seguridad Pública de B. C. –que señalaba el robo de 2,682 vehículos mensualmente en el estado, 1,860 solo en Tijuana; y 1,120 robos a casas habitación al mes, 437 de ellos también en esta frontera–, Aponte exponía:

A. El 2 de marzo de 2008, el personal militar en atención a una denuncia ciudadana, respecto a hechos delictivos que se desarrollaban en una casa de seguridad ubicada en calle Jícama número 546, fraccionamiento Villa Floresta, delegación La Presa , Tijuana, B. C., registró un intercambio de disparos en donde posteriormente elementos militares liberaron a una persona que mantenían secuestrada; asimismo, resultó muerto un delincuente de nombre Juan Alberto Becerra Trujillo y se detuvo a Mario Montemayor Covarrubias, *El Abuelo*; en el lugar de los hechos se aseguraron 4 vehículos, 16 armas largas, 2 armas cortas, 75 cargadores, así como equipo táctico policial, siendo puesto a disposición del A. M. P. F., donde se integró la indagatoria A.P./PGR/B.C./TIJ/03/08-M-lll, en la que se tiene conocimiento que el indiciado declaró que José Heredia González, jefe del Grupo Antisecuestros de la Subprocuraduría contra el Crimen Organizado de la Procuraduría General de Justicia del Estado, en Tijuana, B. C., junto con los agentes ministeriales Marco Javier Luján Rosales y Arturo Quetzalcóatl Vargas Zermeño, pertenecientes al mismo Grupo Antisecuestros, y el policía municipal de Tijuana Gustavo Adolfo Rodríguez Magaña eran los encargados de realizar secuestros y llevar a los plagiados a la casa de seguridad que estaba a su cargo, donde personalmente *El Abuelo* se los recibía, para que posteriormente estos policías ministeriales realizaran las negociaciones para el cobro del rescate; incluso, cabe resaltar que como titular y responsable del Grupo Antisecuestros se encontraba el licenciado Jesús Nelson Rodríguez, quien actualmente funge como su asesor en la Procuraduría General de Justicia del Estado.

¿Qué decepción causa saber que quienes tienen la encomienda de procurar hacer cumplir la ley, sean los que la vulneran por tener vínculos con la delincuencia organizada?

B. El 18 de diciembre de 2007, con motivo del atentado en contra del capitán Jorge Eduardo Montero Álvarez, director de Seguridad Pública Municipal de Playas de Rosarito, B. C., donde resultó muerto el agente Guillermo Castro Corona, quien formaba parte de su escolta, y herido el agente Leonel Pizaña Brit, fueron señalados los agentes de la Dirección de Seguridad Pública Municipal José Inés Lucas Rodríguez, José Luis Lugo Báez (detenido después por personal militar el 1 de febrero de 2008 por delitos contra la salud y violación a la Ley Federal de Armas de Fuego y Explosivos), Marco Antonio Arias Hernández, José Luis Ballesteros Sánchez, Cesar Beltrán Saldívar, Eduardo Bustos Ramírez, Carlos Peraza Gerardo (detenido con dos personas más el 3 de abril de 2008 por personal de la Policía Estatal Preventiva [PEP] asegurándole 7 armas largas y equipo táctico policial), Manuel Miguel Díaz Ayala, Júnior Ernesto Escobar Kigner, Karlo Omar Herrera Sánchez y Mario Alberto Herrera Sánchez, quienes en contubernio con algunos policías municipales de Tijuana, B. C., mantienen vínculos con los líderes del crimen organizado y también se dedicaban al secuestro, *levantones*, homicidios, así como dar protección al narcomenudeo, principalmente en la delegación Primo Tapia de Playas de Rosarito; es conveniente señalar, además, que algunos de ellos planearon y llevaron a cabo la agresión en contra del capitán Montero; por su parte, la Procuraduría General de la República atrajo las indagatorias en contra de los señalados, al considerarlos probables responsables de los delitos contra la salud y violación a la Ley Federal de Armas de Fuego, cuyas investigaciones y en especial las de pruebas de balística revelaron que en tal atentado se utilizaron 22 diferentes armas de fuego, mismas que fueron empleadas en otros eventos violentos suscitados en el estado, siendo los siguientes:

— El 19 de diciembre de 2006, el homicidio de Fernando Terán Álvarez y Noé Ríos Ortega, agentes de la PEP.

— El 22 de septiembre de 2007, el homicidio de Carlos Horacio Morales Méndez, agente de la PEP, y de Micael Rodríguez Hernández.

— El 30 de octubre de 2007, en el enfrentamiento armado entre elementos de la Policía Federal Preventiva [PFP] con integrantes de la organización Arellano Félix en el negocio Mariscos Godoy ubicado en Tijuana, B. C.

— El 4 de diciembre de 2007, el homicidio de José Juan Soriano Pereyra, comandante de la Policía Municipal de Tecate.

— El 14 de enero de 2008 en Tijuana, B. C., asalto a un camión de valores.

¿En manos de quién está la seguridad de Baja California?

C. El 9 de febrero de 2008 y debido a la coordinación e intercambio de información que se tiene con la PEP, se tuvo conocimiento de que después de una persecución fue detenido en Tijuana, B. C., por elementos de dicha corporación policial, Miguel Ángel Castillo Belmontes, agente de la Policía Ministerial del Estado, a quien se le aseguró un arma de fuego calibre 9 mm marca Browning, un cargador con 10 cartuchos útiles, dos celulares, un radio Nextel, una camioneta con la serie alterada, así como una bolsa que contenía en su interior cocaína, dos días después fue puesto en libertad y públicamente se mencionó que no era cocaína y que el vehículo era legal, situación por demás irregular, ya que se tuvo conocimiento de que al *correr* la serie del citado automotor se encontraba alterada y, de acuerdo con información confidencial, la cocaína entregada por el director de la PEP a las autoridades judiciales del estado fue cambiada por otra sustancia, lo que motivo su libertad cuando el asunto fue turnado a la PGR.

¿Qué interés de proteger a un presunto delincuente?

D. El día 8 de enero de 2008, esta comandancia de Región Militar, mediante oficio número 022, hizo del conocimiento que José Antonio Rodríguez Uribe, agente de la Policía Ministerial del Estado, con base en Tecate, B. C., le ofreció al capitán primero de Infantería retirado Jorge Eduardo Montero Álvarez, director de la Policía Municipal de Playas de Rosarito, B. C., ayudarlo a controlar la plaza y pactar con los líderes de la delincuencia organizada, con el fin de mantener el control de las bandas de secuestradores, asaltos a casa habitación y robo de vehículos, con la condición de que gestionara la salida del personal militar y de la Policía Federal Preventiva del municipio.

Por otra parte, es conveniente mencionar que los funcionarios de la Policía Municipal de Tijuana que desempeñaron los cargos más importantes en la administración anterior, constantemente hacen invitaciones al teniente coronel Julián Leyzaola, actual director de la Policía Municipal de Tijuana, para tener "pláticas de acercamiento", lo cual el teniente coronel no ha aceptado; por lo anteriormente señalado se hace del conocimiento que los directores de seguridad pública de procedencia militar no pactarán con la delincuencia sino que continuarán trabajando en beneficio de la sociedad de Baja California.

¿Qué decepción?

E. El día 3 de mayo de 2007, en diversos medios de comunicación a nivel nacional, se difundió un video donde el ahora occiso José Ramón Velásquez Molina, quien fuera agente de la Policía Ministerial del Estado, señaló a quien en ese entonces se desempeñaba como procurador general de Justicia del estado (Antonio Martínez Luna) junto con otros funcionarios, entre estos: Martín Guzmán Montelongo, *El Caballo*, Macario Nacay Jiménez, Hernando Villegas Delgado, Valente Tízoc Núñez Soto, Alejandro Ruiz Chaparro, Adolfo Roa Lara, Jaime Arroyo Flores y José Salas Espinoza, la mayoría pertenecientes a esa institución a su cargo, como responsables de dar protección a las organizaciones criminales, no omitiendo mencionar que el nulo avance de las investigaciones sobre la información aportada en el video ha originado que algunos integrantes de la Asociación Esperanza contra las Desapariciones Forzosas y la Impunidad A. C. se manifiesten públicamente para exigir que se esclarezcan las desapariciones de sus hijos, esposos y otros familiares, así como que realicen por propia cuenta las investigaciones que a esa dependencia le corresponde; igualmente, algunos agraviados han hecho saber en forma personal al suscriptor la información que disponen, así como la forma déspota e intimidatoria con la que fueron tratados por el licenciado Jesús Nelson Rodríguez, exsubprocurador de la Unidad Especializada Antisecuestros en Tijuana, B. C., y actualmente su asesor, para persuadirlos a no poner sus demandas; por cierto, el comandante de la Policía Ministerial Macario Nacay Jiménez, señalado anteriormente por sus vínculos con la delincuencia organizada, asistía en representación de esa dependencia a su cargo a las Juntas de Coordinación de Seguridad Pública, en donde se enteraba de los asuntos y acuerdos establecidos.

¿Qué confianza se puede tener en ciertos funcionarios?

F. El 6 de febrero del presente año, en oficio número 124, se remitió información a la primera autoridad administrativa de este municipio, en donde se hace del conocimiento que en denuncias ciudadanas, se menciona que Leocadio Núñez Meza, *Locadio* (hoy occiso), pertenecía a la Policía Municipal de Mexicali, B. C., trabajaba para la organización Arellano Félix, en coordinación con el comandante y el segundo comandante de la Base de Intercepción Aérea de la PGR (conocidos como El Conejo y Cristian) y con el licenciado David Flores Valenzuela, recibiendo una cuota mensual de cuatro a cinco mil dólares para apoyar los descensos de aeronaves cargadas de drogas, así como abrirles el paso durante el traslado de enervantes hacia Estados Unidos; y que en esta actividad también participaba José Fernando Funes López, *El Fune*, oficial de la Dirección de Seguridad Pública Municipal de Mexicali, inmediato superior del subcomandante *Locadio*, quienes desde la pasada administración se han dedicado a actividades ilícitas, llegando a cargar las patrullas con enervantes, en complicidad con sus superiores Jesús Samanias y Salas; por cierto, cabe mencionar que recientemente se suicidó el exsubcomandante Leocadio Núñez al reconocer su participación en los hechos delictivos.

G. El 13 de noviembre de 2007, durante la carrera Baja-1000, se desplomó un helicóptero Bell-206-A1 sobre la carretera federal número 3, tramo Ensenada-San Felipe, B. C., en inmediaciones del valle de San Matías, falleciendo el piloto Israel Romo Reyes y Pablo González G. y resultando dos personas lesionadas; posteriormente a las 20:30 horas del día siguiente una persona que se identificó como Miguel Cortez Nuño, subinspector de la PFP División Caminos, pidió a las autoridades del fuero común que le liberaran el cuerpo de Pablo González G., quien meses después las autoridades federales confirmarían que se trataba de Merardo León Hinojosa *El Abulón*. Por cierto, Miguel Cortez Nuño, subinspector de la PFP División Caminos, asistía a las Juntas de Coordinación del Grupo Baja California y se enteraba de todos los asuntos tratados.

¿Cuántos elementos podrían tener vínculos con la delincuencia organizada?

H. El 19 de abril del presente año, se tuvo conocimiento de que Mario Alejandro Ramírez Dueñas, empleado en la Procuraduría General de Justicia de Baja California, en contubernio con el agente del Ministerio Público del orden común de la Agencia Especializada de Robos de Vehículos y otros policías ministeriales, se encuentran vinculados con bandas dedicadas al robo de vehículos, siendo su modo de operar el siguiente: los vehículos son robados en los Estados Unidos de América e ingresados a nuestro país, posteriormente son presentados en la Unidad de Robo de Vehículos, en donde se extiende una constancia de no robo, aun cuando estos cuenten con el reporte respectivo en el extranjero; posteriormente referidos automotores son empeñados en diferentes casas; de lo anterior existen como pruebas las constancias: número 0055/31155 de fecha 4 de enero de 2008, firmada por el agente del Ministerio Público del orden común, adscrito a la Agencia Especializada de Robo de Vehículos, licenciado Ezequiel García Torres, firmando también como inspector José López Rivera; y la número 0568/387542 de fecha 7 de marzo del presente año, firmada por la agente del Ministerio Público del orden común, adscrita a la Agencia Especializada de Robo de Vehículos, licenciada Norma Alicia Gutiérrez Sevilla, firmando también como inspector Armando Serrano Quintero.

¿Esto no es corrupción?

I. Recientemente personal de la PGR aseguró en la ciudad de Mexicali, B. C., a una persona con más de trecientos kilogramos de mariguana, siendo trasladado a las instalaciones de la subdelegación de la PGR, donde posteriormente llegaron cuatro elementos pertenecientes a la Policía Ministerial del Estado a tratar de liberar al detenido y la droga.

Es conveniente mencionar que existe un video que prueba estos hechos delictivos, motivo por el cual las autoridades pertenecientes a la subdelegación de la PGR pusieron la demanda correspondiente.

J. El día 5 de septiembre de 2007, fueron ejecutados con armas largas, en el estacionamiento del centro comercial Walmart de Mexicali, Jorge Rodríguez Mundo y Jorge David Carreón Valdez, comandante el primero y efectivo el segundo de la Agencia Federal de Investigaciones (AFI). Cabe mencionar que a mediados del mes de diciembre de 2007 se presentó en este cuartel general una persona, de la cual se reserva su nombre por seguridad, para hacer del conocimiento que la ejecución antes mencionada se debió a que ambas autoridades se apropiaron de cin mil dólares de gente de la organización de los Arellano Félix.

K. El 4 de enero de 2008, los agentes de la Dirección de Seguridad Pública Municipal (DSPM) de Tijuana, al atender un reporte del C-4 sobre una privación ilegal de la libertad de una persona, en el centro comercial Las Palmas en la delegación de La Mesa, Tijuana, B. C., detuvieron a José Gálvez Rodríguez, agente activo de la AFI. Un día después y derivado de las declaraciones, son detenidos Erasmo Florentino Trujado Sánchez y Evaristo Morales Pérez, agentes de la misma corporación, por su participación en el plagio de un empresario. Ha de aclararse que el agente Morales Pérez fue asesinado por un interno del Cereso de La Mesa, Tijuana, B. C., el día 31 de marzo de 2008, lo cual impidió que ampliara la declaración de los hechos en la diligencia judicial que ya estaba programada.

¡Qué desgracia para la sociedad de Baja California!

L. De otras corporaciones no se mencionan los actos de corrupción debido a la reseña que han hecho algunos medios de comunicación, así como el espacio tan grande que ocuparían en este periódico.

La extensa carta abierta finalizaba asegurando que algunos elementos de corporaciones policiacas cobraban quincenal o mensualmente cuotas por proteger a narcomenudistas, a bandas dedicadas al tráfico de personas (*polleros*) y a ladrones de bancos; además de custodiar a líderes del narco y descensos de aeronaves, incluso –escribió el general– algunos alquilaban sus patrullas para llevar cargamentos de droga.

El documento fue como un mazazo al corazón para el fiscal Rommel Moreno y para el gobierno del estado, que de inmediato enfrió la estrecha relación que llevaba con Aponte para el combate a la inseguridad, y así continuó hasta la partida del general el 6 de agosto de 2008, tres días después de publicar una segunda carta en la que exponía cómo había surgido la deslealtad en la PGJE.

Moreno recordaba aquella etapa como "un desafortunado desencuentro con el general Aponte" que había afectado la relación de coordinación que había con el Ejército. Sin embargo, tras asumir la comandancia de la Segunda Región Militar el general Alfonso Duarte Mujica, se había retomado el trabajo en conjunto al fungir este como mariscal de guerra en la lucha contra el narco y coordinar las juntas mensuales, las evaluaciones y las estrategias de seguridad que tomaban los titulares de seguridad, el gobernador, los alcaldes y los jefes policiacos del estado. Ese modelo de coordinación mostró frutos luego del arresto de los principales capos que habían sembrado el terror y el miedo en la región, los decomisos millonarios de droga, dinero y armas; los descubrimientos de túneles transfronterizos y la disminución importante de la violencia en las calles, tanto asesinatos como plagios.

"Reconocimos que el enemigo estaba dentro de la misma procuraduría y comenzamos los procesos de depuración. La visión ha sido sanear la corporación, tener en los próximos diez o veinte años una generación de funcionarios que sean lo más sanos posibles, lo más recomendable; pero para eso se ocupa tiempo. En la depuración no solo es el hecho de señalar sino de... Hay una idea de que pareciera que uno quisiera que no existiera, que la depuración debe ser permanente, pero lidiar con ello no solo es el hecho de señalar, tiene que haber documentación útil, particularmente para el sistema de justicia que opera en la elaboración de esas remociones, no solo es un tema político o mediático, es un tema de cómo le voy a hacer jurídicamente para que funcionen. Creo que ahí es donde hemos tenido que actuar, muchos pueden decir que ciertos servidores públicos tienen vínculos con el crimen organizado, pero cómo lo voy a probar en un juicio. Y aquí hay una gran ignorancia en la sociedad, con todo respeto, porque ahí estriba ese paso, creo que es un tema de educación. Las corporaciones no se depuran solo por el querer", me dijo.

Para el verano de 2011, el Departamento de Asuntos Internos de la fiscalía estatal había cesado a 150 funcionarios de la PGJE en

LA EXTENSA CARTA ABIERTA
FINALIZABA ASEGURANDO
QUE ALGUNOS ELEMENTOS DE
CORPORACIONES POLICIACAS
COBRABAN QUINCENAL O
MENSUALMENTE CUOTAS POR
PROTEGER A NARCOMENUDISTAS,
A BANDAS DEDICADAS
AL TRÁFICO DE PERSONAS
POLLEROS) Y A LADRONES DE
BANCOS; ADEMÁS DE CUSTODIAR
A LÍDERES DEL NARCO Y
DESCENSOS DE AERONAVES,
INCLUSO —ESCRIBIÓ EL GENERAL—
ALGUNOS ALQUILABAN SUS
PATRULLAS PARA LLEVAR
CARGAMENTOS DE DROGA.

un periodo de tres años. El oficial de mayor rango era Jesús Quiñónez Márquez, quien se había desempeñado como director de
Enlace Internacional de la PGJE y a quien el Buró Federal de Investigación de Estados Unidos (FBI, por sus siglas en inglés) había capturado en un operativo junto a otras 42 personas en julio de 2010
(Quiñónez aceptó haber ayudado a integrantes del cártel Arellano
Félix en Estados Unidos a evitar su aprehensión y haber conspira-
do en el lavado de trece millones de dólares en nombre de la misma organización criminal, según informó en mayo de 2012 la Fiscalía Federal del Distrito de San Diego).

"Quiñónez es un emblema lamentable, una mancha en el expediente de nuestra institución", me indicó Moreno durante la entrevista. "Él se manejaba como una persona que ya estaba en la fiscalía, no llegó con nosotros, yo le digo que era parte del inventario
de la procuraduría. Gente con experiencia, cierta capacidad, con efi-
ciencia, pero no la transparencia que se ocupa. No teníamos información de que él estuviera dando información o participando con
el crimen organizado. Cuando se generó esa situación fue un golpe duro para mí, para el gobierno, para toda la gente que estamos
luchando contra el crimen organizado. Darte cuenta de que en tus
propias filas hay esta experiencia".

Según me manifestó el procurador, ni antes ni durante su ges-
tión había tenido contacto con narcotraficantes que le solicitaran
favores o pidieran hablar a solas con él. "Jamás, nunca, ni siquiera
ha habido un momento en mi vida profesional donde yo haya tenido
un contacto con nadie [ligado al cártel Arellano Félix]".

Esa honestidad estaba en su espíritu, me señaló. Durante su
adolescencia emigró con su familia de su natal Culiacán, Sinaloa, a
Tijuana en los años setenta del siglo pasado con la pretensión de mejorar su vida. En esta ciudad había podido estudiar la licenciatura en
Derecho de 1982 a 1986 en la Universidad Autónoma de Baja California (UABC) e hizo una maestría en la UNAM.

"Fui profesor universitario y hay un ideal de que las cosas avancen en el país. Cambiar la situación de la sociedad. Es un tema vocacional. Querer trascender y mejorar la comunidad", me expresó.

Cuando tomó la PGJE de Baja California en 2007, se veía a esta institución y al estado como una especie de boquete, sin coordinación y en confrontación con las demás instituciones y con la federación. Moreno aceptó que había "un ambiente ríspido institucional", y al mismo tiempo había una serie de elementos que estaban recrudeciendo la violencia en la entidad.

"El tema de la justicia no solo era un problema estatal sino a nivel nacional. Las procuradurías estaban rezagadas, no estaban depuradas; había un ambiente que generaba que hubiera una diferenciación entre las procuradurías del norte, del centro y del sur. Aquí [en Baja California] convergen la migración y la deportación, el problema de las cuestiones económicas y sociales con la falta de planeación y visión institucional, además de la presencia de los cárteles. Eso generó un ambiente muy proactivo a favor de la delincuencia.

"Me parece que encontramos una estructura muy endeble [cuando llegó a la PGJE en 2007], muy vulnerable, que tenía rezagos de recursos humanos y material, además de una dejadez política; en el eslabón de la administración pública era la dependencia, la PGJE, la más olvidada y donde eran todos los resultados. Ese ambiente prevalecía en la Policía Municipal, en la Secretaría de Seguridad Pública Municipal, en el andamiaje del sistema de seguridad pública", me explicó.

Desde los años ochenta del siglo pasado se asentaron en esta región los cárteles de la droga cuando la zona del Caribe dejó de ser el principal cruce ilegal de drogas hacia Estados Unidos. Entonces California se convirtió en un punto de encuentro fantástico para los narcotraficantes.

"Recuerdo en los ochenta el momento histórico de los *narcojuniors,* cuando hubo una contratación y relación muy simbólica entre la juventud y el narcotráfico en esta comunidad. Eso hizo que los narcotraficantes permearan en la sociedad, no solo en los jóvenes sino que también entraron de lleno a los ambientes sociales: ricos, pobres, clases medias; bares, discotecas, escuelas, de una manera muy atractiva, llamativa a la sociedad; encantaron a esta comunidad y la comunidad los hizo parte de ellos.

"Hay que decirlo, la comunidad fue muy proactiva, generó una fusión, una subcultura [con el narcotráfico]. Tenemos entonces a jovencitas de todas las clases sociales queriendo casarse con narcotraficantes, jóvenes que tratan de incursionar en las universidades, en las escuelas, en los clubes. En los noventa se recrudece esta relación, comienzan a tener presencia en los ámbitos policiacos, se convierten, como en todo el país, en los brazos ejecutores del narcotráfico. Es muy fácil ingresar a las policías municipales y ministeriales. De por sí ya hay un ambiente de corrupción, y estos cárteles empiezan a comprar a las policías de este estado", me dijo Moreno.

La serie de enfrentamientos, secuestros y matanzas sucedidas en 2007 y 2008 –oficialmente se tenían en esos años 1,108 asesinatos– sin precedentes hizo que las autoridades advirtieran que estaban frente a otra realidad y que ellos mismos enfrentaban una crisis en términos de coordinación.

"Había una advertencia clara y potencial de que los narcotraficantes estaban queriendo tener el control, por la cuestión de su liderazgo a través de las ejecuciones, del trasiego de la droga. Teníamos enfrente un sisma de cárteles y un enfrentamiento real y serio", me manifestó.

Pese a que la fórmula de la coordinación entre el Ejército mexicano y las corporaciones policiacas (teniendo en sus mandos a militares) y de procuración de justicia había funcionado, ni los mandos locales ni el gobierno federal visualizaban cómo se enfrentaría en el futuro esta batalla, me expresó Moreno.

"Hasta ahora ha sido planteado por el gobierno federal enfrentar este problema así, pero la demanda [por la droga] nunca va a terminar. El gobierno hasta ahora ha enfrentado este problema con el apoyo del Ejército. Pero tenemos que valorar políticas públicas para disminuir el consumo de droga, el narcomenudeo –si le compete a la federación o al Estado–, revisar las políticas de salud. Hay una serie de fenómenos que no terminan con el trasiego".

Además, agregó el fiscal, la coordinación en la región debía tener una estructura binacional con autoridades estadunidenses que no se había dado completamente.

El fallido operativo Rápido y Furioso de la Oficina para la Agencia de Alcohol, Tabaco y Armas de Fuego y Explosivos de Estados Unidos (ATF, por sus siglas en inglés), cuyo objetivo era desmantelar la cadena del trasiego de armas rastreándolas, terminó armando al crimen organizado en México cuando las autoridades estadunidenses le perdieron la pista a más de 1,765 armas.

Las lecciones que hasta entonces el procurador había aprendido de esta batalla era que no se debía politizar el tema de la violencia. Ni el gobierno federal ni los gobiernos estatales debían tener gente improvisada en puestos de mando y en la coordinación con las demás corporaciones. Todos debían entenderse como un frente común y no debían perder la esperanza.

"¿Se siente un sobreviviente de esta guerra?", le pregunté al procurador. Él hizo una mueca que parecía una sonrisa.

"Me siento como una persona con gran esperanza, un tema que le constriñe a los ciudadanos, hay una luz de esperanza, si uno se une y se organiza, lo puede hacer. Creo que todavía hay que recordarle a la gente lo importante de una ciudad segura".

LEYZAOLA, EL ENEMIGO PÚBLICO NÚMERO UNO DE LOS NARCOS

LA PRENSA ESTABA DESCONCERTADA con la figura del teniente coronel Julián Leyzaola.[1]

En una ciudad en donde los jefes de policía si no se subordinaban al narco eran asesinados, Leyzaola no solo había sobrevivido sin corromperse sino que había puesto en jaque a varios cabecillas de células criminales, prohibido la presentación en la ciudad de legendarias bandas musicales –tipo norteño– que, aseguraba, rendían culto a los narcos, puesto tras las rejas a decenas de narcomenudistas y enfrentado en tiroteos a delincuentes. Además de convertirse en figura pública admirada y recibir distinciones del gobierno mexicano y del FBI.

La turbación que causaban los actos del teniente coronel a menudo era explicada por reporteros de diarios de México y de Estados Unidos desde el mundo de la ficción o a través de una mezcla entre lo real y lo imaginario. Los apodos que vertió la prensa para él son de antología: un *Harry El Sucio azteca* (revista *Eme Equis*), un *general Patton mexicano* (programa "Tercer Grado", Televisa) o el *G.I. Joe nacional* (Milenio), entre otros personajes. Los editorialistas de la revista *The New Yorker* lo dibujaron con rasgos de Bruce Wayne teniendo a su espalda una Gotham–Tijuana, donde maleantes se disputan las calles. En sus artículos atribuían frases a Leyzaola como: "Yo siempre tiro a la cabeza. Si no mato, pues lo dejo loco". O acciones, como golpear el cadáver de un sicario muerto durante un enfrentamiento, luego que este asesinara a un oficial en un transitado bulevar al este de la ciudad, entre otras declaraciones y rasgos que, decían, acentuaban el carácter enérgico del teniente coronel.

Cuando le pregunté a Leyzaola qué opinaba de estas expresiones y sobrenombres con que habían tratado de describirlo medios nacionales e internacionales, no escondió su molestia.

---

1   El teniente coronel fue nombrado en enero de 2011 subsecretario del Sistema Estatal de Seguridad Pública de Baja California por el gobernador José Guadalupe Osuna, pero cuatro meses después renunció y se fue a Ciudad Juárez, Chihuahua, donde fue nombrado secretario de Seguridad Pública Municipal, cargo que aún desempeñaba en enero de 2013.

"Yo creo que es gente que no tiene nada que hacer, porque tal vez basan sus conceptos en información que ellos no la tienen de primera mano. Si conocieran realmente el trabajo que se está haciendo a fondo, reconsiderarían su dicho. No me identifico con nadie de estos [personajes]. Es una visión muy parcial y muy unilateral. No estoy satisfecho con esos apodos. Ninguno se adecúa a mi personalidad", me dijo en una entrevista el 2 de noviembre de 2010, pocos días antes de dejar el cargo de secretario de Seguridad Pública de Tijuana, detrás de su escritorio, en su oficina situada en la Zona Río, justo en el octavo piso del edificio de la Secretaría de Seguridad Pública Municipal (sspm), mientras lo franqueaba una escultura (regalo de su esposa) de san Miguel Arcángel pisando un demonio, una bandera de México y un rifle negro R-15.

Si algo lo podría definir, me dijo, "es su odio a los narcotraficantes y hacia todo lo que estos representan en la sociedad".

Pero no todo era un paseo por el parque al final de su periodo como funcionario público.

En la guerra contra el narco, además de héroe o personaje de cómic dispuesto a hacer su trabajo a pesar de recibir amenazas de muerte o perder a oficiales cercanos, también era acusado de haber torturado a delincuentes y a oficiales de policía que creía que estaban infiltrados por el narco. Los testimonios al respecto fueron recogidos por la Procuraduría de los Derechos Humanos de Baja California y aún las denuncias no habían sido aclaradas.

Leyzaola, un militar en el retiro al filo de los 50 años, tomó el cargo de director de la Policía Municipal de Tijuana en diciembre de 2007 y un año después el puesto de secretario de Seguridad Pública Municipal. Había mudado a su familia fuera de México y su casa era un departamento dentro de la base del cuartel militar, donde dormía todos los días luego de su jornada laboral.

Apoyado por el gobierno local, comenzó una campaña sin precedentes contra la corrupción en la policía a través de un programa que llamaron "depuración" y en el que despidieron a poco más de seiscientos oficiales –casi la cuarta parte de toda la corporación– porque "les perdieron la confianza".[2] Incluso a 84 de ellos los arrestaron porque presuntamente servían al crimen organizado. El programa también incluyó sustituir en los distritos Centro, Otay y San Antonio de los Buenos a los jefes policiacos por mandos militares y someter a diversos "exámenes de confianza" (el sistema de bolígrafo e investigación de sus bienes, entre otros esquemas) a los policías, pues los filtros para ingresar a las corporaciones policiacas eran muy austeros.

"Prácticamente cualquiera podía entrar a la policía. Teníamos policías que salieron hace quince o dieciocho años de la academia, incluso algunos que nunca cursaron la academia. El ciudadano común se estaba enfrentando con un oficial de 1990 que no había evolucionado, que no conocía nuevas técnicas ni tácticas, algunos ineptos en habilidades, oficiales sin una visión de la evolución social", me dijo el teniente coronel.

En el curso de esa "limpieza" fueron asesinados 43 agentes municipales de 2007 a 2010 y el programa solo alcanzó para llevarlo a cabo en tres de los once distritos de la ciudad, pues el proceso se alargó más de los tres meses estipulados en cada delegación. Además la corporación tenía un déficit de oficiales. Según Leyzaola, Tijuana debería tener aproximadamente cinco mil policías de acuerdo con la norma internacional para América Latina. Tras los despidos, arrestos y oficiales muertos, solo tenía 2,230 policías.

---

2   Luego de las detenciones de Raydel López, *El Muletas,* y Teodoro García Simental, *El Teo,* fueron arrestados Ramón Ángel Soto Corral, comandante de la policía de Tijuana, y el exmilitar Francisco Ortega, quien había sido jefe de la policía del Centro –cuando supuestamente había sido depurado el distrito– y entonces se desempeñaba como jefe del distrito Centenario, entre una docena de oficiales de la policía que fueron detenidos. También fueron capturados 56 agentes policiacos, 40 municipales y 16 ministeriales de investigación del estado, entre ellos fue detenido Ernesto Silva Frausto, director operativo de la Policía Municipal y uno de los oficiales de confianza del secretario de seguridad.

"Es muy difícil reclutar a un policía. Para poder sacar ahora a 450 elementos se evalúa a un universo de 5,000 mil personas. Es muy difícil", me dijo.

La comunidad, sin embargo, vio este proceso como una esperanza para cambiar desde su raíz la mala reputación de la corporación. Históricamente la policía local era señalada en múltiples casos de extorsión y coerción, incluso por participar en robos o proteger a delincuentes.

Mientras que los jefes de células criminales ligadas a cárteles de la droga vieron en las acciones emprendidas por Leyzaola una amenaza a su sistema y pusieron precio a su cabeza.

Casi desde que ingresó a la SSPM comenzó a recibir amenazas de parte del cártel Arellano Félix, principalmente de Teodoro García Simental, *El Teo*, jefe de una sangrienta célula que dominaba el control y venta de estupefacientes del este de la ciudad.

La noche del 14 de agosto de 2008 un grupo de más de cincuenta patrullas comandadas por Leyzaola persiguió a un comando cri-

> **YO RECIBÍ UNA TIJUANA TOTALMENTE GOLPEADA POR EL CRIMEN, OCUPANDO LOS PRIMEROS PORTALES DE INTERNET. SE HABLABA DE TIJUANA Y SE HABLABA DE SANGRE, MUERTES, DESCUARTIZADOS, COLGADOS... ÉRAMOS EL NÚMERO UNO DE VIOLENCIA EN EL PAÍS Y A NIVEL INTERNACIONAL NOS COMPARABAN CON IRAK** TENIENTE CORONEL LEYZAOLA

minal desde la zona oriente hasta el distrito La Mesa, pero conforme daban alcance poco a poco las patrullas comenzaron a desviarse y a dejar sola la camioneta blindada donde viajaba el teniente coronel, mientras el comando –donde supuestamente iba El Teo– escapaba. Leyzaola me dijo durante la entrevista que se quedó solo con tres hombres ante tres camionetas de criminales bien armados y consideró que lo mejor era retroceder por el momento.

Desde aquel día comenzó a recibir amenazas de muerte anónimas que le llegaban a través de mensajes escritos en cartulinas dejados entre personas ejecutadas, algunos dados a conocer por la fiscalía estatal, y por medio de la radiofrecuencia que manejaba la policía local y que tenían como fondo narcocorridos. En una de ellas –recibida el 26 de abril de 2009– le dijeron que si no renunciaba o les dejaba "trabajar" iban a matar cada día a un policía. Cinco meses después, por la misma frecuencia, le advirtieron que la próxima víctima sería él.

El gobierno local había recibido un informe en el que le señalaban que García Simental había conseguido armamento y sustancias explosivas en Estados Unidos y planeaba explotar un carro con dinamita en el edificio de la sspm de la calle Octava del distrito Centro, donde despachaba Leyzaola. Pronto el gobierno cambió la oficina del teniente coronel a un nuevo edificio aún sin terminar en la Zona Río bajo el argumento de proteger al funcionario y evitar que un atentado dañara a civiles inocentes.

Otro plan para asesinar a Leyzaola fue descubierto por elementos del Ejército mexicano durante un operativo producto de una delación de un criminal arrestado por soldados. La noche del 30 de octubre militares hallaron en un inmueble de la colonia Valle Bonito, al este de la ciudad, a trece personas y cuatro *pick ups* con camuflaje tipo militar que habían sido pintados para ser utilizados por un escuadrón de unos cuarenta criminales, a las órdenes de Raydel López Uriarte, *El Muletas*, lugarteniente de Teodoro García Simental, para asesinar el 1 de noviembre de 2009 a Julián Leyzaola.

De acuerdo con las autoridades, la célula de El Teo había seguido los cambios de rutas constantes de Leyzaola pero creía que podían acercar a un grupo de militares piratas al convoy del teniente coronel, para que este no sospechara, e iniciar el atentado al que se sumarían más sicarios en dos convoyes, uno de ellos lo remataría con un rifle Barret calibre .50.

Para el final de la administración de Leyzaola los principales capos de la droga en Tijuana que habían sembrado el terror en la ciudad habían sido arrestados. En junio de 2009 fue capturado curiosamente a pocos pasos del edificio de la SSPM de la Zona Río José Filiberto Parra Ramos, *La Perra*, uno de los más sanguinarios del cártel Arellano Félix; y siete meses después en La Paz, Baja California Sur, cayó Teodoro García Simental y luego, en febrero de 2010, su hermano Miguel García Simental junto a Raydel López Uriarte, también en La Paz. Los tres se habían separado del cártel de Tijuana y unido al cártel de Sinaloa.

Aunque continuaban las muertes ligadas al narco en la ciudad, las autoridades creían que lo más duro había pasado. Tijuana había dejado de ser noticia nacional por este tipo de eventos y cedido su lugar a otras fronteras del país que comenzaban a tener crímenes atroces como los vividos aquí.

El nuevo alcalde de Tijuana, el priísta Carlos Bustamante, sucedía al panista Jorge Ramos y anunciaba el primer día de su gobierno que Leyzaola no continuaría al frente de la seguridad en la ciudad.

¿Cómo describe su trabajo?

Tal vez sí hago un poco más que los demás, me quedo más tiempo de las ocho horas. Comienzo a trabajar a las seis de la mañana y termino a la una de la mañana.

Al final todos queremos dejar una huella a donde vamos. A mí me correspondió este trabajo, soy un empleado del gobierno, y trato de hacerlo lo mejor posible… Yo no estoy totalmente satisfecho con mi trabajo, porque no he logrado al final lo que yo quiero.

¿Por qué está insatisfecho?

Yo quisiera heredar una ciudad tranquila, segura, estable, que sea campo fértil para la inversión, el desarrollo, la cultura y la educación.

No me alcanzó el tiempo. En diciembre (2010) estaremos a mitad del recorrido. Entiendo los tiempos políticos y los respeto. Yo tengo mi plan, mi programa de trabajo, pero no necesariamente es lo que quiere el próximo gobierno, yo respeto esa decisión y buscaré otros horizontes donde pueda desarrollar mis programas de trabajo.

Queda inconclusa sobre todo la depuración policiaca, que era su principal objetivo, dejar una policía limpia de infiltrados por el crimen organizado.

Queda inconcluso todo, todos los proyectos y programas quedan inconclusos, porque están planeados para cierto tiempo y al cortar ese proceso queda así. El proceso de sectorización de la ciudad, el equipamiento de la policía, la depuración, la capacitación; son aspectos muy importantes que necesariamente ocupan una conclusión. De lo contrario se queda en un buen intento con buenas intenciones, pero la situación política arrasó con las necesidades de la ciudadanía.

¿Qué pasa? ¿Por qué no puede haber entendimiento con la administración electa de Carlos Bustamante (2010-2013)? Aparentemente buscan el mismo objetivo.

No sé, entendimiento sí hay, pero los fines e intereses son diferentes. Yo en lo particular no entiendo, en mi concepto de sociedad, si alguien ha producido resultados... Es como una empresa, si un empleado tuyo te está produciendo resultados que necesitas para mejorar tu empresa y generar mayores dividendos, no entiendo por qué tengas que cortar el trabajo de ese empleado, más bien irías contra la empresa. Así lo interpreto yo.

Yo recibí una Tijuana totalmente golpeada por el crimen, ocupando los primeros portales de Internet. Se hablaba de Tijuana y se hablaba de sangre, muertes, descuartizados, colgados… Éramos el número uno de violencia en el país y a nivel internacional nos comparaban con Irak.

Desde luego no digo que se ha corregido totalmente, pero hemos cambiado la fisonomía de la ciudad, hemos cambiado el perfil de la ciudad a nivel nacional e internacional. ¿Cómo lo hemos cambiado? Ya no aparece en los portales Tijuana como la ciudad del vicio y la ciudad del crimen. Se nos reconoce como un modelo a seguir por el combate a la criminalidad. Tenemos una policía mucho más confiable. Tenemos una ciudadanía que está apoyando a sus policías, que denuncia. Si esos no son resultados, no sé que esperan de mí. No sé quién vaya a darle continuidad a un trabajo como este.

La violencia no se ha detenido. La fiscalía tenía hasta el 31 de octubre 681 asesinatos, superando al año pasado.
Y a pesar de eso hay una percepción distinta, la ciudadanía lo expresa. Yo considero que pasó lo siguiente: primero, venimos arrastrando los primeros meses de 2010 que estuvieron plenos de muertes, muertes continuas, por todos lados, porque era resultado de la batalla que tenían los cárteles aquí. En aquel tiempo El Ingeniero, El Teo, El Muletas, La Perra. Y nos dejaron muertos en cantidades enormes.

Pero de alguna manera yo digo que ha cambiado la percepción ciudadana con respecto a la criminalidad, en el sentido de que en aquellos tiempos los delitos de alto impacto, los asesinatos o ejecuciones, eran espectaculares; llegaban y acribillaban a una persona con cuernos de chivo, seis u ocho camionetas; deshacían a una persona con esas armas. En esos crímenes morían civiles que no tenían ninguna injerencia en los pleitos de estos malandrines, por casualidad se topaban con estos y resultaban muertos o heridos.

Actualmente, con las acciones de la policía, hemos logrado limitar las acciones operativas del crimen organizado al grado de que en Tijuana ya no se mueven en convoyes. Un convoy, cuando lo detectamos, vamos por él.

Nos damos cuenta de que ahora están utilizando una operatividad más como la utilizan en Estados Unidos, que llegan en un vehículo con dos personas, matan a otra persona con un arma corta y escapan. Pero son ataques muy selectivos, no ponen en riesgo a la ciudadanía. No digo que esto sea un logro, pero el hecho de que quede resguardada la población, la ciudadanía sí lo siente.

SEGÚN LA PGJE DE BAJA CALIFORNIA, HABÍA EVIDENCIA DE QUE MUCHOS EXCONVICTOS DEPORTADOS FUERON RECLUTADOS POR EL CRIMEN ORGANIZADO. ALGUNOS INCLUSO APARECIERON ASESINADOS EN LA CIUDAD APENAS DÍAS DESPUÉS DE SU DEPORTACIÓN JUNTO A OTRAS VÍCTIMAS DE QUIENES SE SOSPECHABA QUE ERAN PARTE DE MAFIAS.

Hemos detenido a tanta gente, tanto hemos golpeado al crimen organizado, que necesariamente se nota. Hemos asegurado droga en la vertiente logística, armas, vehículos, dinero, propiedades, cantidades tremendas; eso golpea la estructura financiera del crimen organizado. En el aspecto operativo, limitamos sus movimientos, no pueden andar en la ciudad como andaban antes, cínicamente, sin un respeto por la autoridad.

En la parte mediática, logramos tachar ese misticismo que tenía el capo, el narco, que hasta cierto forma era admirado por la sociedad, temido y admirado, hemos logrado reducirlo a su condición de criminal y delincuente. Creo que esos son logros importantes para la sociedad tijuanense; logramos que se redujeran a lo que son, simples delincuentes.

Desafortunadamente mientras haya demanda también va a ver oferta, va a ser difícil si no es que imposible pensar que algún día vamos a acabar totalmente con la delincuencia, con el narcotráfico. Es algo utópico. Se van a seguir matando porque algún delincuente no se ajusta a lo que dice otro, pero son muertes muy focalizadas, de gente que trabaja en el crimen, que se roba droga... Esto ha permeado la conciencia ciudadana, está consciente de que no se está matando a gente honesta.

¿Cómo luchar contra la cultura del narcotráfico que está tan arraigada en la ciudad?

No podemos ser por una parte hipócritas. Porque hablamos de criminalidad, de asesinatos, de una ciudad vulnerada por el crimen, y por otra parte vamos a ver las películas del narco, contratamos grupos norteños que cantan narcocorridos y vamos a conciertos donde estos grupos cantan y les mandan saludos a los narcotraficantes. Eso se llama hipocresía.

A mí me ha tocado, en esta guerra, desenmascarar a los narcos, dejar de hablar de la criminalidad de forma genérica. Ponerle nombre a los narcos y a quienes los alaban.

Antes hablaban del narcotráfico o del crimen organizado, pero nadie decía Teodoro García Simental, Raydel López, Filiberto Parra o Fernando Sánchez Arellano; todos hablaban de un narcotráfico.

A MÍ ME TOCÓ PONERLE NOMBRE A ESE NARCOTRÁFICO: El Teo, El Muletas, La Perra o El Ingeniero; que ellos son los que generan esta situación, que nadie lo quería hacer tal vez por miedo.

También me ha tocado desenmascarar a esos grupos, que disfrazados en la diversión o en la libertad de expresión, estimulan la cultura del narcotráfico: Los Tucanes de Tijuana, Explosión Norteña y otros grupos que andan por ahí que cantan ese tipo de corridos.

Me tocó decirles a ellos que esas personas que admiran o cantan no es el gran personaje que ellos creen, sino que realmente son unos desequilibrados mentales, porque cómo es posible que descuarticen, torturen, martiricen tan terriblemente a mujeres, maten niños, cuelguen cuerpos de los puentes. Eso es lo que son El Teo, El Muletas, El Ingeniero. Esas son las personas a las que les mandan saludos estos grupos musicales y a quienes la gente les aplaude, pero luego se quejan de la violencia que esos criminales provocan.

Hay que ser cruel y crudos con ellos. Decir tal como son las cosas. A mí me ha tocado ver mucho esto en Tijuana. Por eso odio a los narcotraficantes, porque son gente sin ética, sin moral, que se amparan en la sombra para matar, secuestrar y aterrorizar a una sociedad.

Los odio en todos los ámbitos, no solo cuando estoy en la calle, sino también la música que los alaba. Es un odio integral. Así es como la sociedad debe de odiar a esta gente.

En vías de lograr ganar esta lucha ha habido acusaciones de tortura en su contra.

Yo creo que dentro de la defensa que deben tener los ciudadanos, si es que se les pueda llamar a esta gente ciudadanos, es un medio de defensa. Van y hablan, se hacen las víctimas, ante las instancias sociales que tienen que atender estas denuncias, que es la Procuraduría de los Derechos Humanos. No digo que esta institución esté permeada o comprada, ni mucho menos, simplemente ellos tienen que hacerlo. Lo que sí es que creo que esta gente se quiere cobijar en los derechos humanos para evitar ser juzgados, vulnerados sociales y, la realidad, tal vez para quitarme de aquí. Porque yo soy una piedra en el zapato para ellos. Y es una de las vías por las cuales pudieran quitarme de este lugar.

¿Cree que eso afectó para que la nueva administración municipal (de Carlos Bustamante, del PRI) decidiera no sostenerlo en su puesto de secretario de seguridad pública?
Yo creo que se conjugaron varias cosas, no solo las denuncias de derechos humanos. Por ejemplo, el cambio de un partido a otro, eso pesa más que las denuncias, porque un partido trae ideologías distintas, otras intenciones e intereses.

Pero usted no tiene partido político.
No tengo partido, pero al final yo vengo trabajando con la administración actual. Entonces un reconocimiento a mi trabajo es un reconocimiento también a la administración y no es, digamos, conveniente para una nueva administración reconocer el trabajo del anterior, porque le está reconociendo éxito a otro partido.

¿Qué hará cuando termine su cargo? ¿Qué propuestas ha recibido?
Tengo muchas propuestas de estados y municipios, muchas. Me daré un tiempo para analizarlas… El primero de diciembre me sentaré a platicar con quien quiera platicar conmigo y tomaré decisiones. Todo diciembre pienso descansar.

Pero tampoco puede descansar mucho, porque la situación en el país está muy difícil.
No descansaré tanto, pero tengo que hacer una buena elección. Quiero elegir la más interesante, no la mejor pagada, que represente un reto nuevamente para mí.

Estos últimos tres años han sido de mucha adrenalina, de mucho dolor por la pérdida de vidas de policías. ¿Cómo los sobrellevó usted? ¿Puede conciliar el sueño? ¿Cómo ha sido regresar a su casa, al cuartel, después de estas jornadas?

En el caso de nosotros, los militares, estamos formados –nuestra formación profesional, ética, nuestra consciencia– para mantenernos en acción, para diseñar y aplicar tácticas y técnicas para combatir una guerra como el narcotráfico.

Sabemos nosotros que una guerra genera bajas de ambos bandos. Desafortunadamente nos tocó a nosotros también aportar esa cuota de oficiales caídos, que tratamos siempre de ser los menos posibles, pero al final no podemos evitar que esto suceda. Gente con la que me ha tocado convivir casi dos años.

Desde luego pesa, pesa como a cualquier ser humano que se siente vulnerado por la pérdida de una persona que llega a apreciar y de repente lo ve muerto o balaceado, caído por alguien que ni siquiera lo conocía, solo porque portaba un uniforme de policía y porque quería hacer su deber defendiendo a una sociedad y a sus familias.

Sabemos que la principal responsabilidad de un gobierno es darle tranquilidad y seguridad a sus gobernados, y garantizar la supervivencia del Estado. Lo entendemos y aceptamos la responsabilidad y los riesgos que vienen.

Nos ha tocado aportar la mayor cuota de oficiales caídos, más que las otras corporaciones. Oficiales activos caídos son 43, pero tenemos también tres policías auxiliares y comerciales. Ni modo, somos la corporación más numerosa, que está patrullando todos los días y que tiene más combate directo con el crimen. Entonces mis oficiales lo saben y afrontan el riesgo con valor y con honor.

¿Que qué pasa cuando llego a mi casa? Pues es una casa fría, es una casa que no tiene el calor de familia, de hogar. Porque, cuando me vine para acá, hablé con mi familia y les dije que me venía a trabajar tres años. Los veo una vez cada tres o cuatro meses, cuando haya oportunidad.

La rutina diaria es llegar a la una o dos de la mañana, levantarme a las seis y media o siete de la mañana para hacer un poco de ejercicio. Corro diario, como una hora u hora y cuarto, para sacar no el estrés sino el coraje, sí, el coraje.

Yo creo que de alguna manera, si bien es cierto que hice un plan para seis años, al final le agradezco a la administración entrante por quitarme esta responsabilidad antes de tiempo, porque ya me puedo ir con mi familia.

¿Se siente protegido por Dios?

Sí, yo soy creyente, muy creyente. Creo que de alguna manera sí me siento protegido.

Cuando tomo una responsabilidad, un trabajo, siempre hago cierto acto de contrición. Por ejemplo, para este trabajo, yo no venía a Tijuana sino a Rosarito, ya estaba aceptado por el cabildo de Rosarito, ya era secretario. Sucedieron cosas en Tijuana y me empezaron a presionar, a presionar, y yo a negarme a venir. Me decían que tenía que venir, me hablaba el general Sergio Aponte [entonces comandante de la Segunda Región Militar], me hablaban muchas personas para que viniera, pero yo no quería.

Al final fue muy fuerte la presión, casi siempre sucede igual, cuando ya no pude tolerar la presión, me quedé solo, platiqué solo.

"Bueno, si es tu voluntad que yo vaya para allá, pues voy a ir; pero nada más que vamos a hacer un acuerdo: yo voy a ir a hacer mi trabajo como lo sé hacer, sin meterme en cosas que no deba, hacerlo bien, poner todo mi compromiso; pero también pido algo adicional, yo hago mi trabajo pero tú [Dios] cuídame".

"UNA DE LAS COSAS MÁS IMPORTANTES QUE ENTIENDE EL HUMANO EN GUERRA ES QUÉ SIGNIFICA IR A DORMIR SIN MIEDO, DESPERTARSE Y HACER CAFÉ O NO, TÚ DECIDES; O NO QUIERES DESPERTAR Y PIERDES UN DÍA DE TRABAJO; O CAMINAS EN EL PARQUE O TE VAS A EMBORRACHAR. EN LA GUERRA ENTIENDES LO QUE ES LA VIDA, QUÉ ES SER FELIZ, QUÉ ES VIDA, TENER DERECHO A RESPIRAR LIBRE, SIN MIEDO, ¿POR QUÉ TE VAN A MATAR?, SOLO PORQUE ERES MEXICANO, SERBIO O ESTADUNIDENSE "

XHEVDET BAJRAJ, POETA ALBANÉS

Un pelotón de soldados del Ejército mexicano en un punto de control al este de Tijuana el jueves 22 de enero de 2009.

A platoon of soldiers from the Mexican army at a checkpoint on Tijuana's east side, on Thursday, January 22, 2009.

Soldados mexicanos vigilaban la calle de la escena de un tiroteo entre criminales y autoridades que duró tres horas en el distrito La Mesa, en Tijuana el 18 de enero de 2008.

Mexican soldiers block the street at the scene of a shootout between criminals and authorities that lasted three hours in the La Mesa district of Tijuana, on January 18, 2008.

Policías y soldados mexicanos desalojan a niños de un preescolar en medio de un tiroteo entre criminales y autoridades el 17 de enero de 2008 en el distrito La Mesa de Tijuana.

Mexican police and soldiers evacuate preschool children from the crossfire between criminals and authorities on January 17, 2008, in Tijuana´s La Mesa district.

Un soldado del Ejército mexicano custodia a las afueras de la oficina en Tijuana de la PGR el 2 de agosto de 2008.

EL GENERAL SERGIO APONTE POLITO, UN MILITAR SEXAGENARIO QUE TENÍA A SU MANDO EL EJÉRCITO MEXICANO INSTALADO EN BAJA CALIFORNIA, SONORA Y BAJA CALIFORNIA SUR, LLEGÓ A LA REGIÓN EN OCTUBRE DE 2006 Y COMBATIÓ COMO NINGUNA OTRA AUTORIDAD AL CRIMEN ORGANIZADO EN BAJA CALIFORNIA —ESPECIALMENTE EN TIJUANA—. EL GENERAL COMENZÓ UNA CAMPAÑA DIRIGIDA A LA COMUNIDAD LLAMADA "NOSOTROS SÍ VAMOS" (UNA CLARA ALUSIÓN A LA INEFICACIA DE LAS POLICÍAS) EN LA QUE INSTABA A LA CIUDADANÍA A REALIZAR DELACIONES ANÓNIMAS AL EJÉRCITO MEXICANO, CON LO QUE AUMENTÓ EL NÚMERO DE CRIMINALES DETENIDOS.

A Mexican soldier guards Tijuana's PGR office on August 2, 2008.

Soldados del Ejército mexicano custodian paquetes de mariguana a la entrada de un túnel que tiene por salida un almacén en Estados Unidos, encontrado en la delegación de Otay de Tijuana el 2 de noviembre de 2009.

Mexican soldiers guard packages of marijuana at the entrance to a tunnel leading to a store in the United States. It was discovered in Tijuana´s Otay area on November 2, 2009.

Un soldado muestra parte de un túnel de 298 metros de longitud que cruza la frontera entre México y Estados Unidos, en Tijuana, descubierto el 12 de agosto de 2011 en las inmediaciones del Aeropuerto Internacional de Tijuana.

A soldier shows part of a tunnel in Tijuana, 298 meters long, that crosses the border between Mexico and the United States. It was discovered on August 12, 2011, near Tijuana's International Airport.

Policías estatales se sitúan en una plantación de mariguana descubierta el 17 de junio de 2009 en el Valle de las Palmas, al este de Tijuana.

State policemen at a marijuana field discovered on June 17, 2009 in Valle de las Palmas, on Tijuana's east side.

Un elemento de la Policía Estatal revisa un sembradío subterráneo de mariguana descubierto en el este de la ciudad de Tijuana el 12 de marzo de 2009.   A state policeman inspects an underground marijuana field, discovered on Tijuana's east side, on March 12, 2009.

Elementos del Ejército del grupo aeromóvil de las fuerzas especiales corre a un domicilio de la colonia Loma Dorada donde se registraba una balacera el 11 de noviembre de 2008.   Officers of the army's Special Forces Airmobile Group run toward a home in the Loma Dorada neighborhood during a shootout on November 11, 2008.

Miembros de una banda de presuntos secuestradores y homicidas son escoltados por agentes de la PGJE durante una presentación ante medios de comunicación en Tijuana el 19 de abril de 2011.

Members of a gang of alleged kidnappers and murderers are escorted by members of the PGJE during a presentation to the media in Tijuana on April 19, 2011. **219**

Un oficial de la policía monta una guardia cerca del lugar donde un hombre fue asesinado por sicarios que dispararon desde un automóvil en Tijuana el 1 de febrero de 2010.

A police officer stands guard near the scene where a man was killed by gunmen firing from a car in Tijuana on February 1, 2010.

Policías federales montan una guardia junto al lugar en donde dos agentes de la Policía Municipal fueron heridos durante un tiroteo el 11 de abril de 2009 en Tijuana.

Federal police stand guard next to the site where two municipal police officers were injured during a shootout on April 11, 2009, in Tijuana.

❝ SE ESTÁ COMBATIENDO LA OFERTA PERO NO LA DEMANDA, Y MIENTRAS ESTA SIGA VA A HABER PERSONAS QUE ESTÉN PRODUCIENDO Y DISTRIBUYENDO DROGAS ❞

JOSÉ HÉCTOR ACOSTA, DIRECTOR DE LA UNIDAD DE TRATAMIENTO DEL CENTRO DE INTEGRACIÓN JUVENIL EN TIJUANA.

Un grupo de oficiales de la Policía Táctica buscaban armas y drogas en un operativo en la Zona Norte de Tijuana el 9 de marzo de 2009.

A group of tactical police officers search for weapons and drugs during an operation in Tijuana's North Zone on March 9, 2009.

Un agente federal monta una guardia fuera de un bar durante un operativo en la Zona Norte de Tijuana, el área de tolerancia de la ciudad, el 12 de junio de 2009. Las autoridades buscaban armas y drogas.

A federal agent stands guard outside a bar during an operation in Tijuana's North Zone, the city's red-light district, on June 12, 2009. Authorities were searching for weapons and drugs.

Niños y jóvenes observan el interior de un vehículo en la colonia Anexa 20 de Noviembre de Tijuana, donde recién investigadores forenses habían retirado los cuerpos de tres personas asesinadas por sicarios el 9 de octubre de 2008.

Children and young people look inside a vehicle in the Anexa 20 de Noviembre neighborhood, where forensic investigators had removed the bodies of three people killed by gunmen on October 9, 2008. **229**

Un grupo de personas observa el lugar en el que tres hombres fueron asesinados, entre ellos un oficial de la policía, el 4 de noviembre de 2008.

A group of people looking at the site where three men were killed, including a police officer, on November 4, 2008.

EL CRIMEN ORGANIZADO NO SE COMPONE DE CORPORACIONES SINIESTRAS QUE PLANEAN DOMINAR EL MUNDO, SINO DE UNA COMPLEJA INTERACCIÓN ENTRE LA ECONOMÍA REGULADA Y LA NO REGULADA QUE EN TEORÍA PODRÍA SER RASTREADA TANTO POR EL GOBIERNO MEXICANO COMO POR SU RICO SOCIO DEL NORTE.

CAP. 08

CANTOS EN UN LUGAR EXTRAÑO

HABÍAN ESCAPADO DEL INFIERNO DE LAS PANDILLAS y de los barrios que los habían obligado a hacer cosas que no querían. Pretendían inventarse una nueva vida, pero les era difícil porque no recordaban otra sino solo aquel infierno.

Su presencia en esta ciudad era inquietante. Las autoridades locales creían que los exconvictos –sobre todo pandilleros que pertenecieron a *gangas* en California–, que Estados Unidos estaba deportando por la frontera de Tijuana, eran mano de obra idónea para el crimen organizado.

De 2008 a 2012, Estados Unidos deportó 1.9 millones de personas, según cifras del ICE. Estas cifras no son divididas por la nacionalidad de los repatriados, pero la mayoría tuvo a México como destino final y las puertas de Tijuana y Mexicali fueron los principales cruces para enviar a los deportados al país.

OFICIALES DEL GRUPO BETA, LA FUERZA DE SEGURIDAD CREADA PARA LA PROTECCIÓN DE LOS MIGRANTES, ESTIMARON EN 2007 Y 2008 QUE EN PROMEDIO EXPATRIARON UNOS CIEN PANDILLEROS O EXCONVICTOS AL DÍA DEL TOTAL DE LAS CUATROCIENTAS PERSONAS DEPORTADAS DIARIAMENTE DURANTE ESOS AÑOS. PERO EN REALIDAD NI ESTA OFICINA NI ALGUNA OTRA DEL ESTADO TENÍA UN SISTEMA QUE IDENTIFICARA EL ESTATUS LEGAL DE LOS DEPORTADOS.

Según la PGJE de Baja California, había evidencia de que muchos exconvictos deportados fueron reclutados por el crimen organizado. Algunos incluso aparecieron asesinados en la ciudad apenas días después de su deportación junto a otras víctimas de quienes se sospechaba que eran parte de mafias.

La PGJE había solicitado a la fiscalía de California listas de exreos que, después de cumplir sus condenas, serían repatriados a México con el fin de monitorearlos; sin embargo ambas oficinas estaban muy atareadas y ninguna contaba con personal, presupuesto ni mecanismos para llevar a cabo esa propuesta.

El Instituto Nacional de Migración desconocía cuántos exconvictos o miembros de pandillas fueron deportados diariamente a Tijuana. Oficiales del grupo Beta, la fuerza de seguridad creada para la protección de los migrantes, estimaron en 2007 y 2008 que en promedio expatriaron unos cien pandilleros o exconvictos al día del total de las cuatrocientas personas deportadas diariamente durante esos años. Pero en realidad ni esta oficina ni alguna otra del estado tenía un sistema que identificara el estatus legal de los deportados y, por lo tanto, tampoco había un programa especial dirigido a atender a esta población para adaptarlos al cambio de país, buscarles un empleo o tratar de rehabilitarlos del mundo de las pandillas, la prisión o las drogas.

Ante esta carencia, algunos organismos no gubernamentales –principalmente Iglesias cristianas y centros de rehabilitación– estaban atendiendo el problema, pero los titulares de estas asociaciones admitían que su ayuda era muy limitada.

UNA MAÑANA DE DOMINGO FUI A UNA MISA cristiana a la que asistieron alrededor de doscientas personas, casi la mitad de ellos eran expandilleros que habían sido repatriados de Estados Unidos, según me dijo el pastor cristiano de Ministerio Llamada Final, Leopoldo Morales, de 42 años.

La misa fue en una modesta construcción de madera que parecía una más de las edificaciones amontonadas y en relieve hechas a las faldas del cerro Colorado, sobre la calle Uxmal de la colonia Mariano Matamoros, al este de la ciudad. Los cantos de las alabanzas y los aplausos se escuchaban a lo largo de varias cuadras de esa zona amarillenta y seca, que estaba catalogada por las autoridades como una de las más conflictivas de la urbe.

Yo había llegado hasta ahí gracias a que vecinos de la colonia me dieron señales a partir de preguntas como "¿sabe dónde fue encontrado muerto el policía?" o "¿conoce dónde acribillaron a los cuatro jóvenes?": "Ah, pues por ahí dese vuelta y va a llegar sin perderse".

La congregación cristiana Ministerio Llamada Final, que tiene otras cuatro iglesias en Tijuana, se reúne cada domingo por espacio de tres horas en ese lugar. Durante ese tiempo los asistentes –que dicen tener penas muy grandes– pasan sorprendentemente del estado más alegre –bailes, aplausos y gritos de júbilo– al llanto inconsolable que los lleva a gemir de dolor e inclinarse hasta tocar su frente en el suelo. La experiencia es intensa. Gente suplica ayuda divina, otros llevan sus manos con fuerza a sus pechos como si detuvieran sus corazones que quieren salir de sus cuerpos. Mujeres con lágrimas aseguran que sienten a Jesucristo que los hace reír y llorar. Rezan, lloriquean, parecen desprenderse de cargas que los joroban, de fechas muertas que los hicieron infelices, de personas que los destrozaron.

Ahí en la misa, en las últimas filas donde –según me dijeron– siempre se sientan los más jóvenes, estaban José Miguel García, de 25 años, e Israel Flores, de 26 años, quienes me aseguraron que pertenecieron a gangas de California y habían sido deportados.

García, un hombre moreno de poca estatura y ojos tristes que trabajaba en esta frontera como instalador de mosaicos, me dijo que estuvo a punto de suicidarse en tres ocasiones, pero "algo" –que entonces no podía explicar– pasó y lo salvó.

La primera vez que intentó matarse soltó el volante del automóvil que conducía a alta velocidad por un *freeway* de Los Ángeles, California, sin embargo el vehículo se mantuvo en la misma dirección. La segunda vez se arrojó de un muelle en esa ciudad sin saber nadar y aun así flotó. En la última ocasión se iba a tirar al hueco de un elevador cuando trabajaba en una construcción en San Diego, California, pero un compañero que nunca había visto lo detuvo y le dijo que existía una congregación de cristianos y que debía ir, me explicó García. Eso pasó hace cuatro años y desde entonces está en esta iglesia que lo bautizó.

"Yo soy de Oaxaca, pero desde niño me llevaron para Estados Unidos. Crecí sin padres, mis abuelos me criaron. Crecí con mucha soledad. Me metí a las pandillas porque quería pertenecer a algo", me dijo García, quien a los 15 años estuvo un año y medio en prisión por drogas y en 2008 fue detenido en San Diego durante una redada y deportado a esta frontera.

"Muchos están en pandillas porque no tuvieron la oportunidad de una familia y muestran que tienen coraje, que son muy valientes, pero en verdad tienen miedo, están secos por dentro", agregó. "Yo ahora trato de ayudar a otras personas, trato de demostrarles lo que Dios hizo por mí".

Israel Flores, el otro ex pandillero, tenía apenas tres meses que asistía a la iglesia cristiana, justo desde que fue expatriado cuando fue detenido en una redada al este de Los Ángeles, California, donde había vivido desde que sus padres lo trajeron a los dos meses de edad de su natal Morelos, Michoacán. Hablaba muy poco el idioma español, se expresaba en inglés y movía constantemente sus manos para explicar cualquier cosa.

El pastor de la iglesia y algunos de sus compañeros lo habían tratado de convencer de que se bautizara e intentara ser un hombre nuevo. Flores me dijo que hacía poco había asistido a una ceremonia donde unas treinta familias —alrededor de ciento veinte personas— se habían bautizado en la playa del centro del municipio de Rosarito, situado a veinte minutos al sur de Tijuana. En la ceremonia de bautizo muchos hablaban de que "el mar significa renunciar a la vida de antes, inventarse, hacer una nueva vida: el deseo de una consciencia limpia". Él no se animó a bautizar, solo asistió porque quería ver el mar.

Flores tiene un semblante distraído y enigmático, pareciera que en cualquier momento pudiera apuñalarte y luego cantar una alabanza. Mientras oraban, él jugaba con su cachucha; por momentos veía a los asistentes gritar, llorar o cantar y él no cambiaba su rostro inmutable. Me dijo que era así porque en su vida la ha pasado muy mal a tal grado de estar harto de todo. Solo tiene 26 años pero su suerte "o la vida" ya le quitó nueve años, es decir su adolescencia y parte de su juventud. Ese tiempo estuvo en prisión acusado de conspiración de un asesinato.

Siendo aún un niño, a los 11 años, ingresó a una pandilla de Los Ángeles y eso marcó su destino. Debajo de su ojo derecho, como una lágrima, tiene tatuado el número 13 y sobre su torso y brazos figuran con tinta azul demonios y payasas.

"Todavía no sé si me voy a bautizar, tengo que cambiar mucho, no sé qué quiero de mi vida… A mí me gusta estar solo, solo", me dijo con una ligera sonrisa que dejaba ver el hueco donde antes estaban sus dientes incisivos.

En esos tres meses Flores ha tenido empleos temporales en Tijuana como albañil, pero es muy poco lo que gana y no es constante. Vivía en un pequeño cuarto que alquilaba por 500 pesos mensuales, un dinero que en ocasiones ganaba por semana. En Los Ángeles trabajaba en construcción y le iba bien económicamente, nunca pensaba que su salario no le alcanzaría para pagar la renta del departamento e ir a un restaurante cuando se le antojara, como aquí le sucedía; además el ambiente, todo era muy diferente en esta frontera, de otro color, otros olores; por eso su intención era regresar a Estados Unidos, pese a que eso significara, si lo detienen, volver a prisión.

Un joven moreno de rostro picado por la adolescencia, que estaba sentado en una banca lateral, me miraba continuamente durante la misa. Sabía por el pastor cristiano el trabajo que yo estaba haciendo en el lugar y quería darme su testimonio. Le habían recomendado que hablara, que se desahogara, que le haría bien. Su nombre es Enrique y tenía 17 años.

Me dijo que a los 11 años llegó solo a la central de autobuses de Tijuana procedente de su natal Guadalajara, Jalisco. Durmió ese día ahí porque su padre, quien vivía en Los Ángeles, California, no llegó por él sino hasta el día siguiente. Vivió una semana en un hotel de Tijuana hasta que su padre lo encargó con un traficante de inmigrantes para que lo cruzara de forma ilegal a Estados Unidos.

"El *pollero* nos llevó por el lado de El Hongo [Tecate]. Éramos como unos quince los que íbamos a las dos de la madrugada en el recorrido rumbo a Estados Unidos. Empezamos a escalar un cerro para que la *migra* no pudiera vernos, pero ya arriba del cerro el *pollero* se falseó un pie y no pudo seguir, así que nos dijo que nos fuéramos todo derecho cuando bajáramos el cerro. Yo me sentía solo, desorientado, entonces me perdí de los demás y caminé sin dirección por el cerro, asustado por las arañas, las víboras y los demás animales que hay en ese lugar. Caminé y caminé como doce horas. El agua y la comida ya se me habían acabado. Y de repente, de tanto caminar, di con la carretera. Esperé a que pasara un carro para pedirle un aventón hacia un lugar donde hubiera un teléfono para hablarle a mi papá. Un señor pasó en un *pick up* y me llevó hasta un Seven Eleven y ahí me quedé", me dijo.

Lo que me contó después Enrique tenía el mismo sinsabor y aventura que su cruce. Explicármelo le causaba dolor porque parte

> ❝ EL GOBIERNO DE ESTADOS UNIDOS HA QUERIDO SOLUCIONAR EL PROBLEMA DEPORTANDO A LOS PANDILLEROS PERO SOLO LO ESTÁN CAMBIANDO DE LUGAR ❞ JAVIER VALENCIA

> **" ELLOS SON RECHAZADOS POR EL PAÍS DONDE VIVIERON MÁS DE LA MITAD DE SUS VIDAS Y AHORA TAMBIÉN POR EL PAÍS DONDE NACIERON Y QUE DESCONOCEN PORQUE MUCHOS LO DEJARON SIENDO MUY NIÑOS " LEOPOLDO MORALES**

de ello provenía de su familia, del barrio adonde llegó y de su suerte o la vida, como él lo explicaba.

"Mi papá me llevó a Los Ángeles y me compró ropa y tenis nuevos, pero no me llevó a vivir con él porque tenía ya otra familia. Me dejó con mis abuelos. Ahí vivía cómodo pero mis tíos, que tenían casi mi misma edad, y los negros del barrio me llamaban 'pinche paisa' o 'indio muerto de hambre'. Yo tenía mucho coraje y un día que me ofendieron agarré un palo y descalabré a tres negros que eran mis vecinos. Entonces yo ya no podía salir a la calle porque todos los de ahí querían golpearme. Mi abuelita le dijo esto a mi papá, que yo ya no podía seguir viviendo con ella. Mi papá me llevó a su casa, en Rampart, al oeste de Los Ángeles, donde me inscribieron en una escuela donde también recibía insultos porque no sabía hablar inglés. Yo reaccionaba de manera violenta. Ahí me hice amigo del Robert, que era de una pandilla que se llama MS 13 y que me invitó a pertenecer para que me respetaran", me dijo.

Para ser parte del barrio, la pandilla lo probó haciendo que Enrique vendiera droga, golpeara con un bate a otro joven y soportara durante trece segundos los golpes que ocho pandilleros le asestaban como parte del rito de iniciación. Estuvo dos años en la pandilla, dejó la escuela y se convirtió en *tirador* de droga, me dijo. Vendía narcóticos fuera de centros nocturnos y algunas calles del oeste de Los Ángeles.

"Ahí ganaba mucho dinero, hasta que un día nos agarró la policía en un carro con drogas y pistolas. Nos metieron a la cárcel y al poco tiempo a mí me deportaron", me dijo.

En Tijuana vivía con su madre, quien había emigrado a esta ciudad con dos hijos. Ella era empleada de una fábrica y a menudo le decía a Enrique que lo que le había pasado era una oportunidad para que cambiara su vida. Su permanencia en esa Iglesia cristiana era parte del cambio. Enrique me dijo que lo estaba intentando: se había metido a la escuela, conseguido un empleo de medio turno en una tienda de abarrotes y asistía a la congregación cada domingo; pero a veces extrañaba a sus viejos amigos, el respeto que ya tenía en el barrio, el dinero y la droga que consumía.

En la congregación se juntaba con David Solís, un joven delgado nativo de esta frontera de 19 años, que también había sido adicto, *tirador* de droga y pandillero, pero también intentaba salir de ese mundo, donde la agresión había sido su salida de escape ante la desigualdad social o ante la frustración que sentían por la falta de oportunidades.

"Yo ya no quería seguir en el desmadre. Yo ya había decidido tumbarme la cura. Pasé por muchas cosas y conocí a gente pesada, la neta, gente peligrosa que manejaba mucho dinero y muchas drogas de todo tipo, personas con poder. Yo me abrí desde que empezó a amanecer gente muerta. Hace tiempo que quería cambiar, me sentía vacío, como si mi vida no tuviera sentido. El pastor después me dijo por qué. Yo tenía amigos y novia, pero no tenía familia ni a Cristo en mí, yo no me quería", me dijo Solís.

Para el pastor cristiano del Ministerio Llamada Final, Leopoldo Morales, las deportaciones de pandilleros y exconvictos significan un reto para las autoridades y las Iglesias de esta región, pues están obligados a ofrecerles otro tipo de vida a estas personas.

"Ellos son rechazados por el país donde vivieron más de la mitad de sus vidas y ahora también por el país donde nacieron y que desconocen porque muchos lo dejaron siendo muy niños", me dijo Morales.

Solo su congregación en el barrio Mariano Matamoros daba cobijo a unos cien expandilleros repatriados. Muchos ya tenían familia, esposa e hijos, y algunos evangelizaban o ayudaban de distintas formas a la Iglesia. En todos ellos, sin embargo, como escribió el poeta Octavio Paz en su ensayo *El laberinto de la soledad*, se advierte que su sensibilidad se parece a la del péndulo, "un péndulo que ha perdido la razón y que oscila con violencia y sin compás".

"México es el país de sus papás, no el de ellos. Son deportados aquí, a una cultura que desconocen", me dijo José Luis Ávalos, presidente del centro de rehabilitación Cirad y quien estimó que ha albergado de 2007 a 2012 a mil quinientos expandilleros que intentaban curar su adicción a las drogas.

Ávalos explicó que el estado no ha realizado alguna política pública para ayudar a esta población, ya sea de salud o para desarrollar sus potencialidades –aprovechar, por ejemplo, que hablan inglés–; ha preferido ignorar el problema. Según Ávalos, la mayoría de los exconvictos y expandilleros que son deportados se quedan a vivir en la frontera para estar más cerca de sus familias de Estados Unidos; pero también muchos ingresan al crimen organizado.

"Son personas que estuvieron en prisión, no tienen miedo, conocen lo que es estar organizados en pandillas, para muchos de ellos desde que tienen uso de razón su mundo ha sido así", me dijo.

Para Víctor Clark, un estudioso del crimen organizado, al no haber oportunidades reales de desarrollo para expandilleros deportados, estos se convierten en mano de obra calificada para las mafias.

"Estos jóvenes difícilmente se van a rehabilitar porque no hay programas con ese perfil en la ciudad", me explicó. "No les dan empleos, la gente tiene muchos prejuicios sobre ellos por sus tatuajes, los deportan sin identificación y muchos no tienen actas de nacimiento".

Agregó que incluso los traficantes de ilegales o *polleros* no los quieren llevar porque los ven con mucha desconfianza.

A 400 metros de la garita de San Ysidro, California, Javier Valencia, de 44 años, tenía una pequeña tienda de curiosidades mexicanas: cerámicas, ponchos, sombreros, playeras de equipos de futbol e instrumentos musicales.

> **"ESTOS JÓVENES DIFÍCILMENTE SE VAN A REHABILITAR PORQUE NO HAY PROGRAMAS CON ESE PERFIL EN LA CIUDAD. NO LES DAN EMPLEOS, LA GENTE TIENE MUCHOS PREJUICIOS SOBRE ELLOS POR SUS TATUAJES, LOS DEPORTAN SIN IDENTIFICACIÓN Y MUCHOS NO TIENEN ACTAS DE NACIMIENTO" VÍCTOR CLARK**

Valencia me contó que en 1993 fue deportado. Vivía en Oxnard, California, y había estado en prisión por drogas. Cuando fue repatriado continuó en Tijuana la única naturaleza que sabía: "Seguir consumiendo droga, seguir quebrando la ley".

Así fue hasta el 25 de abril de 1995, cuando ingresó a un centro de rehabilitación por su propia voluntad. Salió en el otoño de ese año y comenzó a trabajar como vendedor cerca de la línea internacional. Poco después se hizo de su negocio y comenzó a contratar a exconvictos deportados. Les hablaba de su experiencia y los enviaba a centros de rehabilitación.

"Quería darles una oportunidad de vida. Son gente que llega sin dinero, sin trabajo, sin amigos, sin esperanza", me dijo.

Hoy trabajan con él 12 expandilleros que fueron deportados de Estados Unidos. El empleado más antiguo es Gerardo Fuentes, de 59 años, quien tiene grabada en su pecho una Virgen y había trabajado ahí trece años.

"El gobierno de Estados Unidos ha querido solucionar el problema deportando a los pandilleros pero solo lo están cambiando de lugar", me dijo Valencia.

CAP. 09

LUCES DE LA CIUDAD

ESO PARECÍA SER LA VIDA, NO ESTABA EN OTRO LUGAR. Los miles que bailaban ahí en la calle no querían ser como los que viven en Madrid, París, Nueva York, Londres u otra gran capital; que se queden todos ellos en sus hermosas avenidas, con su dinero y lujos, sus rascacielos y monumentos, con su modernidad y su historia, sus vidas en ciudades donde sus gobiernos no permiten la anarquía.

Aquí, en esta frontera, parecía haber corazón y una luz que manaba de los instrumentos de cuerda de la Orquesta de Baja California (OBC) y de los sintetizadores que expulsaban la música electrónica –¡qué ironía!, sones norteños o de banda de antaño mezclados con melodías de un mundo futuro que ya pasó– del colectivo Nortec.

Hacía meses que las muertes, los secuestros y otras calamidades habituales dominaban las primeras planas de los medios de comunicación y las autoridades "recomendaban a la población no salir de sus casas", porque temían atentados en sitios públicos tras diversos tiroteos y cientos de personas acribilladas.

Por eso ver a miles de personas –oficialmente los organizadores del festival Entijuanarte dijeron "25 mil personas", aunque nadie es capaz de contar con precisión una multitud. Cada medio de comunicación, oficina de gobierno u organismo no gubernamental aventura su propia cifra que se adecúa a su punto de vista– en la avenida Paseo de los Héroes desafiando los pronósticos un domingo (4 de octubre de 2009) era extraordinario. Era como cerrar los ojos ante el horror de la realidad. Esperar a Godot, que algo ocurra, un milagro que vuelva la vida más tolerable.

Mientras esa fusión, un retorno al origen de la música paradójicamente expulsada por computadoras. Esa música tan de la frontera y tan universal que después de navegar por varios universos retornaba a lo acústico, a lo primitivo, haciendo danzar, abrazar, besar y repetir frases de publicidad: "Tijuana Makes Me Happy".

Curiosamente no resultaba extraño que artistas locales hicieran que la gente retornara a las calles. Desde hacía dos décadas, artistas y músicos, chefs, arquitectos y promotores culturales, entre otros profesionistas, estaban creando una nueva identidad fronteriza que había involucrado a miles y que pretendía sepultar la mala reputación de Tijuana o al menos dar otro rostro a la ciudad. Además de la creación y restauración de diversos sitios históricos y distritos de arte, artistas plásticos de esta ciudad habían conseguido espacios en museos de arte moderno de México, España y Estados Unidos, donde además de exponer el escenario hostil de la frontera de seres humanos que trepan, nadan o corren en busca de mejores destinos, mostraban las múltiples paradojas que corren aquí de un lado a otro: mujeres y hombres que habitan un mundo complejo, abigarrado, subdesarrollado y a pocos metros rico y con acceso a la tecnología de punta.

Nortec y la obc, dos proyectos musicales dispares con orígenes y objetivos muy distintos –aunque ambos con nominaciones a los Grammy Latinos y reconocimiento nacional–, eran la punta de lanza de todo este movimiento cultural que la revista *Newsweek* llamó en 2002 "una meca del arte", refiriéndose a Tijuana entre las ocho ciudades en el mundo más creativas, y lo que el diario *The New York Times* calificó en un reportaje en 2006 como *hip & hot*, un adjetivo que hacía alusión al peculiar movimiento de sus artes.

Los acontecimientos del día te pasan por las narices sin prisa. Para reporteros corresponsales –y por ende los medios nacionales o internacionales que representaban– e incluso para muchos reporteros locales, en Tijuana solo ocurrían crímenes, y a menudo escribían sobre cómo morían residentes de esta frontera en tiroteos a manos del narco. La ciudad estaba condenada, maldita; era un purgatorio donde todos tenían culpa (vean, por ejemplo, la adoración que su gente hace a Juan Soldado o a Al Capone detrás del casino), solían decir. Aquí no ocurría nada más, salvo esas calamidades. Nadie se preocupaba por tratar de penetrar y comprender la cultura que ha producido tantos seres humanos extraordinarios, entender a tanta gente que trabaja tan duro que hace recordar las historias de abuelos que emigraban a lugares que les eran extraños solo para construirse una nueva vida.

Y sin embargo la ciudad seguía siendo una guapa mujer a la que el mundo nunca dejaría morir de hambre. ¿Cómo comportarse cuando una muchacha extraordinariamente bonita te mira así? ¿Cómo hablar, cómo encender un cigarro, cómo mirar y cómo vestirse? Eso no se enseña en ninguna escuela. Y la ciudad era así detrás de toda la violencia, justo cuando esta comunidad parecía ya no tener nada en el vientre, cuando se mostraba sin pasiones y solo era formas, vestidos y actitudes.

AQUÍ NO OCURRÍA NADA MÁS, SALVO ESAS CALAMIDADES. NADIE SE PREOCUPABA POR TRATAR DE PENETRAR Y COMPRENDER LA CULTURA QUE HA PRODUCIDO TANTOS SERES HUMANOS EXTRAORDINARIOS, ENTENDER A TANTA GENTE QUE TRABAJA TAN DURO QUE HACE RECORDAR LAS HISTORIAS DE ABUELOS QUE EMIGRABAN A LUGARES QUE LES ERAN EXTRAÑOS SOLO PARA CONSTRUIRSE UNA NUEVA VIDA.

Artistas plásticos, músicos, chefs, estudiantes, hijos de obreros que a pesar de que sus padres trabajaban diez horas al día apenas podían darles de comer y llevarlos a la escuela, empresarios y comerciantes con algunos de sus vástagos estudiando en escuelas de San Diego y sus amigos, "el pueblo", las clases sociales, por fin reunidos en la calle, aunque no por un movimiento de protesta –al menos no conscientemente– sino por un concierto gratuito. Ahí estaba la esperanza en forma de algo.

Recuerdo a un hombre avejentado y cansado que miraba el concierto desde el césped del camellón abrazado a una mujer robusta de cuarenta y tantos años que parecía ser su compañera de vida. Estaba asombrado por la multitud. Lo escuché decir en un par de ocasiones: "Mira, vieja, después de todo lo que hemos pasado, mira", y le señalaba con su brazo extendido hacia donde estaba la gente.

El miedo que se había paseado por la ciudad –no solo por los ataques armados, también la gente temía perder su puesto de trabajo tras esa dura crisis económica mundial o caer enfermo, una enfermedad mortal en estos tiempos que estábamos viviendo– y luego metido dentro, haciendo que miles de familias se encerraran en sus casas después de las nueve de la noche, parecía haber terminado, al menos por aquella noche.

A mí esa imagen me hizo recordar una frase cruda que me dijo el poeta albanés Xhevdet Bajraj, quien había pedido asilo en México tras la guerra de los Balcanes, durante una breve visita a Tijuana.

"Una de las cosas más importantes que entiende el humano en guerra es qué significa ir a dormir sin miedo, despertarse y hacer café o no, tú decides; o no quieres despertar y pierdes un día de trabajo; o caminas en el parque o te vas a emborrachar. "En la guerra entiendes lo que es la vida, qué es ser feliz, qué es vida, tener derecho a respirar libre, sin miedo, ¿por qué te van a matar?, solo porque eres mexicano, serbio o estadunidense", me dijo Bajraj.

REACCIONA TJ

PESE A QUE TURISTAS ESTADUNIDENSES dejaron de viajar a Tijuana y a Rosarito –una pequeña ciudad que fue delegación de Tijuana hasta la primera mitad de los noventa del siglo pasado situada a un costado de las playas del Pacífico y que dependía en un ochenta por ciento del turismo– tras las fuertes medidas de seguridad en las garitas internacionales, luego de los atentados terroristas del 11 de septiembre de 2001 que incrementaron las esperas en más de dos horas, y tras la inseguridad que prevalecía en la región y la crisis económica, hubo reacciones de la comunidad casi inmediatas frente a la guerra contra el narco.

Fueron movimientos espontáneos –nadie se puso de acuerdo en el curso de sus propios proyectos– de empresarios (Tijuana Innovadora, una convención institucional de quince días que expuso al país y al extranjero las innovaciones que en materia de educación, ciencia, cultura, arte y tecnología se exportan desde Tijuana para el mundo y en la que personalidades de talla internacional y de diversos ámbitos, como Al Gore, Carlos Slim o Biz Stone, ofrecieron conferencias), cocineros (Baja Med), músicos (uno de los proyectos más interesantes que surgieron fue creado por el Centro de Artes Musicales, el CAM, un conservatorio de música sede de la OBC, que formó orquestas comunitarias con más de mil quinientos músicos amateurs de barrios marginales), comerciantes (calle Sexta) y artistas plásticos (festivales, exposiciones y nuevos distritos de arte independiente), que por primera vez fijaban su atención en el residente de esta ciudad y no apostaban, como antes, al estadunidense y sus dólares. El mundo del turista anglosajón –cuya imagen paseaba por la avenida Revolución– se había desplomado y ahora el salvavidas estaba en el intestino de la frontera, en su gente.

CALLE SEXTA

PARA EL VERANO DE 2011, LA CALLE SEXTA podría ser vista como la antítesis de aquel verso que ha flotado en varios poetas, músicos y generaciones, "el bulevar de los sueños rotos".

Parecía que nadie ahí se sentía solo ni temía a la violencia de los cárteles de la droga que estremeció a esta ciudad fronteriza con Estados Unidos, donde hubo más de tres mil muertes de 2008 a 2011 y los políticos recomendaban no salir de las casas.

La calle Sexta es una larga avenida histórica de 11 cuadras llamada Flores Magón, en el distrito Centro, con un par de cuadras que se cruzan con la emblemática avenida Revolución y donde florecieron desde principios de 2009 comercios y una intensa actividad cultural.

Desafiando el miedo, miles de personas comenzaron a abarrotar sus bares, restaurantes y salones de baile, al tiempo que artistas lo-

LA GUERRA ENTRE DOS CÁRTELES DEJÓ UNA ESTELA DE 3,167 ASESINATOS DE 2008 A 2012, ADEMÁS DE CIENTOS DE DESAPARECIDOS Y PERSONAS SECUESTRADAS. UN NÚMERO INDETERMINADO DE FAMILIAS ABANDONARON LA CIUDAD HUYENDO DE LA VIOLENCIA, LOS TIROTEOS EN LUGARES PÚBLICOS Y LAS CONSTANTES REVELACIONES DE QUE MÁS DE SETECIENTOS POLICÍAS MUNICIPALES Y ESTATALES HABÍAN SIDO DADOS DE BAJA PORQUE NO INSPIRABAN CONFIANZA.

cales salían a las calles y pintaban murales, cantaban ópera y leían poesía. Surgieron nuevos establecimientos y se rehabilitaron otros, incluido el restaurante donde se inventó la ensalada César y un viejo y destartalado cine, un antiguo palacio cinematográfico de los años cuarenta del siglo pasado, que pronto será un teatro.

La Sexta se convirtió en un símbolo de que la gente no debía esconderse en sus casas para resguardarse de la violencia y de bandas criminales que aterrorizaban con secuestros, ejecuciones y escenas de sadismo: colgados en puentes, decapitados y mutilaciones de cadáveres. La vitalidad de la Sexta, sobre todo durante los fines de semana, comenzó a ser un referente en la comunidad.

"Es una bocanada de oxígeno en un espacio donde la propia ciudad se convierte en un contexto de miedo, miedo derivativo, ante escenarios de riesgo", me dijo el antropólogo social e investigador de El Colegio de la Frontera Norte José Manuel Valenzuela. "Lo peor que podemos hacer es abandonar las ciudades; debemos tomarlas, buscar formas de convivencia, formas de estar juntos. Es el único antídoto frente a algo que estamos viviendo, que es muy intenso".

Es común ver en esa calle a estudiantes universitarios, taxistas y obreros mezclarse con artistas locales, profesionistas y hombres maduros. Con ánimo festivo, colman antiguos bares y salones de baile, cantinas de reciente apertura y restaurantes.

La música da una idea de lo que sucede en la calle. Se escucha desde una banda sinaloense en vivo, música electrónica, salsa, una cumbia de La Sonora Dinamita, boleros rancheros de Javier Solís, rock nacional y anglosajón, acordeones de un grupo norteño y trova.

¿Cuándo fue que las sinfonolas de estos lugares dejaron de tocar cumbias o baladas clásicas y dieron paso a un rock alternativo o a un pop moderno?

Rosa Aída de Escobedo, de 70 años, propietaria del bar Dandy del Sur, me explicó que hacia 2007 comenzaron a visitar su lugar jóvenes relacionados con las artes. Leían poesía, presentaban libros o hacían alguna exposición.

El colectivo Nortec luego compuso una canción que tituló igual que el bar y pronto otra oleada de jóvenes buscó conocer el sitio.

Nortec había revalorado a través de su música –mezcla de electrónica con banda sinaloense– la cultura fronteriza: su mestizaje léxico y musical, el sincretismo cromático y ese ser humano que habita esta región cuya única constante es el cambio. "La música comenzó a variar un poco", agregó De Escobedo. "Buscaban rock, pero también ponían en la sinfonola rancheras clásicas. A nosotros nos sorprendió cómo estos jóvenes se hacían nuestros clientes". El renacer de la Sexta se produjo con un trasfondo de horror y muerte. La guerra entre dos cárteles dejó una estela de 3,167 asesinatos de 2008 a 2012, además de cientos de desaparecidos y personas secuestradas. Un número indeterminado de familias abandonaron la ciudad huyendo de la violencia, los tiroteos en lugares públicos y las constantes revelaciones de que más de setecientos policías municipales y estatales habían sido dados de baja porque no inspiraban confianza.

Las autoridades militares y civiles establecieron en 2008 un plan de coordinación en el estado con un mando único y militares en los principales cargos. También hubo depuraciones policiacas y una intensificación de operativos y patrullajes.

Aun cuando ese modelo de seguridad pública comenzó a presentar resultados con importantes decomisos de droga y armas y el arresto de narcotraficantes, los diplomáticos estadunidenses consideraban que esta frontera seguía siendo un "puerto seguro" para las organizaciones criminales, ya que "cuentan con la protección y colaboración de las policías locales", según cables filtrados por el sitio Wikileaks.

Los cables ponían en duda la llamada "depuración policiaca" y las estadísticas oficiales que indicaban una supuesta reducción de la violencia. Un cable firmado por el entonces cónsul Steven Kashkett del 30 de octubre de 2009 afirmaba que "esa mejoría en la estadística no dice gran cosa. Tijuana es una ciudad en disputa entre los jefes de los cárteles de los Arellano Félix y de Sinaloa, por lo que sigue siendo de alta criminalidad".

La atmósfera de la ciudad había cambiado radicalmente. El turismo parecía una vieja anécdota y miles de personas se habían quedado sin empleo tras la crisis inmobiliaria estadunidense.

La avenida Revolución, termómetro del estado de la economía de la ciudad, había perdido su alma. Según las autoridades, de 724 comercios establecidos en esa calle, solo permanecían abiertos 325 en 2009 (la ocupación de locales se ha mantenido en un cincuenta por ciento hasta el 2012).

José Luis Flores, de 31 años, fue uno de los empleados despedidos de un restaurante de la avenida Revolución a principios de 2008. Se fue a trabajar a La Estrella, un popular salón de baile con tres décadas de antigüedad en la Sexta que era visitado principalmente por obreros, migrantes y empleadas domésticas.

"La Estrella sintió la crisis, como todos los comercios, pero continuó porque no dependía del turismo sino de la gente de aquí. A finales de 2008 pasó algo curioso: comenzaron a venir muchos jóvenes y a poner su música, ya no se tocaron cumbias viejitas sino reggaeton y banda", me explicó Flores, quien ahora es gerente del salón.

A la par que antiguos bares y cantinas comenzaban a ser visitados por jóvenes, otros empresarios abrieron en la misma calle bares tipo pub o con cortes culturales.

"Queríamos empezar a regresar a la gente a las calles de la ciudad, crear nuevas opciones de entretenimiento para los tijuanenses", me dijo Mirza Muñoz, una artista plástica propietaria del bar Santa Leyenda en el callejón de la Sexta, que abrió en diciembre de 2009.

DESAFIANDO EL MIEDO, MILES DE PERSONAS COMENZARON A ABARROTAR SUS BARES, RESTAURANTES Y SALONES DE BAILE, AL TIEMPO QUE ARTISTAS LOCALES SALÍAN A LAS CALLES Y PINTABAN MURALES, CANTABAN ÓPERA Y LEÍAN POESÍA.

Otro comerciante de la zona, Giuseppe Di Carlo, de 80 años, cree que la revitalización de la calle es pura ilusión. Di Carlo, propietario desde hace más de cuatro décadas del Tropic's Bar, sostiene que "la mayoría [de los clientes actuales de la Sexta] son jóvenes universitarios que solo consumen cerveza y quieren ir de un lugar a otro, conocer. Se recibirán y no regresarán más". "Esto es algo pasajero", me dijo.

El antropólogo Valenzuela, autor de *Jefe de Jefes*, entre una treintena de obras de sociología, cree en cambio que la vitalidad de la Sexta contribuye a generar una transformación de los escenarios de violencia pues ofrece "nuevas maneras de habitar la ciudad".

Grupos comunitarios y artísticos comenzaron a presentar eventos que hicieron que la gente dejase de pensar tanto en la violencia. A dos cuadras de la calle Sexta, en un local abandonado situado en la avenida Revolución, esquina con la Cuarta, un club de personas de la tercera edad empezó en 2009 a frecuentar los fines de semana un sitio para bailar danzones y salsa. Pronto se le conoció como "el lugar donde bailan los viejitos".

El edificio estaba en renta y los propietarios se lo prestaban al club para realizar bailes de salón. Al principio se juntaban unas cincuenta parejas, pero pronto los fines de semana comenzaron a llegar hasta mil doscientas personas de todas las edades, me dijo Miguel Rodríguez, de 66 años, quien se autodenomina promotor de estos eventos.

Por esos días se iniciaron las primeras presentaciones del colectivo Poetas Intransigentes, una docena de escritores locales que leían poesía en calles del Centro y establecían debates con el público; y de la Ópera Ambulante, un grupo de cantantes profesionales que se presentan en lugares públicos cerrados, como la terminal de autobuses, donde, ante la sorpresa de los presentes, cantan arias populares vestidos como empleados del lugar.

En un callejón que atraviesa la avenida Revolución hasta la transitada Constitución, entre las calles Tercera y Cuarta, una veintena de pintores, fotógrafos y diseñadores gráficos transformaron viejas tiendas de artesanías en 50 pequeños estudios y galerías.

"No podemos esperar a que el ambiente de inseguridad y de crisis económica se calme para nosotros abrir nuestro proyecto. Somos un grupo que tiene la esperanza, la fe, de que nosotros mismos podemos cambiar la ciudad", me dijo Luis Eduardo Díaz, un diseñador gráfico al frente de una galería del Pasaje Rodríguez Arte y Diseño (PRAD), un centro cultural inaugurado en abril de 2010.

Casi paralelamente otro grupo de artistas pintaba una serie de murales sobre puertas de lámina de locales en venta o renta de la Revolución como parte de *Entijuanarte*, uno de los más importantes festivales anuales de arte del país donde se expone, promueve y vende arte contemporáneo de artistas nacionales y extranjeros.

Mientras que en julio de 2010, el chef Javier Plascencia, uno los cocineros más creativos del país, rescató el espacio del restaurante del hotel Caesar's, situado a una cuadra de la Sexta y donde el restaurantero e inmigrante italiano Caesar Cardini inventó la ensalada de hojas enteras de lechuga romana, ajo, salsa Worcestershire, huevos crudos y queso parmesano en la década de 1920.

Plascencia redecoró el sitio y comenzó a ofrecer ahí la "cocina Baja Med" y platillos basados en recetas de antiguos inmigrantes italianos que fundaron los primeros restaurantes en Tijuana hace más de un siglo.

COCINA BAJA MED

PARA ENTONCES EL MOVIMIENTO GASTRONÓMICO –encabezado por una veintena de chefs– estaba creando una cocina que hasta hacía poco no figuraba en la tradición gastronómica de México, cuyo acervo es considerado patrimonio cultural inmaterial de la humanidad por la Organización de las Naciones Unidas.

Las pocas referencias a la culinaria de esta región eran la invención de la famosa ensalada César y la langosta estilo Puerto Nuevo, que sirven con frijoles, arroz y tortillas de harina en un pequeño poblado a treinta minutos al sur de Tijuana.

Incluso la falta de una gastronomía en esta frontera llevó hace una década al escritor tijuanense Luis Humberto Crosthwaite a afirmar con ironía que la verdadera cocina autóctona de Baja California era la china, en alusión a los más de mil restaurantes que tiene esta comunidad en el estado –la mitad de ellos en Tijuana– desde su inmigración al Valle de Mexicali –la capital– a finales del siglo XIX.

Sin embargo, un grupo de cocineros –arropados por productores de vinos, cervezas y verduras miniatura; cultivadores de mariscos y pescadores, todos de Baja California– le estaban dando una identidad única a la culinaria de esta región y paralelamente consiguiendo la atención de expertos internacionales.

Le llamaron Baja Med y sus chefs fusionan ideas y conceptos de la cocina mexicana tradicional con recetas de grupos inmigrantes de México e inmigrantes chinos y europeos junto a una variedad de productos que solo se producen en Baja California.

Muchos platillos de esta cocina tenían décadas que se elaboraban en la región y la gente los consumía con complacencia y sin aburrimiento (tacos con salsas únicas, tortas con panes calentados en el asador, cocteles de mariscos, burritos de langosta y machaca, entre otros manjares), pero hasta entonces no significaban una "marca ciudad". Los chefs y las escuelas de alta cocina que se establecieron en la frontera le dieron esta distinción y regaron la idea de que Tijuana era sinónimo de buena cocina y de una nueva culinaria capaz de rivalizar con tendencias gastronómicas de España y Perú.

"Comprendimos los ingredientes que teníamos aquí y trabajamos con ellos. Eso ha definido nuestra cocina", me dijo Plascencia, quien también es chef y propietario del restaurante Misión 19, uno de los principales representantes de esta culinaria.

Leonardo González, presidente de la Asociación de Cocineros de Baja California, dijo que la Baja Med comprende una serie de platillos a base de pescados y mariscos que únicamente se capturan o se cultivan en las aguas del Pacífico frío y en el mar de Cortés.

Se trata de guisos, me explicó, que llevan langosta roja, diversos pescados como atún fresco de granja, curbina, mantarraya, marlín, barracuta o lenguado; y mariscos como abulón, ostiones, mejillones, callo mano de león, camarón, almejas, pepino de mar, pulpo, calamar, erizo rojo y cangrejos. Así como productos de tierra como las verduras miniatura de Maneadero, al sur de Ensenada; la aceituna de los árboles de olivos situados en los valles vinícolas, usada en platillos de corte mediterráneo y en la creación de aceites de oliva; los dátiles de San Ignacio; el tomate, las fresas y las frambuesas de San Quintín.

Además de la uva cultivada en los valles de Guadalupe, San Antonio de las Minas, Calafia, Santo Tomás y San Vicente, que son el corazón de la Ruta del Vino, donde se produce el noventa por ciento de los vinos de México, con marcas como Monte Xanic, L. A. Cetto, Domecq, Barón Balche, Chateau Camou y Santo Tomás, entre otros.

"Estamos buscando una cocina propia. Geográficamente estamos privilegiados, porque durante todo el año tenemos una gran variedad de productos. Han pasado muchas generaciones y aún no tenemos una cocina regional, tradicional. Entonces la Baja Med es una propuesta donde el producto es el actor principal de esta cocina", me dijo Miguel Ángel Guerrero, chef del restaurante La Querencia y otro de los impulsores de esta culinaria.

Este movimiento se gestó hacía 2006, pero en 2009 comenzó a presentarse en diversos festivales gastronómicos de la ciudad y a tener la atención de especialistas culinarios.

"[En] Tijuana y Ensenada hay cosas increíbles sucediendo en este momento. Se cansaron de esperar que los americanos regresaran y empezaron a hacer una deliciosa y creativa comida", declaró Anthony Bourdain, chef y presentador del programa "No Reservations" de Travel Channel, al semanario *LA Weekly*.

Mientras que el chef internacional Rick Bayless, quien participara en programas como "Iron Chef America" y "Top Chef", dijo, luego de grabar en esta frontera un programa de su serie "One Plate at a Time" de la cadena PBS, que "Tijuana es una de las cocinas mexicanas más interesantes de hoy en día. Es de las grandes ciudades para comer en toda Norteamérica".

De acuerdo conl Instituto Nacional de Estadística y Geografía (Inegi), Tijuana concentra poco más de la mitad de los 3,155,000 personas que pueblan Baja California. El cincuenta por ciento de los que habitan esta frontera son nativos de otros estados de México, quienes conviven con hijos de inmigrantes mexicanos, asiáticos, estadunidenses y europeos de primera y segunda generación.

"La Baja Med es una cocina que es una mezcla de culturas que han venido con la intención de cruzar 'al otro lado' y que se han quedado; además de restauranteros italianos y franceses –los llamados restaurantes internacionales–, que se establecieron aquí tras la prohibición en Estados Unidos del alcohol (1920) y cuyo principal cliente era el norteamericano que venía a divertirse a la frontera; además de la influencia de las colonias chinas", me dijo Plascencia.

Muchos "restaurantes internacionales" fueron cerrando durante las décadas de los noventa y del 2000 con la muerte de sus propietarios y el abandono de los turistas, luego del 11 de septiembre y la guerra contra el narco, que hizo de Tijuana un escenario hostil.

Plascencia cree que una cocina que le diera identidad a esta tierra tardó porque la mayoría de los dueños de restaurantes no eran mexicanos y hacían su cocina con productos que no eran de la región y que fácilmente conseguían en California; además de que la cocina mexicana era menospreciada y solo se consumía en pequeñas fondas.

"Nuestra labor consistió en apreciar el producto que teníamos aquí, con la experiencia histórica de la mezcla de culturas, y aprovechar lo que cada temporada se da en la región", me dijo.

De acuerdo conl gobierno del estado, Baja California está entre los primeros cuatro lugares en el país en producción de verduras. El municipio de Ensenada, a cuarenta minutos de Tijuana, es el principal productor de mejillones y vinos en México, es puntero a nivel nacional en la acuicultura de ostiones, almejas y camarones, y en la pesca de mariscos y la crianza de atún aleta azul en granjas marinas.

"Muchos de los productores hacían sus productos pensando en los mercados de Estados Unidos y Japón, no confiaban en nosotros. Lo que hemos hecho ha sido una labor de convencimiento con ellos para que nos vendan parte de sus productos para distribuirlos aquí. Ha sido una labor muy grande, pero hemos contado con el apoyo de chefs como Benito Molina [propietario del restaurante Manzanilla y estrella de un programa televisivo de la cadena Utilísima], que han divulgado el producto", me explicó Blanca Zamora, gerente de El Sargazo, una distribuidora de Ensenada que envía mariscos, pescados, vegetales, quesos y otros productos de la región a cuatrocientos restaurantes gourmet de ciudades turísticas de México.

"La mayor parte de nuestros productos se está exportando a Estados Unidos, pero cada vez más está creciendo la demanda local desde el *boom* que ha tenido la cocina Baja Med", me dijo por su parte Héctor González, gerente de la empresa Max Mar, que se dedica al cultivo de la almeja Manila y el ostión Kumamoto en Ensenada desde 1999.

De acuerdo con el jefe de cocineros de La Baja, los productores tienen actualmente "un gran laboratorio, donde están creando productos sorprendentes para el mercado gastronómico. Lo que está sucediendo en los restaurantes es una síntesis de todo esto".

Uno de los productores es David Martínez, propietario del rancho Martínez e Hijos, quien cultiva hortalizas y vegetales minis desde hace veinticinco años.

"No había mercado entonces para estos productos en Estados Unidos ni mucho menos en México. Para nosotros fue ir con el producto a California y ofrecerlo. Mi idea era agarrar un producto antiguo, modificarlo y llamar la atención de los restaurantes y las amas de casa", me explicó en su rancho de Ensenada.

"La orientación era producir hortalizas pequeñas con mejores colores, sabores y texturas", me dijo Martínez. Empezaron a producir zanahorias baby sin cáscara y calabazas minis tipo estrella amarilla y estrella verde por encargo de chefs del condado de Los Ángeles, California.

"En Estados Unidos comenzó a llamársele a estos vegetales productos gourmet. Yo ni siquiera sabía qué era eso", me dijo.

Como Martínez, unos ochenta productores de los valles vinícolas de Ensenada y treinta productores de quesos artesanales de Real del Castillo, un poblado al sureste de Ensenada, tenían décadas haciendo sus productos y ahora son quienes están nutriendo esta nueva cocina.

"Muchos estábamos trabajando por nuestra cuenta desde hacía tiempo y curiosamente se fueron acomodando las cosas para trabajar juntos, cada quien con su estilo", me dijo Marcelo Castro, principal productor de quesos en Real del Castillo y bisnieto de un inmigrante suizo que llegó a Ensenada a finales del siglo xix.

Una tarde en el restaurante Misión 19 le pregunté a Plascencia si existen suficientes ingredientes en la región para crear una amplia variedad de platos. Me dijo que "los productos dan para una infinidad de platillos, miles. Todo dependerá de la creatividad del cocinero".

UN ARTE PROVOCADO POR LA GUERRA CONTRA EL NARCO

UNA MAÑANA DEL VERANO DE 2010 los vecinos del barrio Reforma, al este de Tijuana, despertaron tras un ruido atronador, como si desparramaran piedras en el concreto. No sabían qué era. Poco después se enteraron de que hubo cerca un tiroteo entre criminales y autoridades en el que murieron 20 personas.

La pintora Silvia Galindo, residente de ese barrio, dijo aquella vez: "A mí ya no me despiertan los gallos de los vecinos sino las balas". Subió a su taller y comenzó a trabajar un cuadro que al terminar tituló *El que le cantó a san Pedro no le volverá a cantar*.

Esa obra la incluyó en una muestra llamada "El recuento de los días", una exposición que trabajó sobre todo de 2007 a 2012 en la que la artista realizó una lectura sobre el clima de violencia que prevalece en la frontera y en el resto del país y que ha exhibido completa o parcialmente en galerías de México, Cuba, Inglaterra, Japón y Estados Unidos.

Ahí están las piezas *Crucero*, una cruz de 2.5 por 2.5 metros hecha de madera con casquillos de balas pegados por ambos lados; *Desaparecido*, que consta de 14 piezas que van armando la silueta de un *encobijado*; *Diccionario de la violencia*, 27 hojas con notas de periódicos que describen cada una un hecho violento; *Sangre*, *Ola*, *Heridas* y *¿Cuántos?*, trazos-siluetas más cercanos a la poesía que al dibujo realizados con pintura acrílica sobre lonas, entre otras piezas.

La última obra que hizo para esa muestra fue en 2012 y se llama *El pan nuestro*. Es una mesa de madera cuyo mantel tiene pegados cuatro platos a los que en vez de servirles comida les han colocado casquillos de balas.

La violencia se volvió tan cotidiana que era un tema que era imposible no tratar en la mesa, dijo. "Esto se ha convertido en una guerra donde a diario muere gente. En esta exposición hablo de las matanzas, de la violación a los derechos humanos, de balaceras nocturnas y a plena luz del día, de las cruces en calles recordándonos tantas muertes e impunidad, de las manifestaciones donde a la gente no le queda más que pedirle al cielo, de las noticias de los medios y del grado de deshumanización al que hemos llegado".

Como Galindo, una veintena de artistas de la región ha trabajado diversas obras que abordan desde su perspectiva la violencia generada por el narcotráfico.

Tijuana fue una de las primeras ciudades del país a las que el expresidente Felipe Calderón (2006-2012) envió marinos y agentes federales para combatir a los narcotraficantes que mantenían una guerra entre cárteles.

Las autoridades reportaron durante esos años más de tres mil quinientos asesinatos y una centena de desaparecidos relacionados con el narco, cientos de secuestros y *levantones*; docenas de cadáveres colgados en puentes y decapitados y múltiples tiroteos en restaurantes, salones de baile, hospitales, zonas residenciales y calles transitadas.

> **HISTÓRICAMENTE EL TEMA DEL NARCO Y LA VIOLENCIA HA ESTADO PRESENTE EN ALGUNOS TRABAJOS DE ARTISTAS DE LA FRONTERA, PERO SE AGUDIZÓ LA TEMÁTICA DURANTE ESOS AÑOS; COINCIDE CON LO QUE ESTABA PASANDO, AUNQUE SIN VOLVERSE UN MOVIMIENTO SÍ SE HIZO UNA OCUPACIÓN DEL TEMA "**
>
> **OLGA MARGARITA DÁVILA, CURADORA DE ARTE CONTEMPORÁNEO**

En enero de 2013, la Comisión Nacional de Derechos Humanos apuntaba que en el sexenio de Calderón hubo más de veinticinco mil desaparecidos en México y habrían muerto más de sesenta mil personas en el contexto de la batalla contra el narco.

"Históricamente el tema del narco y la violencia ha estado presente en algunos trabajos de artistas de la frontera, pero se agudizó la temática durante esos años; coincide con lo que estaba pasando, aunque sin volverse un movimiento sí se hizo una ocupación del tema", explicó la curadora de arte contemporáneo Olga Margarita Dávila, quien también es docente y escritora de arte con veinte años de trayectoria.

"Tuvo que ver", agregó Dávila, "con esa forma de reaccionar como comunidad, con esa cosa que nos está lastimando, nos está oprimiendo, a la que también se sumaron colectivos como Reacciona Tijuana o Tijuana Innovadora".

Dávila junto a Carlos Ashida fueron curadores de la muestra "Obra Negra. Una aproximación a la construcción de la cultura visual de Tijuana", que ocupó de marzo a junio de 2011 las tres salas de arte de la galería El Cubo del Centro Cultural Tijuana (Cecut), el espacio más importante para los artistas en el noroeste del país.

"Obra Negra" recreaba –a través de la perspectiva de 137 artistas– la vida de Tijuana desde los tiempos del Tratado de Guadalupe en 1848 hasta la violencia generada por el narco en los últimos años.

El arte provocado por la guerra contra el narco incluía reportajes de fotógrafos de medios de comunicación de la región como Alex Cossío, Guillermo Arias, Roberto Córdova y Pablo Guadiana, quienes mostraban imágenes perturbadoras no solo de la realidad de las balas y las víctimas del narcotráfico, sino también del desgaste de una sociedad y asomos al mundo interior de los traficantes, explicó Dávila.

Durante los meses de marzo a mayo de 2013, el Cecut presentó en una de las salas de la galería El Cubo la exposición "Retrocrónica" del pintor Franco Méndez Calvillo, quien definía la muestra como "una síntesis de su obra pero también una crónica de nuestro tiempo obsesionado con la violencia, visto desde la perspectiva de un esteta".

La exposición –que comprendía cinco etapas– partía de una serie de calendarios (realizados en 1996), donde no aparecían paisajes bucólicos ni chicas sexys. Las imágenes aludían a sucesos violentos. Huellas de violencia y recuento de víctimas durante la migración.

En la segunda etapa de la exposición se mostraban pinturas de gran tamaño de hombres colgados dentro de crisálidas (hechos en 2009), como si la naturaleza los abrazara, y que, dijo el pintor, son alusivas a las víctimas exhibidas en puentes durante la guerra contra el narcotráfico.

"Las piezas de Franco son una especie de ritual que trata de aliviar el dolor del que da testimonio. Franco es alguien al que la belleza lo seduce con una fuerza que tal vez ninguna otra emoción puede mover. Por otra parte tiene un espíritu de experimentación, de riesgo, que no ha variado a lo largo de veinte años", explicó Ashida.

En diversos sitios públicos, murales y calles de la ciudad hay alusiones al fenómeno que está causando la guerra contra el narco. Hay, por ejemplo, piezas-esculturas de un rompecabezas blanco con frases de armonía, tolerancia y paz colocadas en varios lugares durante marchas que ciudadanos hicieron para clamar el cese de la violencia y justicia o exigir a las autoridades que encontraran a los desaparecidos.

Fuera del museo infantil El Trompo, ubicado al este de la ciudad, está desde el año pasado una escultura llamada *Sitio de Seguridad* de Daniel Ruanova. La pieza –de la serie que el artista tituló *The Fuck Off Project*, que presentó por primera vez en la primavera de 2010 en el Cecut– está hecha con materiales de construcción ligera (canales de acero galvanizado cortados, doblados y atornillados) y semeja un puercoespín.

Según Ruanova, esta obra-instalación "invade, sitia y defiende el espacio público, agrediéndolo, al mismo tiempo que motiva cierto tipo de fascinación con el objeto agresor, generando la metáfora física y conceptual acerca del uso de la seguridad y la violencia como sistema de protección individual, comunitaria y política".

Alrededor del museo El Trompo hay una treintena de barrios populares que han sido los más afectados por la guerra contra el narco. De acuerdo con la PGJE de Baja California, alrededor del ochenta por ciento de los crímenes ligados al narcotráfico sucedieron en el oriente de la urbe.

Ahí, pese a la austeridad de las casas, la gente ha sitiado sus propiedades cerrando con herrería las ventanas y puertas de sus hogares; en algunos cercos y bardas se observan alambres de púas o bien vidrios cortados tratando de impedir el ingreso de criminales.

EL ARRESTO DE IMPORTANTES CAPOS DE LA DROGA, LA COORDINACIÓN DEL EJÉRCITO MEXICANO CON LAS AUTORIDADES CIVILES (MUNICIPAL, ESTATAL Y FEDERAL), LA PARCIAL DEPURACIÓN DE LAS CORPORACIONES POLICIACAS Y LA CONSECUENTE DISMINUCIÓN DE LA VIOLENCIA EN LA CIUDAD, FUE INTERPRETADO POR EL ENTONCES PRESIDENTE DE MÉXICO, FELIPE CALDERÓN, COMO UN ÉXITO DE SU LUCHA CONTRA EL NARCOTRÁFICO.

HEMINGWAY APUNTÓ, A PROPÓSITO DE LA MORAL Y LO AMORAL, que "si hizo que te sintieras bien, [aquello] era bueno". Es decir, fiarte de la autoridad de tus sentidos, una máxima de santo Tomás de Aquino.

Yo había sido testigo de todos estos proyectos y –como un niño bienintencionado que siempre ha querido que los demás alcancen la felicidad en una ciudad ordenada– me habían causado una muy grata impresión.

Me había dado cuenta de que desde hacía largo rato muchos que habitamos esta frontera no nos encontrábamos donde debían llevarnos nuestros pasos, sino que las circunstancias nos habían puesto en realidad en otro sitio. Pero poco a poco, cada quien abrazando lo que más amaba, regresábamos a poner los pies en la tierra. En esta tierra.

Para mí la guerra contra el narco en esta frontera –y la reacción que tuvo la comunidad– me hizo "tirar para el monte"; es decir, en mis desvaríos pensé que la idea de la civilización nació por el terror humano a tener que enfrentar el pavor ante la naturaleza inmensa –y los primitivos aconsejados por diablos que asesinaban e incendiaban comunidades enteras, tormentas que los ahogaban, árboles que les hablaban a través de sus hojas, vientos que los insultaban– como una condición cotidiana. Así que nuestros antepasados trabajaron para crear una civilización que nos aislara de la barbarie, la matanza que el hombre primitivo hacía al verse rodeado de demonios, ángeles y dioses, y de las demandas descomunales de la existencia.

En esta ciudad la vida seguiría fluyendo en apariencia como antes. Pero no debíamos engañarnos, lo que había pasado –y aún continuaba pero con menos virulencia– había cambiado de arriba abajo a muchos de nosotros que ni siquiera con volvernos a poner la ropa de nuestros padres u oler aromas que nos reconfortaran podíamos quitarnos la intensa sensación de pérdida y ausencia que llevábamos dentro, como si nuestro mundo, lo que era esta ciudad, ya no estuviera aquí.

LAS HIDRAS DEL NARCOTRÁFICO

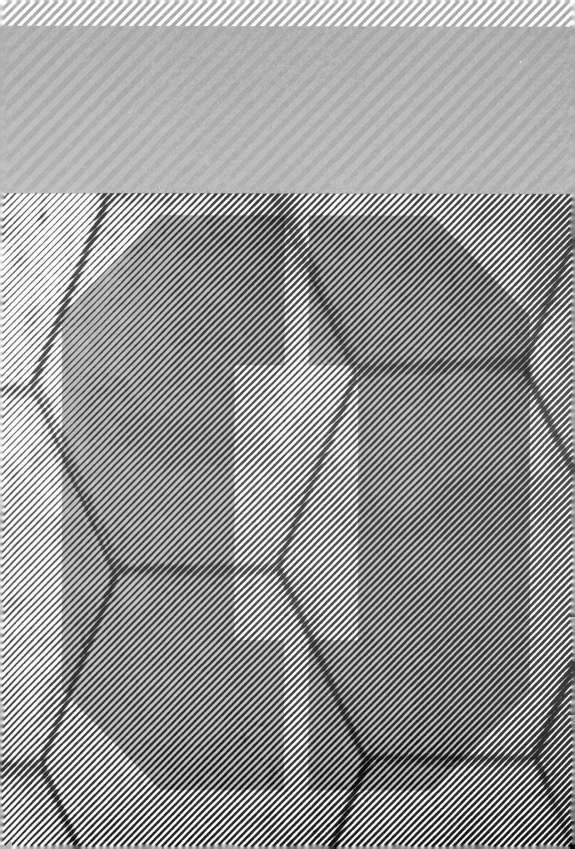

EL ARRESTO DE ALGUNOS DE LOS PRINCIPALES CABECILLAS del cártel que controlaba el tráfico de droga hacia California por esta frontera y la venta de narcóticos al menudeo en Tijuana no detuvieron ni los asesinatos ligados a este negocio ilícito ni el consumo.

Solo cambió de mando el dominio de los estupefacientes –como ha sucedido históricamente en el crimen organizado ante una demanda que persiste y se incrementa– y del cártel, según me confirmaron varios especialistas.

Si bien era cierto que para el año 2012 los crímenes de alto impacto –tiroteos en sitios públicos, víctimas decapitadas o colgadas en puentes– eran un mal recuerdo en Tijuana, todavía las autoridades daban a conocer más de trescientos asesinatos ligados al narcotráfico durante ese año.

Una de esas víctimas fue identificada por la fiscalía estatal como Gustavo Torres, de 35 años, quien había sido deportado de Estados Unidos en la primavera de 2012. Torres no tenía un domicilio fijo en esta ciudad, era adicto a las drogas y se dedicaba al narcomenudeo. Fue asesinado a puñaladas por un individuo al que le debía 25 dosis de heroína, según la PGJE, y pasó a ser una de las 364 muertes registradas en 2012 que las autoridades relacionaron con la venta de drogas al por menor en la ciudad.

Los ajustes de cuentas entre narcomenudistas eran la principal manifestación de la violencia del narcotráfico en Tijuana, de acuerdo con el procurador de justicia del estado Rommel Moreno, cuya fiscalía registraría durante los primeros tres meses de 2013 una centena de homicidios ligados también a este problema.

Además, nuevas evidencias demostraban que la complicidad entre el crimen organizado y policías o expolicías no habían terminado.

El 4 de marzo de 2013, la PGJE dio a conocer que consignó al exoficial municipal Mario García Corona, de 25 años, quien era miembro de una célula delictiva ligada al cártel de Sinaloa "dedicada al narcomenudeo y la ejecución de personas contrarias a su organización". Según la fiscalía, García había participado en el homicidio de un narcomenudista, identificado como José Guadalupe Jiménez, dos meses atrás, quien vendía narcóticos en la Zona Este de la ciudad.

La explicación que tenían las autoridades sobre este tipo de violencia era insólita.

El secretario de Seguridad Pública del estado de Baja California, Daniel de la Rosa, dijo que la mayor parte de las ejecuciones que sucedían en la ciudad se debían a que presuntos criminales que habían sido arrestados entre 2010 a 2012 fueron liberados por falta de pruebas. Muchos de ellos regresaron a sus áreas donde distribuían droga –principalmente al oriente de Tijuana– que ya estaban ocupadas por otros narcos pertenecientes al cártel enemigo.

La violencia había mermado significativamente pero el principal blanco de los traficantes era los vendedores de droga minoritarios como Torres, que debían droga o pertenecía a uno u otro cártel, al punto de que el ochenta por ciento de los homicidios sucedidos en 2011 y 2012 en la ciudad fueron ligados al narcomenudeo, afirmó el fiscal estatal.

Eso contrastaba con lo sucedido entre 2008 y 2010, cuando las guerras entre cárteles generaron un promedio de ochocientos asesinatos anuales, decenas de secuestros y cientos de desaparecidos. Las víctimas fueron narcotraficantes, comerciantes, hijos de empresarios, profesionistas, estudiantes y ciudadanos muertos durante tiroteos.

Durante esos años, la comunidad vivió aterrada por los duros enfrentamientos de los cárteles contra las fuerzas públicas y entre ellos mismos en sitios públicos, que dejaron decenas de cuerpos mutilados tirados en lugares concurridos y de cadáveres colgados en puentes.

Para la primavera de 2013 se percibía una revitalizada vida nocturna en bares y restaurantes de esta frontera, abundaban los espectáculos y festivales gastronómicos en vías públicas y las autoridades de turismo reportaban repuntes de hasta un veinte por ciento en la ocupación hotelera.

"Creo que sí ha mejorado un poco la seguridad o tal vez nos hemos acostumbrado a este ambiente. Es cierto que ya no tenemos tantos asesinatos en las calles ni colgados, pero sigue habiendo muertos [por el narco] y otro tipo de inseguridad, como los robos. Con lo que ha pasado quizá todos hemos aprendido a no transitar por sitios de alto riesgo", me dijo a principios de 2013 Susana Domínguez, una profesora de bachillerato que vive en la Zona Este de Tijuana, una de las áreas más conflictivas de la urbe.

Especialistas consultados me señalaron que la disminución de la violencia se debía a que el cártel de Sinaloa –que encabeza Joaquín *El Chapo* Guzmán, considerado el narcotraficante más poderoso del país– se había apoderado del control y trasiego de la droga en Tijuana inaugurando una nueva era del crimen organizado.

"Se desmanteló un cártel, pero llegó otro", me dijo Vicente Sánchez, investigador del Departamento de Administración Pública de El Colegio de la Frontera Norte (Colef). El cártel de Sinaloa, no obstante, actúa con "menos virulencia" que el que desplazó, el de los hermanos Arellano Félix.

"Aparentemente esta organización no se dedica al secuestro ni atenta contra la población que no tiene que ver con su negocio", me dijo, "pero es un grupo que igual usa la violencia para imponerse".

❝ LA ESTRATEGIA DE SEGURIDAD EN EL ESTADO FUNCIONÓ ADECUADAMENTE HASTA DONDE ERA POSIBLE, CONTUVO EL PROBLEMA MÁS GRAVE; SIN EMBARGO ESTO NO RESOLVIÓ OTROS PROBLEMAS, COMO LAS ADICCIONES, LOS DELITOS DEL ORDEN COMÚN, LOS ROBOS O LAS DESIGUALDADES SOCIALES ❞ MARIO HERRERA

Por su parte, el antropólogo social Víctor Clark, director del Centro Binacional de Derechos Humanos y quien ha analizado por más de dos décadas el narcotráfico en esta frontera, me dijo que a diferencia de cualquier otra organización criminal, el cártel de Sinaloa toma la violencia como último recurso.

"Su organización es más empresarial, más financiera; no ven las ejecuciones como primer recurso", me dijo.

Clark asegura que la banda de *El Chapo* Guzmán, que controla la venta de droga en Tijuana y su traslado hacia Estados Unidos, salió favorecida de la batalla del gobierno federal contra el narcotráfico en esta frontera.

Tijuana fue una de las primeras ciudades en el país a las que el gobierno envió el Ejército para hacer frente a la delincuencia organizada. La feroz ofensiva, que se intensificó a partir de 2008, desmanteló la cúpula del cártel Arellano Félix y generó a su vez peleas internas que debilitaron más todavía esa organización.

"Teníamos enfrente un sisma de cárteles y un enfrentamiento real y serio", me dijo el procurador Moreno. Agregó que desde principios de 2008 observaron una serie de secuestros que hacían ambos grupos criminales para enviarse mensajes entre ellos.

El arresto de importantes capos de la droga, la coordinación del Ejército mexicano con las autoridades civiles (municipal, estatal y federal), la parcial depuración de las corporaciones policiacas y la consecuente disminución de la violencia en la ciudad, fue interpretado por el entonces presidente de México, Felipe Calderón, como un éxito de su lucha contra el narcotráfico.

Calderón dijo en diversos actos públicos que tuvo al final de su sexenio que Tijuana ofreció un ejemplo de cómo combatir el narco. La lucha se enfocó en la región fronteriza e hizo hincapié en la captura de los líderes de los cárteles.

El Ejército asumió el protagonismo de esta batalla. La táctica de seguridad que estableció el gobierno de Baja California fue dejar en manos de un mariscal de guerra, el comandante de la Segunda Región Militar, la coordinación de los operativos antidrogas, además de rendir cuentas en una junta a la que asistían los principales actores políticos y de seguridad pública.

"La estrategia de seguridad en el estado funcionó adecuadamente hasta donde era posible, contuvo el problema más grave; sin embargo esto no resolvió otros problemas, como las adicciones, los delitos del orden común, los robos o las desigualdades sociales", me dijo Mario Herrera, director de la Escuela de Derecho de la Universidad Autónoma de Baja California.

Herrera cree que la táctica empleada por el gobierno federal funcionó porque se pudieron coordinar los mandatarios municipales y el estatal en esta lucha.

"[En el combate al narco] Baja California está entregando mejores resultados comparativamente que cualquiera de las entidades fronterizas: Chihuahua, Sonora, Tamaulipas o Nuevo León", me dijo Herrera.

Aunque las intervenciones militares han sido fundamentales para golpear a las organizaciones de narcotraficantes, no han sido tan contundentes como para extinguirlas. Los golpes asestados al cártel Arellano Félix permitieron que la banda de *El Chapo* Guzmán tomase el control y surgiese una nueva dinámica en esta región, con menos muertes. La importancia de la venta minorista, por otro lado, aumentó desde que Estados Unidos reforzó a fines de 2001 la vigilancia de la frontera, lo que dificultó el ingreso de drogas a ese país, según me dijo Abel Galván, Subprocurador Contra la Delincuencia Organizada de la PGJE. Al no poder pasar la droga, los traficantes incrementaron la venta de narcóticos en Tijuana y crearon más dependientes.

"En Baja California, [el narcomenudeo] genera un aproximado de 22 millones de pesos [aproximadamente 1,7 millones de dólares] diarios", me dijo Galván.

Según el funcionario, en 2012 el narcomenudeo en Tijuana era manejado ya por células ligadas al cártel de Sinaloa, pero también habían identificado células de otras organizaciones criminales y abundaban las peleas por territorios y los ajustes de cuentas.

Los decomisos de droga, dinero y túneles "indican que está entrando con mayor fuerza y recursos el cártel de Sinaloa, ante el vacío de poder" o desmantelamiento que deja el cártel que antes había dominado la zona, me dijo Sánchez, el investigador del Colef.

Mientras que Clark creía que, "a diferencia del cártel de los Arellano, la organización de Sinaloa trabaja de forma más sigilosa para no llamar la atención de la opinión pública, pero su actividad no ha mermado".

En julio de 2011, los militares decomisaron un sembradío de 120 hectáreas de mariguana al sur de Ensenada, Baja California, hasta ahora el más grande cultivo de este narcótico descubierto en el país. Y tres meses después, la comandancia militar dio a conocer la incautación en Tijuana de 358.2 kilogramos de cocaína y decenas de toneladas de mariguana empaquetada para ser enviada a Estados Unidos. Además del hallazgo de túneles trasnacionales al costado del aeropuerto y el embargo de quince millones de dólares en efectivo encontrados en un vehículo. Las autoridades atribuyeron todo este estupefaciente decomisado, los túneles y el dinero al cártel de Sinaloa.

"El problema no es el arresto de personas, sino la estructura. Se dan golpes mediáticos pero no se ataca la estructura financiera o política que pudiera haber, que siguen intactas. Arrestan a un narco pero viene otro y sigue la abundancia de droga en las calles, eso no ha cambiado nada", me dijo Clark.

El Chapo se encuentra prófugo desde enero de 2001, cuando escapó de un penal de máxima seguridad dentro de un contenedor de ropa sucia. La revista Forbes estimaba que tiene un poder económico valuado en unos mil millones de dólares.

LA COMBINACIÓN DEL LUJO DEL PRIMER MUNDO, donde la sociedad puede comprar a precio de ganga cualquier droga para alcanzar la felicidad prometida o bien evadirse de la dura realidad, junto a las oportunidades de negocio que ofrece la infraestructura de una ciudad en desarrollo, como lo es esta frontera, ha sido históricamente irresistible para la delincuencia organizada.

Esa mezcla ha sido entendida lo mismo por la gente que habita esta ciudad como por empresarios, criminales, políticos y decenas de miles de emigrantes que han aprovechado esta zona limítrofe para hacer negocios, trabajar o rehacer sus vidas.

> TIJUANA, TAL VEZ COMO NINGUNA OTRA CIUDAD EN EL MUNDO, PRESENTA UNA SÍNTESIS DE LA POBREZA Y LA RIQUEZA —ESA ENORME DESIGUALDAD— Y SU LÍNEA DIVISORIA ES FÍSICAMENTE UNA BARDA O UN JARDÍN BIEN PODADO. ES DECIR, LA AMBICIÓN DEL QUE NO TIENE NADA —Y NADA YA QUE PERDER— ES COTIDIANA Y TALADRA.

Para nadie es un secreto que el consumo de estupefacientes está íntimamente ligado a un sistema que ha generado enormes desigualdades sociales, corrupción política, crisis económicas continuas –los mercados mundiales (basta con mirar lo que pasó con el sector financiero e inmobiliario desde el verano de 2007) están insuficientemente controlados– y un gran vacío espiritual en la población por su apuesta a los bienes materiales.

Pero también la cultura ha desempeñado un papel muy importante en la propagación del uso de narcóticos al divulgar los placeres que estos ofrecen. Recuerdo, por ejemplo, el impacto que causó en mi generación durante los años noventa el movimiento *grunge* (el consumo de estupefacientes que no ocultaban los miembros de bandas como Nirvana o Pearl Jam) o los filmes *Pulp Fiction* (Tarantino, Estados Unidos, 1994), *Trainspotting* (Boyle, Escocia, 1996) y *El odio* (Kassovitz, Francia, 1995), donde se hacía en diversas escenas una apología de la drogas; o la cultura *rave* asociada al uso de anfetaminas y éxtasis.

La declaración de guerra contra el narco del entonces presidente Felipe Calderón, su búsqueda de solucionar el problema de las drogas con despliegues policiales y militares, solo delató una rotunda renuncia a la responsabilidad política. Su plan careció de visión o el interés necesarios para abordar las enormes injusticias en el país, de las que se alimenta el crimen organizado, y el ataque al sistema financiero de este, es decir, al lavado de dinero. El crimen organizado no se compone de corporaciones siniestras que planean dominar el mundo, sino de una compleja interacción entre la economía regulada y la no regulada que en teoría podría ser rastreada tanto por el gobierno mexicano como por su rico socio del norte.

La situación fronteriza ha sido acompañada por el cinismo del gobierno de Estados Unidos, no solo frente a la venta de pistolas y rifles de guerra que han armado a criminales en México (como el operativo Rápido y Furioso de las autoridades estadunidenses), sino también frente a la alta demanda de drogas ilícitas de buena parte de su sociedad –por ejemplo, celebridades que se exhiben drogadas en autos de lujo y mansiones de ensueño– sin importarles el baño de sangre que genera en las ciudades fronterizas mexicanas y gran parte de Centroamérica.

A menudo, cuando estalla un conflicto, la comunidad tiende a aislarlo, a lavarse las manos. Eso hicieron Estados Unidos y Europa, pusieron un cordón amarillo en México tras el comienzo de la guerra contra el narco como si no tuvieran que ver, ¿acaso aún ignoran las decenas de miles de toneladas de droga que cada año se introduce por sus aduanas provenientes de México?

La situación inestable y peligrosa que generó la guerra contra el narco en Tijuana –y que aún sigue en el resto del país– continúa en el ambiente pero en forma menos llamativa y sin propagar más el temor a la población; pero ahí está, como un perro rabioso que solo cerró un momento sus ojos.

Tijuana, tal vez como ninguna otra ciudad en el mundo, presenta una síntesis de la pobreza y la riqueza –esa enorme desigualdad– y su línea divisoria es físicamente una barda o un jardín bien podado. Es decir, la ambición del que no tiene nada –y nada ya que perder– es cotidiana y taladra. Como el pez de Guy Davenport, que parece ser la única criatura en el mar que no puede definir el agua y solo puede decir: "Es lo que es. Así es como son las cosas"; en esta ciudad la situación es así y a veces no se puede escapar.

La atmósfera económica, política y social, pues, sigue favoreciendo el narcotráfico (llegar a pertenecer a una célula criminal significa para muchas personas también la posibilidad de acceder a las cosas que se anhelan casi desde que se tenía uso de razón, desde un platillo suculento hasta una mansión a un costado del mar); poco importa que se inventen nuevos cuerpos policiales fuertes o que continúe el Ejército en las calles.

" EL PROBLEMA NO ES EL ARRESTO DE PERSONAS, SINO LA ESTRUCTURA. SE DAN GOLPES MEDIÁTICOS PERO NO SE ATACA LA ESTRUCTURA FINANCIERA O POLÍTICA QUE PUDIERA HABER, QUE SIGUEN INTACTAS. ARRESTAN A UN NARCO PERO VIENE OTRO Y SIGUE LA ABUNDANCIA DE DROGA EN LAS CALLES, ESO NO HA CAMBIADO NADA ".

VÍCTOR CLARK, DIRECTOR DEL CENTRO BINACIONAL DE DERECHOS HUMANOS.

OMAR MILLÁN

JOURNEY TO THE CITY'S EAST SIDE

A CHRONICLE OF THE WAR AGAINST *NARCOS* IN TIJUANA

WHAT MAKES A CITY SPECIAL ARE THE MEMORIES that unite the people who have lived on the same streets for a long time — not its buildings, the rivers that run through it, or its view of the sea. Toward the end of 2008, when Tijuana was in the international spotlight for bloody murders related to drug trafficking, I started meeting people — some locals, others who had lived for years along the border — who had begun to associate particular places in the city with dead people (hanged, wrapped in sheets, or exposed, naked with gunshot marks) whose paths they had crossed on their way to work, to school, or just out and about; or else they connected these places with family members who had been the victims of kidnappings, persecution, or murders.

The violence exhibited by the drug lords was transforming the city — supposedly accustomed to *narco* culture since the establishment of a cartel there in the early 1980s — into a completely different place. The colors of the streets that used to make you feel at home were disappearing and constantly reminding us that monsters don't appear in comforting stories, that the most terrible acts are carried out by people no one would single out in a crowd.

Almost at the same time as those encounters with sources who spoke of a "golden age" — a time spanning undefined years, a time supported simply with the phrase *the days when you could go out at any time of day and nothing happened to you* — the Hispanic Affairs editor for the *San Diego Union Tribune* hired me for an assignment that for the first time, made me think of writing a book that would narrate what the border community was experiencing. I wasn't interested in talking about *narco*-related crimes; rather, I wanted to talk about why they were happening and about the community's reactions.

The task assigned to me by the newspaper involved searching for the names of drug trafficking victims in Tijuana, how they had been executed, and where, throughout 2008 and the part of 2009 that had already elapsed, in order to prepare a virtual map that the newspaper would tentatively launch as part of a special edition for its American readers, along with a series of features entitled *War on the Border*.

After three months of work, the map was ready. It displayed hundreds of homicides that the authorities associated with the so-called "drug war" that Mexico's then-president, Felipe Calderón had declared close to the start of his administration. Approximately half of the victims on the map were unidentified, the majority had been killed with R-15 and AK-47 rifles, and the deaths were concentrated in the eastern part of the city. When we opened the map on the computer to add new data, the east side of Tijuana filled up with red balloons indicating the crimes. The work was never published: it was continually postponed, and then there were changes in the newspaper administration, massive firings of editors and reporters, department shut-downs and budget cuts – just as there were in other US newspapers in the wake of the economic and real estate crisis.

To me, it wasn't strange that most of the *narco*-related homicides were centered in the eastern part of the city. It was an area that contained the most marginal border neighborhoods, where a powerful faction of organized crime had established its operations. It had been a long time since I'd driven east to see, like other reporters and photographers, the cadavers that criminal groups would leave after confrontations and score-settling, or as warnings to rival groups. Although, as absurd as it may sound, I went to those places compelled not by the morbid desire to see a dead body – most of the time they were already covered with white sheets – but rather because I wanted to see, in the landscape, the evil that had caused its death.

The people I interviewed in those places, people who had heard or seen part of the crime, tended to say: "It was all over in an instant," or "It took only a second." But I knew that wasn't true. There are things that happen in the tempo of the distracted, and others that, because of their impact or because of one's closeness to the victim, continue to happen despite everything else. They happen in a prolonged slow motion, as it were, and they keep happening, and that's it, in spite of the fact that a particular amount of time has passed.

This book is an account of what happened, and it brought a lot of sorrow along with it. Tijuana was the second part of the country where Felipe Calderón's administration focused his "drug war," after the operation implemented in Michoacán, where it received unconditional support from the municipal government and the governor. The commander of the Mexican Army's Second Military Region served as the war marshal coordinating operations against criminals in all the ministries of public safety across the state from 2006 to 2012. The strategy was relatively successful and on various occasions Calderón declared it a triumph of his plan: several of the primary *narcos* were detained, enormous quantities of drugs and weapons were confiscated, cross-border tunnels were discovered, and public officials accused of corruption were arrested. Nonetheless, there was a disproportionate increase in addiction and, although one cartel was fought off, another criminal group took its place.

This book contains the voices of numerous protagonists who explain this time; the pain and corruption generated by drug trafficking, which will be difficult to repair in the years to come; fathers, wives and children crying out for their missing relatives; the drug problem that leads to bloodshed, the uncontrolled local addictions of both adults and children, young people who know only the language of violence so that a consumer on the other side of the border will feel satisfied on behalf of his "pursuit of happiness" ("Here the yearly executions are counted in the hundreds. Up north, in the thousands and thousands caused by overdose," remarked the co-director of the weekly paper *Zeta*, Jesús Blancornelas, in his book *El cártel*). It also offers the vision of public officials who tried to change corrupt institutions and gave their lives in the attempt. In addition, the book dedicates a full chapter, the longest and most encouraging, to explaining the community's efforts to resist this difficult situation; how numerous groups within civil and entrepreneurial society – each in its own way – got organized to rescue life itself along this border, to keep residents from abandoning their streets after the tourists had already done so.

I collected most of the information I used for the book while working on many different articles on the subject of drug violence as a freelancer for the *San Diego Union Tribune* and the Associated Press (AP), the editors of which have always been a beacon in the darkness: my thanks for their invaluable guidance.

The American journalist John Lee Anderson has an aphorism that goes like this: "If something becomes routine, we forget the details." Sometimes it's worse: the routine becomes indifferent, invisible, and we take note of it only when it explodes. This book's endeavor is to offer the reader those details – the minutiae that many people detected decades before tragedy struck. How a kind of Stockholm syndrome took effect among its inhabitants (some argued that they preferred having *narcos* as friends so nothing would happen to them, or uttered phrases like "as long as you don't mess with them, they won't mess with you; the people they kill or kidnap had something coming"), and how the community awoke from this nightmare.

CHAPTER ONE

JOURNEY TO THE CITY'S EAST SIDE

The interior world is the inevitable route to find the truth of the exterior world and the realization that both worlds will only be one when the alchemy of that journey produces a new great reconciled man.

Julio Cortázar, *Around the Day in Eighty Worlds*

1st Murderer

I am one, my liege,
Whom the vile blows and buffets of the world
Have so incensed that I am reckless what
I do to spite the world.

2nd Murderer

And I another
So weary with disasters, tugg'd with fortune,
That I would set my lie on any chance,
To mend it, or be rid on't.

William Shakespeare, *Macbeth*

Death after a long illness we can accept with resignation. Even accidental death we can ascribe to fate. But for a man to die of no apparent cause, for a man to die simply because he is a man, brings us so close to the invisible boundary between life and death that we no longer know which side we are on.

Paul Auster, *The Invention of Solitude*

TWO DAYS BEFORE PRESIDENT FELIPE CALDERÓN ended his six-year term, marked by the war he waged against the drug cartels in Mexico, authorities found close to two thousand bone and tooth fragments belonging to about 70 murder victims east of Tijuana, one of the cities where the war first began. The remains were buried in a clandestine grave located on an abandoned property in a poor neighborhood.

Officials at the Assistant Attorney General's Office for Special Investigations on Organized Crime (Subprocuraduría Especializada en Investigaciones de Delincuencia Organizada or SEIDO) exhumed the human remains between November 27 and December 14, 2012, in eight-hour workdays.

They were led by 56-year-old Fernando Ocegueda, a short, thin, dark skinned man, who leads Baja California's United for the Disappeared Association (Asociación Unidos por los Desaparecidos), an organism that represents the families of 315 people kidnapped from 2006 to 2010, and who have yet to be found.

Ocegueda found the location through a confession that SEIDO extracted from a criminal. Ocegueda received the file anonymously so he could find information about his son, who was abducted from his home on February 10, 2007, by a group of people posing as police officers.

This was the third clandestine shallow grave found in Tijuana in the last three years, and the first to give the families of the missing real hopes of finding their children, husbands, or parents through DNA. The remains were not too deteriorated.

These findings, however, did not galvanize the community. There were no demonstrations on the streets or demands from civil or human rights organizations calling for these crimes to be solved, as had been the case four years earlier. Several local media outlets carried the news front page, along with discreet confessions from bureaucrats from state agencies signaling that they would cooperate with the federal government if asked to do so, and testimonies from victims' families, who described the last day they saw their loved ones alive.

Even when the "war on drugs" in Tijuana had become a familiar theme, the community tried to either forget or evade the topic. All of this despite the carnage from 2008 to 2011, when there were more than 2,800 murders, hundreds of kidnappings and muggings, dozens of dead bodies decapitated and hung from bridges, and a number of shoot-outs in restaurants, dance clubs, hospitals, residential areas, and busy streets.

And while the rest of the country continued to receive the news every morning of recent massacres and disappearances in different regions, there was a sense that the war had moved to other states and that the most atrocious crimes did not happen here anymore.

In January 2013, a report by Mexico's National Human Rights Commission (CNDH) noted that during Calderón's term there were more than 25 thousand missing persons in Mexico and over 60 thousand killed within the context of the war against the *narcos*.

By the cold winter of 2012, the local government, entrepreneurs, politicians, and some business people had changed the alarmist discourse they had adopted not too long before. Some even denied that the *narcos* continued to seed violence in the communities and even qualified as immoral some news outlets when they reported on the violence because "it scare(d) away tourism or potential investors in the border." The justification for the ongoing murders related to the war on drugs was that the murders were "focused" only on those that were related to organized crime.

In fact, "high-impact crimes," an euphemism that the authorities and opinion-makers used to talk about the drug traffickers' sadism, had diminished considerably, but the "terror" continued: according to the District Attorney's Office, there were "only" 476 murders linked to the drug traffickers in 2011, and 364 in 2012.

But the most serious events happened behind closed doors: drug consumption had not stopped; the number of addicts in Tijuana had tripled during Calderón's term, after drugs became cheaper, as many drug dealers paid their accomplices with drugs. Some addicts were forced into rehab by their parents, but the majority were at home, with their families denying the presence of the enemy, an enemy the victims loved more than life itself.

I went with Ocegueda to the shallow grave 20 days after the human remains were exhumed, on February 4, 2013, in the piece of land known as "La Gallera" (The Chicken Coop), in the Maclovio Rojas neighborhood. The neighborhood, located on a hill east of Tijuana, consists of extremely run-down houses with fences made of old tires, narrow dirt streets crossing huge grooves flowing into streams, and warehouses turned into Christian "temples."

The death of his son, which Ocegueda took as a fact since all the clues he had found confirmed it, had left him feeling like an orphan, he told me. Especially after December. During this month, since his son's disappearance in 2007, Ocegueda and his wife mourned him and prayed like he had never done before. His embrace of the Catholic Church, he said, had helped him retain his sanity on the face of such misery. His son disappearance made him realize that human beings cannot live without faith in God.

We walked through the place, which was about a thousand square meters. It had an old chicken coop, with 20 empty cages, and a dilapidated house protected by a brick wall covered with graffiti. Neighbors say that "the owners" used it to raise fighting cocks, but that the new owners abandoned the business. "Then they threw many parties. Sometimes screams could be heard, like people apologizing and begging. Fancy cars and police cars parked in front, as if they were also coming to the party. Once even a headless man was dumped outside. The police came but didn't do anything. Nobody said anything because we were afraid," a neighbor told me.

Ocegueda mentioned that he "felt" his son's body was there. The references to the place and time that he found in Santiago Meza's declaration to SEIDO after his arrest in 2009 made him believe that his son was among the bones "of over seventy dead people" that Meza tried to disappear. Meza was nicknamed *El Pozolero* (The Pozole Maker) because his job was to "pozolear," or disintegrate in caustic soda, the bodies of murder victims that members of cells linked to the drug cartels brought to him.

Ocegueda was not surprised by the indolence, apathy, or indifference of the community when human remains were found there. "Tijuana is like that," he said. Several times he tried to organize the community to march and protest, but never had much of a response, except among the victims' families.

ALBERT CAMUS WROTE IN HIS NOVEL THE PLAGUE that "the easiest way of making a town's acquaintance is to ascertain how the people in it work, how they love, and how they die."

If bitterness or melancholy characterize many colonial cities in Mexico—the sensation of the painful loss of a past that is believed to be better than the present and that gives the inhabitants an absent look, as if their bodies and their souls lived in different times—people in Tijuana are characterized by hope, by the certainty that something will happen to alleviate the sorrow of everyday life. Maybe this is because the city was built without destroying another civilization. (There is no awareness of a *magnificent* past. "Conscience does make cowards of us all," says Hamlet.) Or because we are so close to our neighbors to the north that we believe some day we will be like them, so we learn their songs, watch their TV shows, and eat at least once a week in one of their fast-food chains. Or maybe because the city is a pass-through hub, and migrating travelers always think optimistically as they leave their hometowns, that despite owning nothing (or maybe because of it), life could not possibly be harder.

Tijuana was founded by Mexican immigrants, mostly from the states of Jalisco and Sonora, as well as European and Asian immigrants, at the end of the nineteeth century.

This characteristic of Tijuana and its geographic border with California, the richest and maybe most powerful state in the U.S., has giving the people of the community a personality that many describe as "special": a mix of frivolity, irony and audacity that is sometimes shown in the witticisms you hear from the people downtown. Other times the inhabitants are impressed by the novelties of their neighbors to the north and so imitate them. In any event, they always try to take advantage of the opportunities presented to them.

Tijuanenses are known as hard working, always thinking about how to become rich. The main interests here are business, foreign factories, and cross-border commerce. Being a neighbor to the United States, the center of the world thanks to its uninterrupted technological development, has given Tijuana's inhabitants a very particular outlook on life. They had experienced life in the first world and tried to imitate it way before there was talk of globalization, but they are limited by life in a developing country. Many times this city has become a great laboratory, an experiment where people whose language and histories belong to two worlds, or do not belong to neither of them.

Here, a proud middle class congratulates itself for being bilingual, having a passport to cross international gates, visiting Disneyland and other theme parks in California, consuming American products every week, and having access to brandname stores and other specialty businesses with reasonable prices. Some are proud to work "on the other side" and send their children to school in San Diego.

Tijuana became one of the most important and most populated Mexican cities starting in the 1990s, thanks to its industrial, economic, migratory and cultural activity. But it was also known as the headquarters of the Arellano-Félix Organization, the most important criminal and drug trafficking cartels in the country. It attracted international attention after the murder of cardinal Juan Jesús Posadas Ocampo and six other people at Guadalajara's international airport after a confrontation between hitmen on May 24, 1993.

By then Tijuana seemed to be divided by an imaginary line. From the *5 y 10* intersection to the west was the "settled" community: the founders and their families, living in big buildings, eating in gourmet restaurants, visiting the arts districts, and attending the best schools. From 5 and 10 to the east were the "rootless" community: new migrants who traveled to the border and stayed in areas lacking public services but close to the huge *maquiladoras* that were eager to hire cheap labor.

When there was talk about putting down roots, the inhabitants often discussed Tijuana's *black legend*. This legend was born in 1920, after the United States passed the Prohibition Act, a ban on the production and sale of alcoholic beverages that lasted until 1932, and turned this city into a hub for contraband, gambling, and prostitution, and of course a drinking paradise. The Agua Caliente Casino, built by the mythical Al Capone, the first horseracing tracks, and Revolución Avenue were symbols of that historical time that some people found shameful and others fascinating.

The way people find love on this side of the border is not that different from other cities in the West. Courtships are generally of short duration and end up in marriage or with a single mother. Families go out on the weekends, usually for dinner, to the movies or, during the summer, to some cultural or gastronomic street festival. Most middle- and upper-class young people usually take advantage of the happy hours that bars and cafés offer on Tuesdays and Thursdays. Those with less resources wait until the end of the workday to meet friends in their neighborhoods, play soccer or basketball, and afterwards drink beer from 1.2-liter bottles known as *caguamas*.

The way people die here was not that different than in other cities. According to the Health Agency in the state of Baja California, historically, the main causes of death in Tijuana were heart disease, diabetes mellitus, and cancer.

However, between 2008 to 2011, during the war against drug trafficking, the main cause of death in Tijuana was murder.

THAT EVENING AT *LA GALLERA* I told Ocegueda that I believed that despite the community's indifference, the disappeared were ghosts that would always remind people, until their bodies were found, of the horrors suffered in this city, where God, or maybe the devil, wanted us to know that human cruelty has no bounds, that it was always possible to go further and inflict more pain on our fellow men. Ocegueda shook his head and said, "I wish, I wish."

This community's first reaction when facing a series of unprecedented violent events—families fleeing the city, the kidnapping of professional workers, a dozen bodies left on the side of a school or a shoot-out lasting nearly three hours between criminals and soldiers in a residential area—was disbelief.

That seemed to be the way that residents of this border protected themselves from the cruelty and pain that still felt foreign, because somehow they were used to it: "*That* happened to him because he was with the *narcos*," was the comment often made about murders or kidnappings.

People would then change their minds. They would be terrorized and avoid the streets at night. They would witness during the day the worst events that have happened in this city.

FROM THE SUFFOCATING SUMMER OF 2007 to the cold winter of 2012, I continued to travel from the west side of the city, where I was born and raised by parents also from the border, to the east side of the city, almost always with the same motive: to testify, along with other reporters and photographers, about the dead bodies that criminal cells left behind after confrontations, settling of scores, or as a warning for their rivals.

I had known the east side of the city since I was a child. The area was known as Tijuana's rural area. I used to work with an agronomist who experimented on a ranch planting ornamental flowers. That part of the city seemed a like quiet place despite the poverty. It was a dry, sepia-yellow, sparsely populated place, with dirt roads, where people built septic tanks and heaps of dirt because there was no drainage or drinking water. Trash was burned because the local government did not send garbage trucks to pick it up. In the last 20 years this area has been settled by migrants from the south of Mexico who arrived in Tijuana with hopes of crossing illegally to the United States and who, while trying to get money for the *coyote* (smuggler), were employed in the huge foreign factories almost the same day they arrived.

By the 1990s the principal streets were better and the migration attracted supermarket chains and franchises, but the area was still falling behind when it came to public services and especially to schools.

Those journeys through the east side of the city during the violent years made of me what traveling makes of the protagonist of a road movie. My city was not what I thought it was. It had become a violent region in which two factions of organized crime battled to control of the sale and transportation of drugs before the eyes of a government that insisted that it was prepared to fight them, but before doing that, it had to *clean up* the corrupt police system.

The war against drug traffickers in Tijuana was focused on the east side, where there was more marginalization and less education, an explosive cocktail that targeted young people with nothing to lose, high and uninhibited, willing to kill in order to belong to something and have access to high-end establishments.

While the declaration of war against *narcos* was an act of courage by Calderon's government, only someone naive or oblivious to the problems of drug use could believe it was possible to end drug trafficking and organized crime this way.

Could this hydra be defeated? Just as authorities arrested a leader, a more daring and bloodthirsty one appeared. In August 2006, the arrest on the coast of Baja California Sur of Francisco Javier Arellano Félix, *El Tigrillo*, (The Tiger Cat), who had taken over the cartel after his brother Benjamin was arrested in March 2002 in Puebla, a month after his other brother, Ramón, was killed in a shootout in Mazatlan, had led to a struggle between two leaders of criminal cells and brought the city's worst wave of violence at the end of 2007.

But also, the facts corroborated that the power of the drug cartels was expansive. Since Colombian traffickers decided in the early 1980s to divert the bulk of their exports to Mexican drug traffickers, thereby avoiding the higher risk of crossing the border into the United States, not only did they condemn the north of Mexico to suffer the same fate as Colombia, but also produced a beast that soon had an autonomous power and demanded the most money from their employers—just as a boxer does with his attorney in the maturity of his career—since they were the ones showing their faces and risking their lives.

The war against drug traffickers in this border zone exposed how the cartels had infiltrated public and private organizations that served their interests, particularly police agencies, as well as the loss of faith in the criminal justice system and the chaos that this caused. But this war also showed an unfamiliar city. Although approximately 8 percent of the population fled the insecurity of Tijuana while most stayed at home waiting for the storm to pass, there were people who paradoxically found in the chaos an identity and a life purpose.

During those trips to the east side of the city I often sensed in the people who I interviewed the feeling of drowning; the feeling of living inside a well and every once in a while being able to lie down on the bottom and look to the sky, star gaze in the middle of the night, but while avoiding thinking about the depths of the well, since it was enough to live in it. The world was shining up there. There were good times. Yes, this land was ours, but in another time. The city where we were born was in our minds. Now there was just sorrow.

I mentioned this to Ocegueda while we were at *La Gallera*. He was looking down at the ground, where they had disinterred the bones and teeth, and he had the demeanor of someone who has lived his life, had learned what he had to learned, and his last mission was to find the body—or what was left of it—of his son. He was not going to run away from anybody nor was he afraid of the consequences.

"I've told God what I feel, why I cried. I've felt broken down... I've spoken frankly to him, and that has helped me," said Ocegueda. But that was not an answer to my question. He was lost in his thoughts and had not even heard what I had said.

CHAPTER TWO

THE TEENAGE SCREAMS OF DRUG TRAFFICKING

HER NOSE WAS DUSTY AND SHE INHALED DESPERATELY. The bullets had entered her back, pierced her lungs and breasts. Isabel Guzmán Morales, 15 years old, collapsed on the sidewalk in front of the house where she had lived since she was four years old, and where her two brothers now listened to Christian songs in front of the TV. Her arms were open and her mouth was oozing blood. Dozens of dogs barked incessantly in nearby houses.

Laying next to Isabel were her cousin, 17-year-old Alfonso Corona Victor Morales, and 19-year-old Felipe Alejandro Pando Villela, the neighborhood drug dealer. Both had their faces covered in dirt and blood, their dead eyes closed and their mouths open, as if they were still asking about the meaning of life.

On October 13, 2008, at almost 10 PM, a commando of gunmen opened fire on the three teenagers, who were on Cerrada Noviembre Street in the 3 de Octubre neighborhood, a slum east of the city inhabited by migrants from the country's southern regions.

The two boys were killed on the spot, and while Elizabeth was still alive, she died on her way to the Red Cross hospital.

The Attorney General's Office (PGJE) for the State of Baja California said in a report that sixty-eight 7.62-caliber shell casings from an AK-47, a war rifle also known as "goat horns," were found at the crime scene.

Isabel and her cousin Víctor Alfonso were included in the list of 81 minors assassinated during 2008, 75 more teenagers than in 2007, according to the Department of Statistics within the state district attorney's office.

ONLY TWO MONTHS EARLIER ISABEL HAD TURNED 15, but her mother was not able to organize the traditional party that thousands of teenagers dream about in Mexico and that symbolically marks the transition from girl to woman.

"That day (July 28, 2008) we only had grilled meat and beans for lunch... Here, in our backyard," Teresa Morales, 33 years old, told me.

Her one-story house is on the edge of one of the five canyons that make up the 3 de Octubre neighborhood. It is a humble home with metal sheets and tarps covering the roof, bricks and pieces of wood improvising walls, and a cement floor. Teresa's father, an immigrant from Guanajuato based in Los Angeles, California, sent his daughter two hundred dollars every 30 or 45 days to support the family. That's how they covered their expenses.

Teresa Morales told me she had just lost her job when the sewing factory closed down. She had separated from her second husband and had to support her three children. Isabel was the oldest.

"She used to tell me that she wanted to buy clothes like her cousin's, that she wanted things, but I couldn't give them to her. They had thrown her cousin a *quinceañera* party and my daughter wanted one too. I couldn't do it, I'm alone, I have no money," she told me sobbing, a meter away from the spot where paramedics found her daughter.

A day after Isabel was killed, her mother received money from the neighbors, and she bought a *quinceañera* dress, a silver crown with glimmering sparkles, white underwear, and a bouquet of flowers. She buried her daughter in the outfit.

Morales assured me that she did not expect the authorities to solve the case. She was not asking for revenge either, the proverbial *eye for an eye*. "I think of the mothers of the people who killed my daughter and I wouldn't want them to go through what I'm going through," she told me.

She believes her daughter and her nephew were innocent, that they were in the wrong place at the wrong time. She didn't know the third young man who died with them, but found out by the authorities that he was the one that the gunmen were looking for. "He ran toward where my daughter and my nephew were standing and that's when they were hit by the bullets."

The PGJE's investigation indicates that Felipe Alejandro Pando Villela was a drug dealer. In street slang they're called *tiradores* (shooters), young people who mainly buy and distribute marijuana, crystal meth, amphetamines and cocaine. They work the streets and sell small amounts to individual users. They also sell drugs to houses where others resell them: *tienditas* (little stores). Local authorities say that in Tijuana there were at least 1500 *tiradores* in 2008. By 2012 the authorities estimate that the number had tripled.

A few days after the murder of Isabel Guzmán, four teenagers (three of them only 17 years old) were decapitated and abandoned in a wasteland east of Tijuana.

The police reported that the four bodies were arranged side by side, three of them had plastic bags covering their slit necks. The other victim was wrapped in a floral-patterned blanket. Their heads were inside black plastic bags. Next to the bodies was a message from their executioners: "This is what's going to happen to all who say that they work for *El ingeniero* (The Engineer). Sincerely, *La maña* (The Con)."

The east side of the city has been the most affected by the so-called drug war. According to the Ministry of Social Development of the City of Tijuana, this area consists of 30 low-income neighborhoods where some eight hundred thousand people live, almost half of the total population of the city. These neighborhoods, mainly clustered in the areas of El Florido and Mariano Matamoros, were populated in the 1980s, when thousands of migrants from southern Mexico invaded the public land of what was until then considered rural Tijuana. Many immigrants were attached to their traditions and customs, and arrived at the border not because they were rejecting their culture and their towns nor because they wanted to be like the *Tijuanenses*. Not at all. These people came here because they had no other choice. There was no work to feed their families in their hometowns. Later, according to studies by College of the Northern Border (COLEF), immigrating or seeking "the American dream" became a pattern, when migrants returned home and spoke of the opportunities for employment, and the pay and status that it generated in their hometowns.

"The growth rates of the city were very high. Every year a hundred thousand people arrived to the metropolitan area," said Javier Castañeda, a politician who had been Secretary of Municipal Social Development and worked in several social programs in that area of the city for nearly two decades.

Castañeda told me that it was in the 1990s that the area started to get organized: the main neighborhoods were provided with electricity, water, and a drainage system; avenues were built; municipal and state offices were created. But the immigration overran them.

"The east side was populated by young couples, with no children or small children, who came here to forge a legacy. Today, the majority of the population is middle and high school students," he told me.

According to the Federal Ministry of Social Development, 21,338 families (at least 150,000 people) lived in poverty in Tijuana's east side in 2010.

The main social demand from the population of this area in the 1990s was for preschools and elementary schools. It is for middle schools and especially for high schools, Castañeda told me.

In 2012 there were only four high schools and 15 middle schools on the east side of the city, and four sports centers, two of them under construction, to serve more than 250,000 adolescents.

"The natural funnel became very hard for young people who want to continue studying because there are no options. Many can't afford the two or three public transportation options from the east to the center of the city to go to school," Castañeda told me.

This combination of expectations, coupled with the decline in opportunities for the less educated and the economic crisis that caused high unemployment, has been an explosive cocktail benefitting organized crime in increasing their armies.

The murder of adolescents and young people was a common occurrence from 2008 to 2012 in this city, when there was an internal war between two factions of organized crime vying for control over the transportation and sale of drugs, with a federal government professing to take them head-on, but with police forces who were infiltrated by drug traffickers, as the authorities have admitted.

The PGJE registered 3,167 murders in Tijuana during those years, almost a hundred missing persons, and over a hundred kidnappings. However, unofficial numbers from nongovernmental organizations estimate almost five hundred missing persons and scores more of kidnappings.

In the last two years of Calderón's administration, the drug-linked killings in Tijuana dropped considerably thanks to the arrest of several drug traffickers, a "purge" in the police forces, and the efficient coordination of military and police operations. Yet the PGJE reported 476 homicides in 2011 and 364 in 2012, with 80 percent of them linked to drug trafficking.

For Rommel Moreno, Attorney General of Baja California, there is ample evidence that the cartels are recruiting young people and teenagers for stealing cars and carrying weapons and drugs.

All children under 18 years of age are imputable in Mexico and the drug cartels are taking advantage of those laws.

Baja California has special laws for teenagers—considered as such between 12 and 17 years old—that set a maximum sentence of seven years, even if the minor has committed murder or multiple crimes and is a repeat offender.

"There is a very complex dynamic in the state. The organized crime is precisely taking advantage of the lack of values, for economic reasons, and they're hiring the youth. Many are street drug peddlers," the attorney general told me.

"Baja California is an immigrant state", added the attorney general. "We're seeing people coming from all over the country, Mexican-American deportees; we have a large group of young people and not just from the east side of the city, where the lack of prospects have made it easy to join criminal groups. It's easy for criminals to hire these young people for low wages as drug dealers or hitmen, to kill for money. (For the young people) this becomes a way of life. We've noticed a pattern in the arrests we make: many out of work, from the east side, or new to the city. "

The perception of the state police is that in the past two years the number of arrested adolescents from 2010 to 2012 increased, according to the Ministry of Public Security of Baja California (SSPE). However, there are no statistics on the number of teenagers arrested for selling or distributing drugs because the legislation does not allow the keeping of criminal records for minors.

In 2012 the Tijuana Protection Council—a state prison for minors under seventeen years—registered for the first time ten adolescents who were jailed for the crime of drug distribution.

The office of Immigration and Customs Enforcement (ICE) in San Diego said that between 2008 and 2011, the arrests of minors between 14 and 18 years old who tried to smuggle drugs (mainly methamphetamines)increased tenfold in the Tijuana–San Diego border checkpoint. Lauren Mack, a spokeswoman for ICE in San Diego, said that in 2008 there were 19 juvenile arrests, while in 2009 there were 165; in 2010 there were 190, in 2011, 190.

Most were middle-school students who hid the drugs in their bodies or in the cars they drove. They tried to smuggle especially strong drugs like methamphetamines and cocaine, Mack told me.

Organized crime has consistently used minors, explained Victor Clark Alfaro, director of the Binational Center for Human Rights and an analyst of drug trafficking in the border. However, he said, "it's a recent phenomenon to use minors so prominently as drug dealers."

"The Arellano-Félix cartel earned a fortune in the early '90s recruiting as hitmen *gangas* (gangmembers) from San Diego´s Logan neighborhood, and from the high-class youth in Tijuana known as *narcojuniors*. This allowed them to enter and get to know that world," the analyst told me.

Clark explained that during that decade many teenagers were used as *banderas* (flags), a kind of street spy who warned about operations or police officers in the area.

"Now the organized crime is reorganizing itself. Young people are increasingly being used as *mules* or distributors, whether to cross drugs into the U.S. or to sell in the city. Minors are cheap labor and disposable for organized crime, in an environment where there is little employment or recreation opportunities for them, and where the business of drug distribution and consumption has grown rapidly," he said.

Some of the erosion caused by the drug war can be seen in old warehouses now turned into rehabilitation centers for drug addicts.

In the summer of 2012, I visited several centers for drug rehabilitation, including the rehabilitation center Cirad, one of 132 civil organizations in Tijuana dedicated to the treatment of addiction. Cirad had treated an average of 3,200 addicts annually between 2007 and 2011, a quarter of whom were minors. Compared to the previous administration, the number of addicts had tripled during Calderón's presidency, José Luis Ávalos López, president of the organization, told me.

The cases they have concerning minors are just the tip of the iceberg, Ávalos said, because many parents will not admit that they or their children suffer from addiction since it would mean that were failures. This is why they will not come or send they children to support centers.

"These are the social conditions of the city today: disintegrating families, immigration, lack of job opportunities, and corruption. It's a breeding ground for teenagers entering the world of drugs and organized crime," Ávalos told me.

José Héctor Acosta, director of the Northwest Treatment Unit Youth Integration Center, an organization that for three decades has offered medical treatment to drug addicts, assured me that the gateway drugs in Tijuana are marijuana and crystal meth (amphetamines), and not cigarette and alcohol, as is the case in other cities.

At the Cirad I talked to many of the addicts, all of them showing that sparkle in the eyes, the predatory glare that those who consume acid or methamphetamines cannot hide. And a helplessness like the revolutionary from Rulfo's short story: *It's hard to grow up knowing that the thing we have to hang on to in order to put down roots is dead. That's what happened to us.*

The center, located just minutes from downtown in a neighborhood called El Rubí, keeps minors separated from the rest of the patients. In addition to the austere bedrooms and dining rooms—where everything belongs to everyone—there are classrooms for regular students and computer rooms. Early in 2012, Luis, 14 years old, was there.

Despite his young age, Luis emanates confidence. He has a piercing gaze, as if trying to find the Achilles heel of his interlocutor. He told me that was because he has known "the life" since he was a child: he had no father, worked since he was little, he got hooked on drugs, and was used by a criminal cell to distribute narcotics. He had been at Cirad for four months among about a hundred other minors who were there for treatments of at least six months.

"They brought me here because I sold and consumed 'criloco'" Luis told me, referring to his addiction to methamphetamine, the powerful white and crystalline drug of choice for 90 percent of adolescents in treatment, because of its low cost and availability on the streets.

Luis, whose last name he asked me not to print for fear of repercussions, explained that he has been selling and distributing methamphetamines in a neighborhood on the east side among a group of minors hired by "a boss." He earned about 200 pesos a day (about $16), that he spent on food and drugs for himself.

"Between me and my friends we sold about 40 packets a day. My boss kept 1,100 pesos per packet (about $88) and the rest was for us. Sometimes there were about three or four packets left and we just divided them among ourselves," he said.

Also at Cirad was 17-year-old Pedro, on his second treatment for addiction to drugs, mostly cocaine. Pedro, with a budding mustache and pale skin, would pass for any normal teenager in the street, a little distracted and with an easy laugh. However he assured me that he was one of the best drug dealers.

He told me he was hired by a man, "younger than 30," from whom Pedro bought marijuana from when he was 14 years old, to sell methamphetamines and pot. The reason they wanted him, they explained, was that he could attract clients his own age in the Unión neighborhood, on the city's west side.

"I only sold drugs around my house and it was easy. I made 300 pesos (about $23) every day. Sometimes I sold marijuana by the ounce, which is 200 pesos (about $15) each, that's when I did better... I always paid for what they gave me to sell and that's why I never had any problems," he told me.

He had around 50 clients, mainly minors, he told me. In addition to him, there were six other teenagers that dealt in the La Unión, Herrera, Los Altos, El Soler and Francisco Villa neighborhoods, located in the west and south of Tijuana.

"Unfortunately I spent the money I earned on pills and cocaine," Pedro added.

Other teenagers who were hired as drug dealers and then underwent treatment in rehab centers also gave me their testimony. Their stories were like those of Luis and Pedro. Some surprisingly added that their parents were addicts, using drugs for as long as they could remember, as normally as someone who drinks two or three cups coffee a day to keep their eyes open. Many were the children of migrant workers, laborers who had suffered, alongside their families, from hunger, unemployment, police harassment or strenuous jobs that required much of them but paid barely enough to make it through the day. Their lives were so broken that they seemed meaningless.

Directors at these rehab centers in Tijuana told me that they had identified that at least 10 percent of addicted teenagers in treatment had been used as drug dealers by organized crime groups.

That teenagers were part of the drug distribution in the city is a phenomenon that became apparent in rehab centers late in 2008 and increased in later years, José Luis Serrano, director the rehabilitation center El Mezón, told me.

Serrano explained that they admit an average of 70 addicted teenagers a year, at least ten of them with ties to a criminal group or gang dedicated to selling drugs and stealing cars.

The use of minors as drug dealers was not common, José Ramón Arreola, director of the children and adolescents area of the Cirad, told me. He added that from 2009 on they started to treat four or five minors a month who also sold narcotics, in addition to 25 or 30 cases a month of children who only consume drugs.

The war against drug traffickers that Calderón's government started had not decreased drug consumption in Tijuana; on the contrary, it had increased it, directors of rehab centers told me.

"There are still a lot of drugs on the streets. Here (at Cirad) everybody can tell you how easy it is to get them," Arreola told me.

Serrano explained that at the end of 2008, amidst the violence and the hundreds of murders linked to drug trafficking, drugs became cheaper. Methamphetamines could be bought for 15 pesos (a little over a dollar) and were available everywhere.

"Organized crime started having difficulties getting drugs into the United States (when there were measures to reinforce the border). In addition, they started to pay the people who worked for them with merchandise and these workers had to distribute the drugs along the border. That's when we noticed an increase of minors consuming drugs, especially crystal meth (methamphetamines)," Serrano told me.

Methamphetamine has had a boom in this city. In the last ten years it has replaced other drugs, Acosta said. The gateway drug in teens is marijuana, and then they graduate to meth, a "designer" drug produced in clandestine laboratories.

According to the National Survey on Addictions, Tijuana has been the Mexican city with the most consumers of this drug for a decade. A pill that looks like an aspirin, it is easy to use, fast-acting, and produces a sense of wellness and energy. Addiction occurs immediately. The same document states that this city is second nationally in cocaine consumption, and third in marijuana dependants since 2008.

Methamphetamines have infected many young people and the working class due to its low cost and because the euphoria last longer than heroine and cocaine. But it also destroys people faster, Mario Anguiano, an addict who has been clean for 14 years, told me. He is currently an addiction counselor and a family therapist.

According to Baja California's Psychiatry Institute, around 65 percent of the 70 thousand addicts identified by the state are hooked on methamphetamines, and a little more than half live in Tijuana.

In addition, a survey conducted by the same institute in the state's schools from 2008 to 2011 revealed that 106 thousand students under 15 are likely to use drugs, considering factors like family disintegration, addicted parents, or environments where the use and sale of drugs is common.

"They're combating the supply but not the demand, and as long as there is demand there will be people willing to produce and distribute drugs," Acosta told me.

CHAPTER THREE

GRANDMOTHERS PRAY TO END THE VIOLENCE... AND THE VIRGIN APPEARS

"MAYBE WE STOPPED USING REASON and took on religion because religion is more than anything for those who suffer. That's the only thing that can scare off the evil in us, even if many people don't understand it," said 78-year-old Lidia Aceves at her residence in the Hipódromo neighborhood, one of the wealthiest neighborhoods of Tijuana's downtown district, just meters from a golf course and the U.S. Consulate.

Aceves was the president of *Abuelas en acción* (Grandmothers in Action), a civil organization formed by three high-class septuagenarians who, as a measure of desperation, had asked the community to pray every day, at 7 PM, that the lack of safety in Tijuana may stop.

"The city is experiencing an epidemic of violence and the vaccine is prayer," she said four days before holding a second mass at the Municipal Auditorium with representatives from Adventist churches, Hare Krishna temples, Catholic churches, and synagogues.

The Abuelas founded their group the afternoon of January 18, 2008, after "watching in terror" how Mexican and foreign media broadcasted again and again images of children fleeing a preschool—amidst teachers, soldiers and policemen—during a shootout in Tijuana.

A day before the meeting of the Abuelas, at the stroke of ten o'clock, on January 17, 2008, a group of gunmen from the Arellano-Félix cartel clashed with over three hundred soldiers and police officers, after fleeing and taking refuge in a safe house, a three-story residence known among the locals as the "stone house"[1] or "the dome,"[2] located in the gated community of Cortés, a middle-class neighborhood in the district of La Mesa, a few blocks from the house of Aceves.

Armed with war weapons (AK-47 and R-15 rifles), the two sides battled for almost three hours. During this time the authorities closed down Díaz Ordaz and Agua Caliente boulevards, two of the most transited streets of the city. Residents of the four blocks surrounding "the stone house" were evacuated, including around 100 children from a nearby school.

That morning—between the comings and goings of the police and the soldiers, women crying in a panic, business owners caught by surprise holding their heads, sirens from ambulances and police cars, reporters looking for cover and at the same time trying to catch a glimpse of the action, deafening gunshots, a helicopter hovering above, more gunshots and the ongoing sound of the sirens, warnings from the gunmen coming through the radio frequency of the police—in that moment of horror and death, I heard several similar testimonies from neighbors, rescue workers, and reporters: the awful feeling that at any moment *someone* could shoot them. It was a fear that they had not experienced until then.

The Federal Office for Public Safety announced that during the confrontation four officers were wounded (one of them died later in the hospital) and one alleged criminal was killed. They detained four alleged criminals, among them a municipal policeman and a state intelligence worker. Inside the house they also found six murder victims, hands tied, mouths gagged, and shot in the head in what is known as a *coup de grâce*.

"We were in shock," Aceves told me. What can three women over 70 could do in the face of all this? How does one help a city that seems to be drowning in a well of blood? Those are the questions she asked that afternoon along with Josefina Akerludh and Luz María de Palmer.

"I came to Tijuana in 1964 from Guadalajara, where I was born. I came with my husband and two of my eight children. My husband (the civil engineer Fernando Aceves) had been hired by the government to build La Puerta México. We liked the city a lot, the environment was great, the whole city was very festive. My other children were born here... That's what I was talking about with my friends, about how happy we've been in this city and the love we have for it. We decided that, considering our physical limitations, the best thing we could do was to pray. To gather the community and pray for the security of this city," Aceves told me.

1   On June 9, 2009, José Filiberto Parra Ramos, aka *La Perra* (The Bitch), was arrested as part of a of a joint operation between the Mexican army and navy in the area of the Tijuana River. Parra was regarded by the authorities as one of the most bloodthirsty killers of the Arellano-Félix cartel. Along with Teodoro García Simental, aka *El Teo*, he left the organization and joined the Sinaloa cartel. The PGR (Attorney General's Office) believes that he was behind the shooting at the "Stone House," among other scores of crimes.

2   A "corrido," a typical Mexican ballad, by Los Tucanes de Tijuana and titled "La perra cúpula" (The Dome Bitch), which authorities believe was commissioned by Parra Ramos himself, tells of a gunmen clash with the military and the police in the "house of stone," also called "The dome." It describes the origins of *La Perra* and his rise in the criminal organization: He was a mechanic for the chief / then became his gunman / He also brings his eight to nine school / He and *El Teo* are like brothers / now he has a convoy under his command / and hopes for a confrontation with the government / He's a man who when there are missions / he gets so excited that it's scary / he brings a sawed-off AK-47 / and there's no better defense weapon that that...

She explained that in the mid 1990s many families in Tijuana started to notice something strange happening in their community.

"We knew of neighbors here in the Hipódromo area who were doing the wrong thing. Some were killed, others were kidnapped, and others were sent to prison. We thought it was a passing phase, we didn't realize that it was the root of everything that's happening in the city, and we didn't want to or couldn't denounce them," added Aceves.

After the January 18th reunion, the Abuelas bought with their own money nine thousand candles that they gave away to the community, with the request that they light them and pray every day at 7 PM. They also called for a massive religious service on November 26, 2008, in the Municipal Auditorium, with the main representatives of the city's churches, that was attended by over three thousand people.

I went to that service as a reporter. By then the city's atmosphere was saturated with crime and frustration: over 600 murders, decapitated and mutilated bodies, more than 400 kidnappings, and multiple shootouts in public spaces.

In addition to the service organizers, there were other middle-class organizations with abstract or average names, such as Women, Students, Artists, Professionals, Mothers… That Tijuana middle class, with its generalized resentments and its secret slaving love of work, of food, of technology, and shopping, now, in one of those life ironies, had taken to the streets and other forums to demonstrate for months like never before. We were living in a moment, they used to say, in whichlife was worth a car, a pair of brand shoes, a girlfriend, a piece of land, a suspicious friendship, a gesture of contempt. And it looked like no one respected language, moral, honest efforts, or the right attitude.

Distress was evident among the congregants, in victims photos, and banners from family members that said: "God, touch their hearts so they return my daddy"; "We are afraid, we feel helpless in the face of all the corruption"; or "The divine power of God will prevail over evil."

"Our is a religion for those who suffer, and we are suffering too much. That's why we have to pray, it doesn't matter what your religion is," Rafael Romo, Tijuana's Archbishop told me on that occasion as he entered the auditorium.

"MANY PEOPLE HAD NO HOPE," Aceves told me. "I think this was a sparkle of hope, a change in attitudes. But I still couldn't tell you what we achieved."

However, the second massive service, celebrated on November 27, 2009, also at the Municipal Auditorium, attracted only 500 people of the five thousand they were expecting. This despite the "Campaign for Prayer" that the *Abuelas en Acción* continued during that year, speaking at almost fifty schools to talk about civic participation, family unity, moral values, support for politicians, and prayer; and despite visiting the most important local media outlets to announce their prayer campaign.

This ceremony was very similar to the first, but what drew the most attention, in addition to the meager attendance, was that nobody had banners or written messages.

"I don't know what happened, why so few people showed up. We still want to call for another service in 2010," she said.

I asked the opinion of Guillermo Alonso, a social anthropologist from the Cultural Studies Department of the College of the Northern Border (COLEF), a university located along the Pacific coast in Tijuana. He told me that the low attendance at the mass prayer amazed him as much as the three thousand who gathered in 2008. "Society often exceeds expectations, that is its mystery. Sometimes it's demoralized, but other times it's excited about new things. " Many Catholics believe that prayer is effective to ameliorate tense environments, he said. In any case, these services are "manifestations of hopelessness" that religious communities have historically expressed in times of crisis: drought, plagues, pests, injustice or disease.

"It is believed that prayer is a palliative to help improve things. But the paradox is that many thugs and criminals also pray or carry religious images such as virgins or scapulars for protection and support," he told me.

A few days after the shooting at "The Stone House", a group of reporters went to the residence, which still smelled of gunpowder and tear gas. There was no furniture; broken glass from the windows littered the concrete floors and carpet of its twelve rooms. However the impact of the bullets had not damaged the stone walls. The official from the Federal Security Office who gave us a tour of the house told us that it had been expressly built as a fortress by the Arellano-Félix cartel. He used it as a safe house and to resist this kind of confrontation. In one of its rooms, where the six executed people were found, was the crudest form of that destruction: there were large pools of blood and brain tissue from the victims on the gray carpet and walls. Their executioners, the official told us, had left a lit candle with a picture of the Virgin of Guadalupe. The wick was still burning.

The third massive service, as the *Abuelas en Acción* called them, was never held. The low attendance of the second service discouraged them. But another religious event put in evidence the desperation of the community in winter of 2009: the alleged apparition of the Virgin of Guadalupe on an orange traffic-safety cone. This apparition in a hostile neighborhood on the east side made the residents feel "protected" from the ongoing violence.

"I feel that the *virgencita* appeared because we're suffering so much, I think, because everything the community has gone through. Ever since she appeared, I don't know, the neighbors, we feel calm, protected," said María Elena Hernández Mena, 58 years old, who found the image.

Hernández Mena told me that on Sunday, October 4, at the stroke of 4:45 AM, she walked half a block from her home, located on Invernadero Street, up the main avenue in El Florido neighborhood, where every weekend she sets a stall in a street market, known as "sobrerruedas," to sell used clothing and other second-hand products.

That day a vehicle hit a traffic-safety cone, near a sewage channel that runs parallel to the main avenue. The driver left the scene, she said. She picked up the cone and was perplexed by what she saw.

Despite the darkness of dawn and her eyes damaged by cataracts, Maria Elena told me she could see the Virgin of Guadalupe. Confused, she woke her children and asked them (about the image). Then she went to her neighbors and to some sellers who by that time had set their stalls. Everyone agreed with her. On Wednesday, October 7, she placed the cone in a makeshift shrine in front of her humble home, at 1012 Invernadero Street, where she lives with eight of her children and 15 grandchildren. Soon, hundreds of neighbors and onlookers began to arrive.

The image, looking at it objectively, seems to be only tracks left by the vehicle's tires. But look at it with the eyes of the faithful and it resembles a silhouette—mostly the top—of the legendary image of the Virgin of Guadalupe.

When I visited Mrs. Hernández Mena, I saw that the altar had 27 bouquets of fresh flowers, two small images of of the *Guadalupana* and seven candles.

"I don't quite understand what happened... Maybe it's a sign to stop all the ugly things that are going on," said Vicente Santillán Ruelas, a 53-year-old who sells electronics a block from where the altar was placed.

Lino Bernardino Meléndez, a 49-year-old neighbor from the same block, has his doubts about the virgin's apparition, but in any event, he says, he has felt "safer and calmer about all the problems we have in Tijuana."

El Florido, located at the foot of Cerro Colorado, is a conflict zone populated mostly by low-income families. The Attorney General of Baja California had reported about 30 homicides linked to organized crime from 2008 to 2010 in the neighborhood. Mrs. Hernández Mena herself told me that she still had in her mind the image of two young men shot dead in November 2008. They had been dumped in the sewage canal, half a block from her home.

"These days people need God and maybe we need messages of hope," said José Guadalupe Rivas Saldaña, the pastor of St. Peter–St. Paul Church and a representative of the diocese in El Florido.

Rivas Saldaña interpreted the alleged apparition of the Virgin on the cone more as a need of the people to come together and unite against the charged environment of the city, than like a miracle.

"The issue of apparitions is very delicate and they always require serious studies that can take years," he said. The pastor added that when people speak of apparitions of the Virgin, they are also talking about Christ and also about a need to change their lives.

For the sociologist Guillermo Alonso, researcher at the Department of Cultural Studies of the College of the Northern Border, this alleged apparition is a sign that let´s one analyze what kind of of society supports this belief.

"Like children, adults are also trying to call attention to themselves. In this case, they can say that they've been 'screwed,' but the Virgin still appears to them. It's a typical Catholic Church tenet: hold on, that heaven is near," said Alonso.

Alleged religious images on random objects, clouds or tree bark, are very old, explained the expert. They appear in many tribes and civilizations. Somehow they are taken as symbolic stimuli to help endure the tragic situations they live every day.

CHAPTER FOUR

THE MASS GRAVES OF SANTIAGO EL POZOLERO MEZA

THE TESTIMONY OF A CONFESSED CRIMINAL, who was an operative for the Arellano-Félix cartel and then for a cell linked to the Sinaloa cartel, reveals many details of the cruel battle that horrified this community.

It is also an example of what the war against drug trafficking has meant for the country.

Santiago Meza, *El Pozolero*, testifying before the SEIDO, said that he dissolved hundreds of people in caustic soda in five specific sites. He also said that he disposed of human remains in streams and drains in the city from 1996 to 2009. According to the prior inquiry PGR/SIEDO/JEIDCS/032/2009, Meza remembers those clandestine mass graves and the approximate number of victims who were sent to him, already dead, so that he could "pozolearlas" (make hominy soup out of them), a term that organized crime used to refer to the caustic soda broths that he cooked in an attempt to erase all traces of the murders that were committed.

"I don't know who they were or what they (the victims) did," he added during the interrogation. "I remember that out of all the bodies that I got to *pozolear,* (there were) three women. I never got uniformed people either."

So far the authorities have explored five of these places, and in three they have found bones, teeth, and organic matter, as well as personal belongings from people, said Meza.

The last search, which SEIDO staff undertook in December 2012, was on an piece of land known as La Gallera, located in the Maclovio Rojas neighborhood on the east side of the city.

Baja California´s Procuraduría General de Justicia del Estado (State Attorney General´s Office or PGJE) has no evidence that this has continued. From 2010 until 2012 they did not find the ingredients used for this activities in any other place.

However, Meza said in his statement that he taught the skills to more *pozoleros*, and that before he learned this sinister job there were already others doing it.

Meza's crimes were revealed after his arrest in January 2009, just as the violence intensified in the streets of Tijuana.

Between 2008 and 2009, the PGJE reported a total of 1,507 murders, over a hundred kidnappings, shootings in public places, approximately 8 percent of the population fleeing the city and dozens of missing persons.

The dispute over controling of the sale and transportation of drugs between two criminal groups with the military and the police, the latter infiltrated by organized crime (the municipal police had just fired more than six hundred agents) inspired unimaginable acts of sadism: hanged, beheaded, and mutilated bodies that kept resurfacing in public streets.

The high-impact violence decreased in the city following the arrests of kingpins and criminal cell leaders, the purges of the state and municipal police, and especially, after the several raids by the Mexican army that resulted in significant seizures of stockpiles and drugs.

But the violent murders continued. In 2010 the PGJE reported a total of 820 homicides, 476 in 2011, and 264 in 2012, 80 percent of them linked to drug dealing. While there is a perception that violence is down in the city, it is also true that there are people who still suffer from the tragedies of the worst years the city lived.

According to two civil associations created by victims' families, both based in Tijuana, the state has registered 488 missing people, but they estimate that there are dozens more cases that have not been publicly reported because the families fear reprisals .

Less than a quarter of these families have reported the crimes to the authorities either because they distrust them or because they feel threatened by them, say the heads of the associations.

The PGJE's special prosecutor for missing persons, Miguel Ángel Guerrero, told me that until the winter of 2011 they had only recorded 96 prior inquiries from people "lost or missing," 70 of them in Tijuana and 26 in Mexicali. The cases range from 1995 to 2011, but 80 percent of them are disappearances that occurred between 2007 and 2010.

Guerrero said that 90 percent of missing-persons investigations are linked to organized crime, and that about 15 percent of Tijuana incidents are directly linked to *El Pozolero*.

Santiago Meza is currently in a federal prison in the Mexican state of Nayarit, accused of organized crime, covering up crimes, and possession of firearms for exclusive use by the army.

Early in September 2011, Fernando Ocegueda, president of the association Unidos por los Deasaparecidos in Baja California, gave a copy of Meza's statements to SEIDO. Ocegueda said he received it anonymously, so he could keep looking for traces of his son, kidnapped on February 10, 2007, and of other victims.

In the statement, *El Pozolero* reveals five specific places where he operated, and other areas where he disposed human remains.

Although the statement was given on January 25, 2009, so far the authorities have only explored three of these places, where they found bones, teeth, rings, and human organic matter, and another area near the Abelardo L. Rodriguez Dam, where they did not find any remains. Authorities say that investigations take time because they have to excavate in large areas of the land and they do not have the advanced technology to do so.

When he was arrested, Meza said he dissolved "about three hundred human bodies" in caustic soda. But his statement to SEIDO does not list a number of bodies. The words that jump out in that statement are "some," "at least," and "around" in reference to the numbers of victims that he received. From his statement it appears that there were at least 151 victims from 1996 to 2009 in Tijuana alone.

Meza, who was arrested on January 23, 2009 while he was high on drugs at a party that his boss, Teodoro *El Teo* Garcia Simental, hosted at a house located south of Playas de Rosarito, said he worked first under Efraín Pérez, nicknamed *El Efra*, and later, from 2002 on, under *El Teo*. The two are heads of different cells of hitmen and drug dealers serving the Arellano-Félix cartel.

According to his statement, Meza met *El Efra* in 1992, when he came, along with two of his brothers, to work as a bricklayer at a paint shop located in the Reforma neighborhood, on the east side of the city. He was 29 years old and had just arrived at the border from his native Guamúchil, Sinaloa.

Pérez then invited Meza to take care of the "Rancho El Contento" (The Happy One Farm), where he kept racehorses, and then took him to the warehouse they knew as "07," located in the Jardines de La Mesa neighborhood, where they kept stolen cars.

According to SIEDO's previous inquiry, he received $200 a week for taking care of the warehouse.

"One day, about five years after joining the organization, at the 07 warehouse, I was with Efraín Pérez *El Ocho Cinco*, his assistant, whom they called *El Negro*, and another guy called *El Macumba* (Jorge Aureliano Félix), with the name code *Ocho Cuatro*. Efraín Pérez, *El Ocho Cinco*, called me to see an experiment. They had caustic soda and a bucket. They poured water into the bucket, filled it about halfway, and then poured in about four liters of caustic soda. As they were teaching me, they asked me to stir the caustic soda in the water so it would dissolve. When smoke started coming out, I threw in a cow's leg that they'd brought, and we left it there for about two hours. During those two hours we would stir it and the meat started coming apart," Meza explained.

Six months after that test, he added, *El Efra* called him on his radio to tell him that he was going to experiment with human flesh and that he would send along "some plebes," so he could train them in that job as well. He only knew the young men by their nicknames: *El Negrillo, El Chico, El Cuic*, and *El Don King*. That was in 1996.

That night he dissolved his first dead body, Meza explained, but some fragments didn't dissolve, so the next day he threw them in the stream that runs along the Tijuana River.

The 07 warehouse was closed down after two years because a police investigation revealed that there were stolen cars, Meza stated. He said during that time they brought eight more bodies for him to dissolve, and he also disposed of the remains in the Alamar stream.

El Efra took him to another warehouse, located in the residential development Villa Floresta (also on Tijuana's east side), that looked like a house and where "the 'pozolear' technique was much better," Meza said. They had welded barrels and connected piping to the drainage so they could dispose of the remains that were not dissolved in the caustic soda.

They worked from that location for three years and he dissolved "some forty bodies or more," that were brought to him by several people he didnnot know, according to his testimony. They closed down that warehouse "because there were rumors that law enforcement was coming."

Meza said that from there they took him to a parcel located in the hills of a rural area of the Valle Bonito neighborhood, on the city's east side. By then he no longer took orders from *El Efra*, who had been arrested. Now he dealt directly with García Simental, *El Teo*.

"On this new little farm where they put us to work there was also a warehouse, but no drainage. We dug holes, about a meter and a half deep by a meter wide and that's where we threw the rest of the "pozole," meaning, the remains of the bodies that we dissolved in caustic soda," Meza said.

Officers from the PGJE and SEIDO excavated the site in the spring of 2011. The special prosecutor for missing persons said they found human remains, which they sent to SEIDO's central office in Mexico City to get genetic profiles in order to compare them to the databases of victims' relatives that the special prosecutor keeps.

The results of the DNA tests had yet to be sent (by early 2012). It is a process that takes some time because of the damage the materials cause on human remains, said Guerrero, the PGJE's special prosecutor for missing persons.

Meza explained in his declaration that he received more than 22 dead bodies in that warehouse. Sometimes they unloaded from the cars up to eight bodies in a single trip. They abandoned that property when Mexican soldiers arrived and found no one who worked there.

By then he had four new assistants whom he knew by their nicknames: *El Yiyo*, *El Cenizo*, *El Satur* y *El Mario*. They had fired two of his old collaborators because they had become addicted to crystal meth. Another one died in an accident and the fourth was sick with cancer.

From Valle Bonito they went to the place that Meza identified as La Gallera during his previous inquiry, located in the Maclovio Rojas neighborhood in Tijuana's east side. There, "the people who brought in the bodies had escorts that look like police cars."

"I lasted a year and a half there, but the military also came. They didn't find anything, even though I received more than 70 human bodies there to dissolve them in the caustic soda and water mix," he said.

Santiago Meza told the Deputy Attorney Specialized in Organized Crime Investigations that the last place he worked as a *pozolero* was in an area of the public land called Ojo de Agua, an almost rural area east of the city, adjacent to the old highway that goes to the town of Tecate.

Although this is the place that national and international media baptized as "The Pozolero's Farm," and they said that Meza dissolved in acid some 300 dead bodies, Meza said in his declaration that he was in that place "like a year and change, and in that time there were at most 10 people that were dissolved."

In the spring of 2009, federal agents found bone remains, teeth, and rings in the grave, which was about three meters deep and two meters in diameter.

"At this place, the dead bodies were brought by just plebes, I mean, young guys, 20 or 22 years old, who were new and were following instructions by '*La Perra*' (Filiberto Parra Ramos, detained on June 10, 2009) and some others who worked for '*Muletas*' (Raydel López Uriarte, detained on February 8, 2010). But both cells belonged to the organization led by *El Teo* detained January 12, 2010), who I worked for directly," said Meza.

According to the PGJE and the Federal Attorney General's Office, by the end of 2007, Teodoro García Simental did not want to recognize Fernando Sánchez Arellano (nicknamed *El Ingeniero*, and a nephew of the cartel's founders) as a leader of the Arellano-Félix Organization.

The warring factions in the Arellano-Félix cartel worsened in early 2008. According to the PGR and the PGJE, Sánchez Arellano inherited the position after Francisco Javier *El Tigrillo* Arellano Félix was detained along the coast of Baja California Sur in August of 2006.

El Tigrillo had taken the cartel's reins after his brother Benjamín was detained in Puebla state in March, 2002, a month after his other brother, Ramón, was assassinated during a shootout in Mazatlán.

On January 4, 2012, Benjamín Arellano Félix pleaded guilty in a federal court in San Diego, California, of illicit association and conspiring to launder money. Through a deal with the district attorney's office, he received 25 years and avoided a trial that could have sent him to prison for 150 years.

With *El Tigrillo* gone, other traffickers came to fill that power vacuum, including cells from the Sinaloa cartel and La Familia from Michoacán. The drug and violence problems between *El Teo* and *El Ingeniero*'s cells increased.

The east side of the city, the most vulnerable for its lack of public services and migrant families that had just arrived to the border, was full of unemployed young men, testosterone driven and often well armed by the drug cartels.

According to the authorities, *El Teo* controlled that area. When his brother, Mario Alberto García Simental, was arrested, *El Teo* inherited a criminal cell that had served Mario Alberto García Simental. After the fight with *El Ingeniero*, he joined the Sinaloa cartel.

Meza says in his declaration that under *El Teo*'s orders, he took two blue barrels with human remains to the Mariscos del Pacífico Restaurant, located in the 20 de Noviembre neighborhood. He then wrote with a black felt-tip pen in a poster board: "This is going to happen to all who align themselves with *El Ingeniero*." The discovery was reported by the local police on September 30, 2008.

By the end of 2007 and the beginning of 2008, the muggings and kidnappings increased, the authorities reported.

Civil organizations for the missing point out that 80 percent of the 488 disappearances took place between 2007 to 2010. But according to Meza's declarations, he dissolve most of his victims between 2002 and 2007.

That is why it is possible that many of these victims are not registered with the civil organization nor with the PGJE.

"When we worked with human bodies we never saw their faces, because all human bodies had masks of duck tape. And when we placed them in the pots or drums with caustic soda and water, we only cut the tape around the back of the neck, without taking it off completely," said Meza.

During SEIDO's previous investigation, Meza pointed out that he and some other members of the criminal cells had ministerial police IDs. Also, some actual active agents of that force went to the parties that the cells organized.

Even in his interrogation, the social representative of the federation asks him if he can recognize names and pictures of 49 policemen allegedly linked to organized crime, but Meza only admits to recognizing two of them who used to attend El Teo's parties.

The heads of the local police and the PGJE have admitted that they are infiltrated by organized crime. Some 600 municipal agents and close to 200 local policemen (who investigate various crimes) were fired between 2007 and 2010.

The special prosecutor for missing persons at the PGJE, Miguel Ángel Guerrero, told me that there are maybe 70 or 100 bodies that Santiago Meza dissolved and that are not being considered in their previous inquiries, but those victims have no names or registered DNA.

But also, he said, it is possible that some of the missing were buried in a mass grave in the municipal cemetery, about five minutes from Ojo de Agua, because the PGJE only started taking DNA samples in 2005.

Scores of unidentified dead bodies, many murdered between 2008 and 2009, were sent by the Forensic Medical Service (Semefo) to the municipal mass grave when nobody claimed them after 36 hours.

Since the special prosecutor for missing persons began its operations in December 2008, there have been two exhumations from the mass grave. Relatives of the victims recognized them thanks to photographs that were uploaded later on in the Semefo page.

"The authorities have forced us to be the investigators in missing persons cases, because all the offices pass the ball among them and they don't do anything. I don't care who did it or why anymore. I only want my son's remains so I can give him a proper Christian burial," 60-year-old Irma Leyva told me during a demonstration of the families of the missing, at the traffic circle Independencia, in the Río de Tijuana area in the summer of 2011. She is the mother of Diego Alonso Hernández, a young former policeman that was "taken away" on January 1, 2007, in Mexicali, by a criminal cell.

During this sunny afternoon, some 40 family members of disappeared prayed and placed banners with pictures of their absent children and spouses in the traffic circle; those images were taken on birthdays and at picnics or graduations. Some were smiling at the camera, snapshots of instant happiness. On the street, passers by and drivers went on their way indifferently. The problems are perceived as unfortunate but foreign to the majority of the people in the city. Marches and demonstrations have consisted of the missing persons' family members—or what's left of them.

CHAPTER FIVE

MRS. HODOYÁN, OR AUNT JUANA'S METAPHOR

IT'S BEEN A LONG TIME SINCE SHE FELT THE CITY HAD CHANGED FROM TOP TO BOTTOM, Mrs. Cristina Palacios de Hodoyán told me. Many streets have lost their soul. The stores and cinemas that she and her friends had gone to as children had disappeared. However, what hurt the most about "her city" was that now it seemed that it was self-destructing in its obsession with violence.

I observed her: her slender figure, distinguished demeanor, a business suit and white straight hair in the shape of a helmet covering part of her neck. She was sitting across from me at a restaurant in the Hipódromo neighborhood, downtown, steps from her house. I had seen her in action before, leading half a dozen demonstrations, scores of people demanding that authorities investigate missing-persons cases, not criminalize kidnapping victims, and put a stop to the violence, and asking for justice, among other demands. I had been surprised by her character and fortitude in spite of her 69 years of age. But now she seemed fragile, helpless. She chain smoked, kept glancing at the door, and was paralyzed every time a siren was heard speeding nearby.

I had requested an interview with Palacios to talk about her work as president of the Citizens Association Against Impunity, an organization representing the families of 488 kidnapping victims in Tijuana, 80 percent gone missing between 2006 and 2009. This included two of her sons: the oldest was kidnapped, disappeared, and most probably murdered; the youngest is serving time in prison, accused of killing an important official from the PGR, under orders of the Arellano-Félix cartel. They were both called *narcojuniors*, a term the authorities coined for children of wealthy families who joined the organized crime looking for adrenaline and power, despite having everything at home.

At the stroke of 8:30 PM on August 20, 2009, she arrived at our appointment at Merlot restaurant. I had a questionnaire of 54 questions that I wanted to ask her, but I didn not have to formulate many because she kept talking, as if someone had wound her up. Her litany answered all my questions and I understood that this was some sort of relief for her. She also inspired me to make an analogy: Cristina Palacios, member of the privileged class, with roots in the city and a life neatly arranged since childhood, and who, through misfortune, neglect, or fate, had put aside her role as a society lady to become an activist, because she was the mother of a victim and of a perpetrator, the two sides of a tragedy that two people normally live. That was what was happening also to society in Tijuana.

Palacios was president of the Country Club, an exclusive sporting and social center in Tijuana that includes the historic golf course, dating from the 1920s, that was part of the Agua Caliente Casino, the gaming center created by Al Capone. She was also a founder of the Instituto México here, an exclusive private Marist Brothers school where the businessmen's children in the region studied.

These positions only strengthened the relationships she had with the city's upper class. Although after arriving in Tijuana in 1950, as a child, she was part of that elite thanks to her father, a businessman specialized in property development who would later build three emblematic residential estates in the city.

Palacios sighed and lit the her third cigarette in less than thirty minutes. Her nostalgia was evident. That world where everything was tidy (what college would the kids go, who would marry the girl, in what European city would they celebrate their 15th birthday, and their 20th...), that past and the city (so close and similar to the United States, a party every weekend after the bullfighting show, the horse racing at the tracks, the Jai Alai seasons, the atmosphere of Avenida Revolución and the proud middle class who earned their salaries in dollars and had plenty of time to think about leisure and happiness) no longer existed.

WHEN ALEJANDRO HODOYÁN PALACIOS, 35 years old, was "*levantado*" (taken away, a term used in the region to refer to the kidnappings linked to revenge against victims or their families) the morning of March 5, 1997, on a busy boulevard in Tijuana, his mother, Cristina, began knocking on the doors of dozens Mexico's highest officials trying to find him.

She had many clues as to who had taken her son, Palacios told me. On September 11, 1996, Alejandro was arrested by soldiers in Guadalajara, Jalisco, along with Fausto Soto Miller, *El Chef*, a drug dealer working for the Arellano-Felix cartel who got his nickname because he was the chef of Ramon Arellano, one of the leaders of the organization, and ran the now defunct restaurant Boca del Río in Tijuana.

The Arellano-Félix cartel had become national news and caused a commotion among the wealthy in Tijuana after the assassination of Cardinal Juan Jesús Posadas Ocampo and six others, in a clash between gunmen at the airport in Guadalajara, Jalisco, on May 24, 1993.

The shootout was led by Ramón Arellano, who along with his brother Benjamín, was well known in Tijuana for his largess in bars, clubs, and exclusive parties, as well as their friendship with local police chiefs, entrepreneurs, and the children of the wealthy.

Since the late 1980s, the Palacios children were friends with Ramón Arellano, who paid the bills when they went out together, she said. She knew from her children that the Arellanos were from Sinaloa and in the trucking business. She was not surprised about that kind of wealth. Since 1985, following the earthquake in Mexico City, many upper-class families migrated to Tijuana and bought residences and offices in cash. She started to worry in 1993, after the Cardinal Posadas case.

"They told me that they weren't hanging out with Ramón anymore, that he had left the city... I believed them," she said.

Alejandro Hodoyán was detained without charge for four months in Guadalajara and then in Mexico City, under orders of General Jesús Rebollo, who was named head of antidrug forces by then-President Ernesto Zedillo.

Soon after, in February 1997, the Mexican government arrested General Gutiérrez Rebollo for allegedly protecting the Juárez cartel, led by Amado Carrillo Fuentes, *El señor de los cielos* (The Lord of the Sky), who died unexpectedly on July 4, 1997 at a maternity clinic in Mexico City. The newspapers said he died of a heart attack after an eight-hour plastic surgery and liposuction operation.

According to the official version of the events, Gutiérrez Rebollo, who had arrested several drug lords in Tijuana aided by confidential information he received from the Juárez cartel, was working for *The Lord of the Sky* to dismantle the Arellano-Félix cartel. Both sides were engaged in a battle for control of the drug trade across Mexico's border with the United States, which in the late 1990s represented about 30 billion dollars per year, according to U.S. government estimates. The Mexican soldier was sentenced to 40 years by the Mexican justice system.

"The whole time he was with the military, Alex (Alejandro Hodoyán) told us that he had a job, but that he couldn't tell us more," Palacios told me.

Months later she watched with concern a video broadcasted nationally on channel 40 in which her son appeared in a military interrogation. In the images, Alejandro looked broken: he coughed constantly, cleared his throat, his eyes were lost. He looked drugged.

Palacios told me that a week before he was detained, she knew her son was addicted to cocaine. In January 1997, when he was released by the

Mexican Army and handed over to the U.S. Drug Enforcement Agency (DEA) as a U.S. citizen (a trend of Tijuana's middle and upper class was not to give birth in the city but in California hospitals), Alexander Hodoyán told his family that they gave him drugs in exchange for information. They also tortured him physically and mentally, Cristina told me, hardening her expression and lighting another cigarette. "They gave him electric shocks, they suffocated him, they wrapped his head in pillowcases or blankets and then hit him with a board. My son told me that during interrogations they kicked him all over his body, and once, they burned his toes and fingers with a lighter," she told me. They also showed him pictures of his daughters, his wife, and his parents getting home or going to school so he would tell them what they wanted to hear or "something" would happen to his family.

"Alex's problem was that he knew too much. In Tijuana, many people knew too much," Palacios told me.

Under torture, Alejandro Hodoyán gave up several members of the Arellano-Félix cartel, including his own brother, Alfredo Hodoyán, an alleged hitman for the cartel, and a group of friends, children of wealthy families in Tijuana, whom he knew since childhood and whom the media baptized as *narcojuniors*.

His younger brother, Alfredo Hodoyán, was detained on September 30, 1996, a day after he went to see the San Diego Chargers play. The federal prosecutor accused him of participating in the homicide of a former delegate for the Attorney General's Office (PGR) in Baja California, Ernesto Ibarra Santés, who was gunned down under orders of the Arellanos on September 14, 1996, in Mexico City, as he was taking a taxi from the airport to the PGR headquarters.

When the U.S. DEA released Alejandro Hodoyán in San Diego, the Arellano-Félix cartel had an unwritten contract to kill him, according to the then federal prosecutor Gonzalo Curiel. But Alejandro and his family did not believe him, Cristina told me. In any event, she wanted her son to stay in San Diego. The DEA had offered to put him in the witness protection program and submit the case to a grand jury, although if he risked being jailed in the United States if he failed to answer any questions from the jury.

After a couple of weeks hiding in relatives' houses in Tijuana and Rosarito beach, Alejandro's family convinced him to return to San Diego.

At the stroke of 11:20 AM on March 5, 1997, Cristina was driving her car along Agua Caliente Boulevard with her son. She wanted to take her son to

California, but before they were able to turn into Cuauhtémoc Boulevard they were intercepted by an armed commando in a van.

What happened next happened fast, Palacios told me. When her son saw them he said, "They're the same ones," referring to the soldiers who had detained him in Guadalajara. A man, who no matter how hard she tries to remember she always sees as a blur, as a ghost, opened the car's door and pointed a gun at Alejandro. Another man, who she could identify as a soldier working under orders of Gutiérrez Rebollo, stood next to her door showing an R-15 rifle. Then they put Alejandro in their van, a dark Aerostar.

Cristina told me that by then she had gotten out of her car and run to the van where they held her son, banging, yelling to let him go. But Alejandro himself told her to go, to let him go. She never saw him again.

Looking for her kidnapped son, Cristina first found herself in the labyrinth of the highest ranks of government, and then in the streets of Tijuana, protesting the lack of satisfactory answers.

During that journey she met many people who, like her, wanted the authorities to investigate the fate of their kidnapped relatives. The paradox was that many of those crimes were committed by cells of the Arellano-Félix cartel, which her younger son was accused of belonging to. Palacios told me that she did not think her son Alfredo had contributed to those disappearances because he had been detained already.

In the spring of 2001, she joined an association called *Esperanza* (Hope) that included as members about a hundred relatives of people who went missing in the 1990s in Tijuana and Mexicali. By then Vicente Fox was serving his first year as president, the first president of the country from the National Action Party (PAN), putting an end to almost 70 years of the hegemony of the Institutional Revolution Party (PRI), but there was not a lot of hope for his administration. Mexicans wanted him to solve unemployment, the economic crisis, and especially the corruption plaguing the principal institutions of the country that had grown under the PRI.

During Vicente Fox´s term the Arellano-Félix cartel lost many of its lieutenants. First, in March 2002, Benjamín Arellano-Féliz was arrested by soldiers in Puebla's capital, only a month after his brother was shot down in a shootout in Mazatlán, Sinaloa. And in August 2006, American authorities stopped *El Tigrillo*, Francisco Javier Arellano Félix, on the coast of Baja California Sur, who had taken the helms of the criminal organization.

However, also during the Fox presidency, one of the most feared traffickers escaped from prison. On January 19, 2001, after bribing the authorities at the high-security prison in Jalisco, Puente Grande, *El Chapo* Guzmán broke free. In the first decade of this century he went on to start a new war against other drug traffickers in Mexico and became the most powerful *narco* in the world, amassing an international network of opiate dealers, surpassing the organizational capacity of the legendary Colombian narcos.

According to the PGR, the head of the cartel in the region became Fernando Sánchez Arellano, *El Ingeniero*, the founders' nephew. But soon there was a split with one of his subordinates, Teodoro García Simental, *El Teo*, the head of a bloody criminal cell dedicated to kidnappings and executions that dominated the transportation and control of drugs on Tijuana's east side.

El Teo joined the Sinaloa cartel, led by *El Chapo* Guzmán. By then President Felipe Calderón, the second from the PAN, had started the war on drug traffickers, provoking the worst wave of violence in the recent history of Tijuana.

THIS BORDER WAS A SORT OF LABORATORY FOR THE DRUG WAR LAUNCHED BY CALDERÓN, even one of his reasons for starting it. During the inauguration of a new gateway to the United States called El Chaparral, on October 11, 2012, Calderón said in his speech that when he was campaigning for the presidency in 2006, at a rally in Tijuana, several businessmen met privately with him and explained their fears about the insecurity prevailing in the city: the abductions, kidnappings by people dressed as officers, murders, briberies to the police, extortion, shootings in public places, and wealthy families fleeing the violence. So why he had decided to confront the criminals, Calderón said in that speech. For him, six years later, Tijuana was a whole new city, and "the war (on drug traffickers) was being won".

THE DRUG WAR IN MEXICO COINCIDED WITH THE INTERNAL STRUGGLE of the Arellano-Félix cartel, whose base was mainly the east side of Tijuana. As never before in the history of the city, hundreds of victims appeared bullet-riddled, decapitated, wrapped in blankets, or mutilated. It was horrific, the true face of drug trafficking that the authorities and society had tolerated and in many cases even sympathized with.

THE ESCALATING VIOLENCE MADE the middle and upper classes of Tijuana, always reluctant to participate in demonstrations, take to the streets and demand the help of the federal government, and even the presence of the Mexican army, given the distrust of the local police.

FOUR DEMONSTRATIONS IN 2008 AND 2009, in which a contingency of the Asociación Ciudadana Contra la Impunidad (Citizens Association Against Impunity, the new organization led by Palacios) participated, started on Cuarta Street, across from Teniente Guerrero Park, downtown, exactly a block away from where Cristina spent her childhood.

She played in the park with her family when she was ten years old, a few months after moving to the city in 1950 from her native Mexico City, she told me. At the time about sixty thousand people lived in Tijuana and the only paved roads were Revolución Avenue, Madero Street, and part of Agua Caliente Boulevard.

The demonstrations, then, were not only for Cristina Palacios to ask —to scream—about the grief of the people and to demand justice, but also they were a walk through her past. The group of people marched on Revolución Avenue, then to Eleventh Street, and then onto the traffic circle Independencia, in the Río area. Comparisons were inevitable. Every step was a reminder of the old Tijuana, ebullient, with its thousands of American tourists walking down the main street, the colors and smells of the time. The immense theaters: the Bujazán, where Palacios first saw *Singing in the Rain*, starring Gene Kelly, *Giant*, with James Dean, and *Cleopatra*, with Elizabeth Taylor. She walked the line between nostalgia and reality, that reality that made her come with her sons, now one missing and the other in prison, two *Tijuanenses* born in America, educated in Marist schools, from a wealthy family, living in a city that gave them everything. She walked like everyone else, at a charged time in a charged war: a war to win or lose, live or die, inhale or exhale.

"We never realized when the city was taken by a criminal group. We lived in our little world, we were busy... But that untroubled world where we never suffered any crisis fell apart. We changed, the families that went through this, we withdrew. We're not the same anymore," Palacios told me, gazing away, like her eyes were still looking at the image of her boy, who followed her day and night. She was unable to get him out of her mind.

CHAPTER SIX

THE PROSECUTOR IN HIS LABYRINTH

WHEN THE POLITICS OF REVENGE BEGAN TO WIPE OUT the heads of criminal cells in Tijuana, the state attorney general of Baja California, Rommel Moreno Manjarrez, knew that this was a sign of the deep failure and dysfunction within the drug cartel that had historically controlled the mafia in this region. But he was also sure that this carnage would bring profound changes within his own department which, he knew, was infiltrated.

The drug war, started by President Felipe Calderón (2006–2012), brought to Tijuana in late 2007 a contingent of marines and federal police, and sent the Mexican army to the streets as the city faced an internal crisis of the local police forces corrupted by the organized crime.

But most of the deaths were the result of infighting in the Arellano-Félix cartel. The U.S. authorities had dealt them a serious blow with the arrest of Francisco Javier Arellano Félix, *El Tigrillo*, on August 2006, on the coast of Baja California Sur.

El Tigrillo had taken over the organization after his brother Benjamín was arrested in March 2002, in the capital of Puebla, a month after his other brother, Ramón, was killed in a shootout in Mazatlan, Sinaloa. The power vacuum and the untimely arrival of the founders' nephew led to an internal struggle, and a leader of a criminal cell that served the Arellanos joined the Sinaloa cartel, headed by Joaquín *El Chapo* Guzmán, which led to the worst wave of violence in this city.

The bloodbath that started to look like an Elizabethan revenge tragedy was in evidence especially after the morning of September 29, 2008. That day, 19 people were found murdered, 12 of them in a vacant lot next to an elementary school in a neighborhood east of the city. The victims had several gunshot wounds and their heads covered in duct tape and plastic bags. Some had their hands bound and feet wrapped in bandages. They had made no attempt to bury them. The dead bodies were naked, exposed for photographers to take pictures like a final humiliation, to force us to see the terror, a hint of what we are. All had been shot dead, but they also showed traces of the sadism and torture they endured before their lives were turned off. One of them even had his pants and underwear around his ankles and was placed face down. However, what caught my attention in that scene was the almost uncovered face of one of the victims. It was the flat, frowning face of a young man. His body was thin, almost frail, with dark skin. The rest was a mystery. He could have been any student that I had met somewhere. Surely he liked football and spent hours playing video games. Sometimes he went out with friends, dreamed of owning a sports car and was doing badly in school because it was impossible to sleep after falling in love. Assumptions. Laying there he was just one of the 12 dead bodies. A few days later state prosecutors identified him. His name was Gustavo Morales Lara, 15 years old. He had been kidnapped a day before along with Israel Bernabé Millán Ocampo, 18 years old, and Felipe Ramón Espinoza Salinas, 17 years old, whose bodies were also thrown into the vacant lot. The PGJE investigation concluded that they were small-scale drug dealers, working the streets for a criminal group affiliated with a cartel they had heard about since they were kids, but had never met its bosses in person.

After that morning, at least two murders were reported in the city every day. The habit even made many reporters in the police beat go to the communication department of the local police force with the request, "Pass me the info on today's dead."

"We knew since 2007 there had been a rupture in terms of control, especially in some communities and neighborhoods in the city, there was a question of who was going to get control of the market. The Sinaloa cartel was in and out. In the dynamics of the cartels there is always the possibility of gaining absolute control, even if there was some respect for these markets—which is obviously not the case today. And they start generating a type of legal intelligence through the arrest records, in the area of kidnappings (from the PGJE) as well as from the information that the military had, when we started to coordinate different levels of government. We began to realize that there was some information about this rupture in their declarations to the federal police. We saw it at the beginning of 2008, in the kidnappings organized by each group. It was a way to send each other messages, in terms of their abilities and their potential to control the drug market and their own groups," Moreno told me on the evening of June 3, 2011, during a long interview that I had requested from the PGJE for this book at the Camino Real Hotel in Tijuana.

The state attorney general, a tall man, medium weight, 45 years old, serious demeanor, with no beard or mustache, was one of the key figures to understand the *narco* wars in this city. He was named to lead this effort by the governor of Baja California, José Guadalupe Osuna (2007–2013). Up until then he had resisted the battle with aplomb, even under death threats that forced him to cancel public events in Tijuana, but he had not come out unscathed, at least morally speaking.

In the spring of 2008, then-Commander of the Second Military Region, General Sergio Aponte Polito, published an open letter addressed to Rommel Moreno, where he denounced the corruption within the PGJE, particularly pointing to three officials named by the attorney general and within the local police forces.

Aponte was a military man in his sixties, in charge of the military forces stationed in Baja California, Sonora, and Baja California Sur. He took that position in October 2006, and had fought the organized crime and insecurity in Baja California, especially in Tijuana, like no other authority had done before, arresting drug traffickers and confiscating tons of drugs, weapons, vehicles, small planes, safe houses, and money. The General started a campaign aimed at the community called "We Do Go There" (a clear allusion to the ineffective police force) that became successful in a very short time. It urged the community to make anonymous complaints to the Mexican military, by phone or email, alerting them about the presence of criminals or suspicious activity, and the number of detained criminals increased. In addition, as part of his strategy to combat drug trafficking, he had agreed with Governor Osuna to name retired generals as chiefs of the municipal police forces in Tijuana and Rosarito Beach, and of the preventive state police force. He was, then, the hardened and incorruptible man, fearlessly confronting the cartels that had taken hold of the region.

According to Aponte, the letter, signed and dated in Mexicali, April 22, 2008, was a direct response to State Attorney General Rommel Moreno, who in a fit of rage made a statement to a local paper in which he asked the general for proof of the corruption in the local police force. The letter not only revealed what the attorney general wanted, but also presented an x-ray of the rottenness that organized crime had caused in the communities of this region.

After listing the statistics of Baja California's Integral Program for Public Safety that pointed to 2,682 stolen vehicles a month in the state, 1,860 only in Tijuana; and 1,120 home burglaries a month, 437 of those in this border town, Aponte explained:

> **A.** On March 2, 2008, military personal responded to a citizen's complaint about criminal activity in a safe house located on 546 Jícama street, in the subdivision Villa Floresta, in La Prensa, Tijuana, B. C., where there was an exchange of gunshots and where military elements freed a person who had been kidnapped. A

criminal died at the scene, Juan Alberto Becerra Trujillo, and Mario Montemayor Covarrubias (a) *El Abuelo* (The Grandfather) was detained. At the scene were found 4 vehicles, 16 rifles, 2 handguns, 75 magazines, as well as tactical police equipment, all taken to the A.M.P.F, where it was filed as A.P./PGR/B.C./TIJ/03/08-M-lll, where it is recorded that the accused stated that José Heredia González, chief of the Anti-Kidnapping Force of the office Against Organized Crime of the Attorney General of the State, in Tijuana, B. C., along with Marco Marco Javier Luján Rosales and Arturo Quetzalcóatl Vargas Zermeño, belonging to the same anti-kidnappings force, and Tijuana's municipal police officer, Gustavo Adolfo Rodríguez Magaña, who were in charge of conducting kidnappings and bringing the hostages to the safe house under their control, where *El Abuelo* personally received them, so that later these ministerial police officers conducted the negotiations for collecting ransoms. It's worth noting that even the person responsible for the anti-kidnappings force was Jesús Nelson Rodríguez, who currently serves as advisor in the State Attorney General.

How disappointing is it that those who are in charge of enforcing the law are the ones who break it by having ties to organized crime?

B. On December 18, 2007, due to the attack against Cap. Jorge Eduardo Montero Álvarez, director of Municipal Public Security of Rosarito Beach, BC, where the agent Guillermo Castro Corona, who was part of his escort, was killed, and agent Leonel Pizaña Brit was wounded, the officers of the Office of Public Municipal Security José Inés Lucas Rodríguez, José Luis Lugo Báez (detained later by military personnel on February 1, 2008 for drug related crimes and violation of Federal Law of Firearms and Explosives), Marco Antonio Arias Hernández, José Luis Ballesteros Sánchez, César Beltrán Saldívar, Eduardo Bustos Ramírez, Carlos Peraza Gerardo (detained along with two other people on April 3, 2008, by PEP personnel; in possession of seven rifles and tactical police equipment); Manuel Miguel Díaz Ayala, Júnior Ernesto Escobar Kigner, Karlo Omar Herrera Sánchez, and Mario Alberto Herrera Sánchez, who, along with other police officers from the municipal police force of Tijuana, B. C. have ties to organized crime leaders and are also engaged in kidnappings, muggings, homicides, and providing protection to drug dealers, mainly in the area of Primo Tapia of Rosarito Beach. It's worth noting also that some of them planned and carried out the assault against Captain Montero. For its part, the Attorney General's Office supported the investigations against the accused, as they were considered likely perpetrators of drug crimes and violation of the Federal law covering firearms, and the investigation, in particular ballistic testing, revealed that during the attack there were 22 different firearms used, which were also used in other violent crimes in the state, such as the following:

—On December 19, 2006, the homicide of Fernando Terán Álvarez and Noé Ríos Ortega, PEP agents.

—On September 22, 2007, the homicide of Carlos Horacio Morales Méndez, PEP agent, and Micael Rodríguez Hernández.

—On October 30, 2007, the armed conflict between elements of the Federal Preventive Police with members of the "Arellano-Félix" organization at the business "Mariscos Godoy" located in Tijuana, B.C.

—On December 4, 2007, the homicide of José Juan Soriano Pereyra, Chief of the Municipal Police force of Tecate.

—On January 14, 2008 in Tijuana, B.C., the robbery of an armored car.

Who is in charge of security in Baja California?

C. On February 9, 2008, due to the coordination and information exchange with the Preventive State Police, it was known that after a prosecution, Miguel Ángel Castillo Belmontes, officer of the State Ministerial Police, was detained by the preventive police in Tijuana, having in his possession a 9 mm weapon, of the brand Browing, a magazine with 10 working cartridges, two cell phones, a Nextel radio, a van with an altered registration, as well as a bag of cocaine. Two days later he was released and it was said the the bag did not have cocaine and that the van was in fact legal, which was irregular since when they "ran" the registration of the van it came out that it was altered and, according to confidential information, the cocaine that the director of the state's preventive police force to the federal authorities was exchanged for another substance, which resulted in his release when the matter was turned to the Attorney General's office.

Why protect a criminal suspect?

D. On January 8, 2008, the headquarters of this Military Region, through dossier No. 022, reported that: José Antonio Rodríguez Uribe, officer for the State Ministerial Police, based in Tecate, BC, offered the retired 1st Infantry Cap. Jorge Eduardo Montero Álvarez, director of the Municipal Police of Rosarito Beach, BC, help controlling the town square and negotiating with the leaders of organized crime, in order to control the kidnapping gangs, robberies of private residencies, and car thefts, with the condition that the military personnel and federal police left the municipality.

Moreover, it is worth mentioning that officials of the Municipal Police of Tijuana who had the most important positions in the previous administration, constantly extend invitations to Lieutenant Colonel Julián Leyzaola, current director of Tijuana's Municipal Police force, to "talk," which the Lieutenant Colonel has not accepted. In lieu of the above, it's a known fact that the directors of public safety that come from a military background will not negotiate with criminals but will continue working for the benefit of the community in Baja California.

What disappointment?

E. On May 3, 2007, in various media outlets nationwide, a video was released of the now-deceased José Ramón Velásquez Molina, a former officer of the State Ministerial Police, accusing the then-attorney general for the state (Antonio Martínez Luna) along with other officials, such as: Martín Guzmán Montelongo (a) *El Caballo* (The Horse), Macario Nacay Jiménez, Hernando Villegas Delgado, Valente Tízoc Núñez Soto, Alejandro Ruiz Chaparro, Adolfo Roa Lara, Jaime Arroyo Flores, and José Salas Espinoza among others, most from the institution he led, of providing protection to criminal organizations. It's worth mentioning that the lack of progress in the investigation about the information provided in the video has pushed some members of Association Hope Against Forced Disappearances and Impunity, AC, to publicly demand that authorities solve the disappearances of their children, spouses, and other family members, and perform the investigations that correspond to this agency. At the same time, some of the aggrieved parties personally shared the information they had, including the despotic and intimidating manner in which Jesús Nelson Rodríguez, former deputy attorney of the specialized anti-kidnapping unit in Tijuana, BC, and currently its adviser, treated them in order to persuade them not to voice their demands. By the way, the Ministerial Police Commander Macario Nacay Jiménez, who has been accused of having links to organized crime, attended the public safety coordination meetings on behalf of the agency, where he learned about the issues and agreements signed.

How can you trust these civil servants?

F. On February 6th of the current year, in dossier number 124, information was provided to the municipal authorities in charge of citizens' complaints, including the case of Leocadio Núñez Meza (a) *Locadio* (now deceased), who belonged to the municipal police force in Mexicali, BC. He worked for the Arellano-Félix Organization, along with the second major of the Aerial Interception Base of the PGR (known as *El Conejo* [The Rabbit] and *Cristian*) and David Flores Valenzuela, receiving a monthly payment of $4,000 to $5,000 to support the landing of planes carrying drugs and facilitating the crossing of opiates to the United States. Also participating in these activities was José Fernando Funes López (a) *El Fune*, an officer of the DSPM in Mexicali, who had a position immediately above Major *Locadio* who, since the previous administration has engaged in illegal activities, such as loading opiates in police cars, in complicity with his superiors Jesús Samanias y Salas. By the way, it's worth mentioning that Subcommander Leocadio Núñez recently committed suicide for his participation in these crimes.

G. On November 13, 2007, during the race "Baja-1000," a helicopter Bell-206-A1 crashed on Federal Highway 3, in the section Ensenada–San Felipe, BC, in the vicinity of the San Matías Valley. The pilots, Israel Romo Reyes and Pablo González, died, and two people were injured. Then, at 20:30 the next day, a person who identified himself as Miguel Cortez Nuño, a PFP deputy inspector from the Caminos division, asked the authorities to release the body of Pablo González G., who months later the federal authorities identified as Merardo León Hinojosa (a) *El Abulón*. Incidentally, Miguel Cortez Nuño, deputy inspector of the Caminos PFP division, attended the meetings of the Baja California Coordination group and knew all about the issues raised .

How many officers have links to organized crime?

H. On April 19 of this year, it was uncovered that Mario Alejandro Ramírez Dueñas, employee of the Attorney General of Baja California, in collusion with the deputy public prosecutor of the Specialized Agency for Vehicle Theft and other ministerial police officers, are linked with gangs engaged in vehicle theft. They operate as follow: vehicles are stolen in the United States of America and taken to our country, then they are presented in the vehicle theft unit, where they receive a record stating that they are not stolen, even if the theft has been reported abroad. Then the vehicles are pawned in different places. Proof of the above can be found in the following records: no. 0055/31155 from January 4, 2008, signed by an agent from the office of the deputy public prosecutor, appointed by the Specialized Agency for Vehicle Theft, Ezequiel García Torres. Also signed by inspector López Rivera José, and no. 0568/387542 from March 7 of this year, signed by the agent from the office of the deputy public prosecutor, appointed by the Specialized Agency for Vehicle Theft Norma Alicia Gutiérrez Sevilla, and also signed by inspector Armando Serrano Quintero.

This isn't corruption?

I. Recently staff from the Attorney General's Office in the city of Mexicali, BC, transferred a person with more than 300 kilograms of marijuana to the premises of the subdelegation of the Attorney General's Office, where later four elements from the state ministerial police tried to release the detainee and the drugs.

It is worth mentioning that there is a video to prove these crimes, which is why the authorities from the subdelegation of the PGR filed the corresponding complaint.

J. On May 5, 2007, Jorge Rodríguez Mundo and Jorge David Carreón Valdez, a commander and agent from the Federal Investigation Agency (AFI) respectively, were executed with rifles in the parking lot of the Wal-Mart mall in Mexicali. It is noteworthy that in mid-December of 2007 a person who is not named here for security reasons came to this CG with information about the above execution, saying that those officials had taken $100,000 from the "Arellano-Félix" organization.

K. On January 4, 2008, DSPM agents of Tijuana, at a C-4 briefing on the unlawful deprivation of liberty of a person, in the mall Las Palmas in the delegation of La Mesa, Tijuana, BC, arrested José Gálvez Rodríguez, an active AFI agent. A day later and with information from the complaint, they arrested Erasmo Florentino Trujado Sánchez and Evaristo Morales Pérez, agents of the same institution, for their involvement in the kidnapping of a businessman, but agent Morales Pérez was killed by an inmate at the CERESO of La Mesa, Tijuana, BC, on March 31, 2008, which made it impossible for him to testify in the judicial proceeding that had already been scheduled.

What a disgrace to the society of Baja California!

L. There are no mentions of corruption in other institutions because they have been covered by the media and because of the amount of space it would take in this newspaper.

The long open letter ended by declaring that some elements of the police force charge a biweekly or monthly fee to protect street drug dealers, groups dedicated to human trafficking (*polleros*), and bank robbers, this in addition to guarding cartel leaders and plane landings. Some even, some rented their police cars to transport drugs, the general wrote.

The document was like a hammer-blow to the heart of the district attorney and the state's government, which in turn immediately distanced themselves from the close collaboration they had with Aponte to combat insecurity. The relationship remained cold until the general's departure, on August 6, 2008, three days after publishing a second letter where he exposed how disloyalty arose within the PGJE.

Moreno remembered that time as "an unfortunate disagreement with General Aponte," that had affected the collaborative relationship with the military. However, when General Alfonso Duarte Mujica became the head of the Second Military Region, the collaboration was restarted, with him as a war marshall in the battle against traffickers, in charge of coordinating the monthly meetings, evaluations and safety strategies for the heads of security, the governor, mayors, and the state's chiefs of police. This coordination model bore fruit after the arrest of the main criminals that had sowed terror and fear in the region, the confiscation of drugs, money, and weapons worth millions, the discovery of tunnels crossing the border, and an important reduction of violence in the streets, murders, and kidnappings.

"We recognized that the enemy was inside the attorney general's office and we began a purging process. The vision has been to heal the institution, to have the cleanest future generation of officers in 10 or 20 years, the most commendable. But that takes time. The purging process is not only about pointing fingers, but… There is this idea, that one might wish it did not exist, that the purge must be permanent. But to deal with that you cannot just point out the bad, you also have to document it, especially in the justice system that has to perform these removals within the law. It is not a political or a media issue, it is about what am I going to do to perform these removals legally. I think this is where we had to act. Many people say that certain public servants have links to organized crime, but how am I going to prove that in a trial? And here there is a lot of ignorance on the part of society, with all due respect, because this is where that step has to be based. I think it's about education. You don't clean out these organizations just because you want to," he said to me.

By the summer of 2001, the Department of the Interior of the state's district attorney's office had terminated 150 PGJE officers in a three-year period. The highest officer was Jesús Quiñónez Márquez, who had served as director of Enlace Internacional (International Web) of the PGJE and who the FBI had captured in an operation along with 42 other people in July 2010. (Quiñónez admitted ro helping members of the Arellano-Félix cartel in the U.S. to avoid arrest and conspiring to launder 13 million dollars under the name of the same criminal organization, according a report of the district attorney's office in San Diego in May 2012).

"Quiñónez is a pathetic symbol, a stain on the history of our institution," Moreno told me during our interview. "He handled himself as if he already belonged to the distric attorney's office. He didn't come with us. I said that he was part of the stock that came with the office. People with experience, some abilities, efficiency, but not the transparency that we need. We didn't have any information that he was talking to or participating with organized crime. When that situation came up it was a hard blow for me, for the government, for all the people fighting organized crime. To realize that you have this within your own ranks."

According to the district attorney, neither before nor after his term did he have contact with drug traffickers. Nobody asked favors or requested to speak alone with him. "Never, never in my professional life did I have contact with anybody (linked to the Arellano cartel)."

That kind of honesty was part of his soul, he told me. During his teenage years, in the 1970s, he immigrated with his family from his hometown in Culiacán, Sinaloa, to Tijuana, seeking to improve their lives. In this city he was able to study law from 1982 to 1986 in the Autonomous University of Baja California (UABC) and received a Masters degree from the National Autonomous University of Mexico (UNAM).

"I was a college professor and we had the ideal of things getting better in the country. That we could change the situation. It's a vocational theme. To want to transcend and improve your community," he told me.

When he took the helms of Baja California's PGJE in 2007, the institution and the state itself were perceived as a sort of rabbit hole, with no co-ordination, and fighting with other institutions and the federal government. Moreno admitted that it had "a rough institutional environment," and, at the same time, a series of elements that were increasing the violence in the city.

"The issue of justice wasn't only a state's issue, but a national one. The district attorneys were falling behind. There were no 'purges.' The environment highlighted the differences between the prosecutors of the north, center, and south. Here (in Baja California) converge immigration, deportations, economic and social problems, and the lack of planning or institutional vision, besides the presence of the cartels. This created a very fertile environment for crime."

"I think we found a very weak structure (when he came to the PGJE in 2007), very vulnerable. They were falling behind in terms of human and material resources, and there was political neglect as well. The PGJE was the weakest link, the forgotten office in the administration, and where all the statistics were coming from. This atmosphere prevailed in the local police, in the SSPM, in public safety," he explained.

Drug cartels settled in this region beginning in the 1980s, when the Caribbean stopped being the main route to move illegal drugs into the United States. California then became a great meeting point for traffickers.

"I remember in the 1980s the historical moment of the *narcojuniors*, when they were recruited and there was a very symbolic relationship between the youth and drug trafficking in this community. That made it possible for drug trafficking to permeate society, not only with young people but society as a whole: rich, poor, middle class; they went to bars, clubs, schools. It was very attractive, appealing to society. They charmed this community and the community took them in.

"We have to say it, the community was very proactive, it created a fusion, a subculture (with drug trafficking). We then have girls from all walks of life wanting to marry drug traffickers, young people trying to break into the universities, schools, clubs. In the 1990s this relationship intensifies, they start having a police presence in the area, they become peons of drug trafficking, and it happens all over the country. It was very easy to infiltrate the local and ministerial police forces. There was corruption already, and these cartels just start buying off the police of the state," Moreno told me.

The series of clashes, kidnappings and killings between 2007 and 2008 was unprecedented (there were officially 1,108 murders in those years) and it made the authorities see that they were confronting another reality, and that they were confronting another crisis in terms of coordination.

"There was a clear warning and the possibility of drug traffickers trying to take control, in how they were vying for leadership through executions, through transportation of drugs. We faced a schism within the cartels and a real and serious confrontation," he told me.

Although the plan had worked to coordinate between the Mexican military and the police (in charge of the soldiers) and justice systems, neither the local forces nor the federal government could predict how they would face this battle in the future, Moreno said.

"Up until now the federal government has addressed this problem this way, but the demand (for drugs) will never end. The government so far has addressed this problem with the support of the military. But we have to evaluate public policies to reduce drug use, drug dealing. Whether it is up to the federal government or the state, we need to review health policies. There are a number of problems that won't end with drug dealing."

Also, the prosecutor added, the coordination in the region should have a binational structure with the U.S. authorities that has not been entirely in place.

The failed *Fast and Furious* operation of the Bureau of Alcohol, Tobacco, Firearms, and Explosives (ATF), which aimed to dismantle the arms-smuggling chain by tracking the weapons, ended up arming the members of organized crime in Mexico as U.S. authorities lost track of more than 1,765 weapons.

The lessons that the DA had learned in this battle was that one should not politicize the issue of violence. Neither the federal government nor the states should improvise when it comes to putting people in charge and leading the coordination with other entities. They all should understand that we have a common goal and should not lose hope.

"Are you a survivor of this war?" I asked the prosecutor. He made a face that looked like a smile.

"I feel like a person with a lot of hope, a theme that compels the population. There is a glimmer of hope, if we're united and organized, it can be done. I think we still have to remind people of the importance of a safe city."

CHAPTER SEVEN

LEYZAOLA, *NARCOS'* PUBLIC ENEMY #1

THE PRESS WAS DUMBFOUNDED by the figure of the lieutenant colonel Julián Leyzaola.[1] In a city where if the police chiefs are not subordinated they are assassinated, Leyzaola had not only survived without being corrupted, he also checkmated many heads of criminal cells, prohibited many popular music bands (*Norteño* type) that he said worshiped *narcos*, jailed dozens of small-time drug dealers and confronted criminals during shootouts. In addition he became a beloved public figure and received distinctions from the Mexican government and from the FBI.

The discomfiture caused by the lieutenant colonel was often explained by the press in Mexico and the United States in terms of fiction, or a mix between the real and the imaginary. The nicknames the press bestowed on him are worthy of anthologizing: an Aztec Dirty Harry (*Eme Equis Magazine*), A Mexican General Patton (TV program *Tercer Grado*, Televisa), or the National G.I. (*Milenio*), among others. Editorials in *The New Yorker* drew him as a Bruce Wayne with a Gotham City in the background: Tijuana, where criminals fight for control of the streets. In the articles they attributed quotes to Leyzoala such as: "I always shoot at the head. If I don't kill them I leave them crazy." Or actions, like beating up the dead body of a hitman during a confrontation after the criminal killed another officer in a busy boulevard in the city, among other descriptions and characteristics that, they said, highlighted the character of the energetic lieutenant colonel.

When I asked Leyzaola what he thought of these descriptions and nicknames from national and international media, he did not hide his annoyance.

"I think that people don't have anything to do, because they don't get first-hand information. If they knew the work being done, they would reconsider. I don't identify with any of these (characters). It's a very partial and unilateral vision. I'm not satisfied with any of these nicknames. None of them go even close to my personality," he told me in an interview on November 2, 2010, a few days after leaving his position as chief of public safety in Tijuana. He was sitting at his desk in his office on the eighth floor of the ssPM building, in the Río area, across from a sculpture of St. Michael stepping on a demon, a Mexican flag, and a black R-15 rifle.

1   The lieutenant colonel was appointed in January 2011 as Secretary of the State System of Public Security of Baja California by Governor José Guadalupe Osuna, but four months later he resigned and went to Ciudad Juárez, Chihuahua, where he was appointed Municipal Public Security Secretary, a position he still had in January 2013.

If anything could define him, he told me, it is his "hate for drug traffickers and everything they represent in society." But not all was a walk in the park at the end of his term as a civil servant.

In the drug wars, in addition to being called a hero or a comic-book character willing to do his job despite receiving death threats or losing officers, he was also accused of torturing criminals and police officers he believed were infiltrated by the narcos. These testimonies were collected by the Human Rights Commission of Baja California and the complaints have yet to be resolved.

Leyzaola, a retired military man pushing 50 years old, took the position of police chief of Tijuana in December, 2007, and a year after that, the position of municipal secretary of public safety. He had moved his family out of Mexico and took an apartment inside military headquarters, where he slept every night after work.

Supported by the local government, he began an unprecedented campaign against corruption through a program he called "purging," in which more than 600 officers were fired, almost a fourth of the whole force, because they "lost faith in (the officers)." [2] Eighty-four of them were even arrested for alleged ties to organized crime. The program also included replacing the police chiefs with military men in the districts of Centro, Otay, and San Antonio de los Buenos, and submitting the police force to "confidence tests" (lie detectors and background checks, among others), given that the requirements to join the police force were quiet loose.

"Pretty much anybody could join the police force. We had cops that graduated from the academy 15, 18 years ago, even some who never went to the academy. Regular citizens were confronting officers from a 1990s class who hadn't evolved, who didn't know new techniques or tactics. Some were just inept, with no vision of social evolution," the lieutenant colonel told me.

In the course of that "purge," from 2007 to 2010, 43 municipal agents were murdered, and the program only reached three out of 11 districts in the city because the process lasted longer than the three months that had been

---

2   After the arrests of Raydel López "*El Muletas*" and Teodoro García Simental "*El Teo*," Ramón Ángel Soto Corral, police chief of Tijuana, and former soldier Francisco Ortega, who was police chief when the district had been allegedly purged and was then serving as head of the Centenario district, were arrested, along with 10 other policemen. There were also 56 police officers, 40 municipal officers, and 16 ministerial investigative agents of the state arrested, including Ernesto Silva Frausto, chief operating officer for the municipal police and one of the officers who the secretary of public safety trusted the most.

stipulated for each county. In addition there was a shortage of officers. According to Leyzaola, Tijuana should have approximately five thousand police officers, following the international standards for Latin America. After the purge, arrests, and dead officers, Tijuana only had 2,230 police officers.

"It's really hard to recruit police. In order to get 450 officers, we're looking at a pool of 5,000 people. It's very hard," he told me.

The community, however, saw this process with hope to change the bad reputation of the institution from its roots. Historically, the local police had been involved in many cases of extortion and coercion. It had even been accused of participating in robberies and protecting criminals.

Meanwhile, the heads of the criminal cells linked to the drug cartels saw in Leyzaola a threat to their system and they put a price on his head.

Practically since he joined the SSPM Leyzaola began receiving threats from the Arellano-Félix cartel, mainly from Teodoro García Simental, *El Teo*, the head of a bloody cell that dominated the control and sale of narcotics on the east side of the city.

On the night of August 14, 2008, a group of over 50 police cars led by Leyzaola chased a group of criminals from the east side to the district of La Mesa. But as they were giving chase, gradually, the police cars started to drive the other way, abandoning the armored car of the lieutenant colonel while the criminals, supposedly *El Teo* among them, escaped. Leyzaola told me during the interview that he was "left alone" with three men chasing three trucks with heavily armed criminals and considered it was best to retreat at that moment.

From that day on, he began receiving anonymous death threats. Some came through messages written on cardboard left with people who had been executed, some were released by state prosecutors, and some came from the radio frequency of the local police and had *narcocorridos* in the background. In one of them—received on April 26, 2009—he was told that if he did not resign or let them "work," they would kill a cop every day. Five months later, on the same radio frequency, he was warned that he would be the next victim.

The local government had received a report indicating that García Simental had secured weapons and explosives from the United States and was planning to blow up a car with dynamite in the SSPM building on Eighth Street, in the Centro district, where Leyzaola worked. Soon the government moved the office of the lieutenant colonel to a new, unfinished building in the Río area to protect the officer and prevent an attack that would harm innocent civilians.

Another plot to kill Leyzaola was discovered by the Mexican Army during a raid precipitated by the declarations of a criminal that the soldiers had arrested. On the night of October 30, the military found in a building in the Valle Bonito neighborhood, on the city's east side, 13 people and four pick-ups with military-style camouflage that had been painted to be used by a squad of some 40 criminals, under the orders of Raydel López Uriarte, *El Muletas* (Crutches), a deputy of Teodoro García Simental, to assassinate Julián Leyzaola on November 1, 2009.

According to authorities, *El Teo*'s cell had followed Leyzaola's constant route changes, but believed they could bring a group of "pirate (fake) soldiers" close to the convoy of the Lieutenant Colonel, so that he would not suspect them. They then would launch the attack, with more gunmen in two more convoys. One of them would finish him off with a .50-caliber Barrett rifle.

By the end of Leyzaola's term, the major drug lords in Tijuana who had spread terror in the city had been arrested. In June of 2009, José Filiberto Parra Ramos, *La Perra* (The Bitch), one of the bloodiest men from the Arellano-Félix cartel, was captured, curiously in a building just steps from the SSPM. And seven months later, in La Paz, Baja California Sur, it was Teodoro García Simental, and then, in February 2010, his brother Miguel García Simental along with Raydel López Uriarte, also in La Paz. The three had left the Tijuana cartel and joined the Sinaloa cartel.

Although the deaths tied to the cartels continued in the city, the authorities believed that the hardest phase was over. Tijuana had stopped making national news for these kind of events, while other border towns were beginning to experience the same heinous crimes that had been experienced here.

The new mayor of Tijuana, Carlos Bustamante from the PRI, who succeeded Jorge Ramos from the PAN, announced on his first day that Leyzaola would not continue as the head of security in the city.

How would you describe your job?

Maybe, if I do a little more than the rest, I stay longer than my eight hours. I start at 6:00 AM and finish by 1:00 AM.

At the end, we all want to leave our mark. This is my job. I'm a government employee, and I try to do my best... I'm not completely satisfied with my job, because at the end I didn't accomplish what I wanted.

Why are you not satisfied?

I would like to leave a peaceful city, safe, stable, a fertile ground for investment, development, culture, and education.

I ran out of time. In December (2010) we would be halfway there. I understand political timing and I respect it. I have my own plan, my work plan, but that's not necessarily what the next government wants. I respect that decision, and I will look toward new horizons to develop my work plan.

In particular, the police purge is unfinished, which was your main goal, to clean up the police force's infiltration from organized crime.
Everything is unfinished. All the projects and programs are unfinished, because they were planned to take a certain amount of time, and when you cut that time they're left unfinished. The process of segmentation of the city, giving better equipment to the police, the purge, training: these are very important aspects that needed a conclusion. Otherwise it is just a nice try with good intentions, but the political situation here crushed the citizens' needs.

What's going on? Why can't it be an understanding with the administration of Carlos Bustamante (2010–2013)? Apparently you have the same goals.
I don't know. There is understanding, but the ends and the interests are different. I really don't understand, in the concept that I have of society, if someone has produced results… It's like a business. If one of your employees is producing results to improve your business, to generate dividends, I don't understand why would you want to fire him. You'd be going against your own business. That's how I interpret it.

Tijuana was completely broken by crime when I arrived. It was in the main news portals in the Internet. When Tijuana was mentioned it was always about blood, the dead, mutilated bodies, hung bodies… We were number one in the country when it came to violence, and on an international level we were compared with Iraq.

Of course I'm not saying that we fixed it completely, but we have changed the physiognomy of the city, we've changed the profile of the city at national and international levels. How have we changed that? Tijuana doesn't come up in news portals as a city of vices and crime. We're recognized as a model to follow in terms of fighting crime. We have a much more reliable police force. We have a community that supports the police force, that reports crime. If these are not results, I don't know what's expected of me. I don't know who's going to continue a job like this.

Violence hasn't stopped. The district attorney's office reported 681 murders by October 31, more than last year.
And despite that, there's a different perception. The people have said it.

I think this is what happened: first, the early months of 2010 were full of murders, murders everywhere, because it was the result of the battles that the cartels had here. At that time *El Ingeniero*, *El Teo*, *El Muletas*, *La Perra*. They left a huge amount of dead bodies.

But in a way I think the perception in the community has changed, about criminal behavior, in the sense that back then high-impact crime, murders or executions, were spectacular. They would come and gun down a person with AK-47s, in six or seven vans. They would tear up a person with those weapons. In those battles, civilians who had nothing to do with those scoundrels would die too, they would just bump into the situation and be killed or wounded.

Currently, thanks to police operations, we have managed to limit the actions of organized crime, to the point that they don't operate in convoys anymore. When we detect a convoy, we go and get them.

We have realized that now they operate more like in the United States: they drive up in a car with two people, they kill someone with a shotgun and escape. But they're very selective attacks, they don't put the community in harm's way. I'm not saying that we won, but the fact that the community is protected, the people feel that.

We have arrested so many people, we have hit organized crime enough that it is noticeable. We have secured tremendous amounts of drugs, weapons, vehicles, money, property. This hits the financial structure of organized crime. On the operational side, we have limited their movements, they can't walk around the city like before, cynically, with no respect for authority.

In the media, there was mysticism around the mafia boss, the *narco*, like he was in some way admired by the community, feared and admired. We have successfully reduced them to criminals and crooks. I think those are important gains for society in Tijuana. We successfully reduced (*narcos*) to what they really are, simple criminals.

Unfortunately, as long as there is demand there also will be supply. It will be difficult if not impossible to think that someday we will end crime completely, with drug trafficking. That's utopian. They will continue killing each other because some crook doesn't agree with what another says, but these are very focused murders, of people who deal with crime, who steal drugs... This has permeated the public conscience, they are aware that honest people are not being killed.

How can we fight the drug culture that is so ingrained in the city?

On one hand, we can't be hypocrites. Because we're talking about crime, about murders, of a city ravaged by crime. And on the other hand, we go see *narco* movies, hire *Norteño* bands who sing *narcocorridos*, and we go to their concerts where they sing and send messages to drug traffickers. That's called hypocrisy. It's been my job, in this war, to expose the *narcos*, to stop talking generically about crime. I have given names to the *narcos* and those who praise them.

Before people talked about the drug trade or organized crime, but nobody said Teodoro García Simental, Raydel López, Filiberto Parra, or Fernando Sánchez Arellano. Everybody talked about drug trafficking. It became my job to give them a name: *El Teo, El Muletas, La Perra,* or *El Ingeniero*. They're the ones who created this situation, and nobody wanted to do it, maybe out of fear.

It was also my job to expose these groups who, hiding behind a sense of enjoyment or freedom of expression, galvanize the drug culture: Los Tucanes de Tijuana, Explosión Norteña, and other bands that are out there singing that kind of song. It was my turn to tell the people who admire them or sing to them that they're not the great characters they think they are, they're really mentally unbalanced people because, how is it possible that they cut people up, torture, so horribly torment women, kill children, hang bodies from bridges. That's what *El Teo*, *El Muletas*, *El Ingeniero* are. These are the people who these music bands sing for and the public applauds, but then complains about the violence that these criminals sow.

You have to be cruel and crude with them. Call things by their name. I have seen a lot of this in Tijuana. The reason I hate drug traffickers is that they are people with no ethics, no morals, who hide in the shadows to kill, kidnap, and terrorize society. I hate them in all areas, not just when I'm on the streets, but also in music that praises them. It is an fundamental hate. This is how society must hate these people.

In order to win this fight, there have been accusations of torture against you. I believe that, within the protections that these citizens must have, if these people can be called citizens, this is one of their methods of protection. They go and talk, they pretend to be victims in the social institutions that are in charge of these complaints, which is the Human Rights office. I'm not saying that this institution is infiltrated or corrupted, or anything like that, they just have to do it. But I do think that these people want to hide behind their human rights to avoid trial, like they're socially vulnerable, and really, maybe to get rid of me. Because I am a stone in their shoe. And this is one of the ways in which they could get rid of me.

Do you think that this influenced the decision of the new municipal administration (of Carlos Bustamante of the PRI) to not keep you in the position of secretary of public safety?
I believe that several things happened, not only the complaints about human rights. For example, the change from one political party to another, that outweighs the complaints, because one party brings different ideologies, intentions, and interests.

But you don't belong to any political parties.
I don't belong to a party, but in the end I've been working with the current administration. So if my work is praised the administration is also praised, and it's not, let's say, convenient for the new administration to praise the work of the previous one because then you're praising another party.

What are you going to do when your term ends? What offers have you received?
I have many offers from other states and cities, many. I'm going to give myself time to study them… On December 1, I'm going to sit down and talk to whoever wants to talk with me and I will make a decision. I plan on resting the whole month of December.

But you can't rest too much, because the situation of the country is very difficult.
I'm not going to rest that much, but I have to make a good decision. I want to choose the most interesting; not the best paid, but the one that represents a new challenge for me.

These last three years have been full of adrenaline, with a lot of pain over the loss of lives, of police lives. How did you endure that? Can you sleep at night? How was it returning home, to the barracks, after these workdays?
For us, in the military, we are trained. Our professional training, our ethics, our consciousness keep us in action, designing and implementing tactics and techniques to fight the war against drugs traffickers.

We know that a war results in casualties on both sides. Unfortunately we also had our share of fallen officers. We always try to keep that number as low as possible, but ultimately we can't prevent this from happening. These are people with whom I have lived for almost two years.

Of course it hurts, it hurts like any human being who feels vulnerable by the loss of a person who you appreciate and suddenly you see him dead, see him gunned down, taken down by someone who didn't even know him, just because he wore a police uniform and because he wanted to do his job defending society and their families.

We know that the primary responsibility of government is to provide peace and security to the governed, and to ensure the survival of the state. We understand it and accept the responsibility and the risks that come with that.

We've had the largest share of fallen officers, more than other institutions. We had 43 active officers killed, but we also had three auxiliary policemen and a security guard. That's the way it is, we are the largest institution, we're patrolling every day, and we've had more direct combat with criminals. My officers know this and face the risks with courage and honor.

What happens when I get home? It's a cold house, a house that doesn't have the warmth of a family, of a home. Because when I came here, I talked to my family and told them I was coming to work here for three years. I see them once every three or four months, whenever I have the chance.

The daily routine is to get home around 1 or 2 in the morning, get up at 6 or 7 in the morning and do a little exercise. I run every day, like an hour or an hour and fifteen, to get rid of, not the stress, but the rage. Yes, the rage.

I think that somehow, although I made a plan for six years, at the end I'm grateful to the incoming administration for taking away this responsibility earlier, because I can go back to my family.

Do you feel protected by God?

Yes, I'm a believer, I believe strongly. In a way I do feel protected.

When I take on a responsibility, a job, I always do some act of contrition. For example, for this job, I wasn't coming to Tijuana but to Rosarito. I was already accepted by the town of Rosarito, I was already the secretary. Things happened in Tijuana and they were pressuring me, and I refused to come. They told me I had to come, Gen. Sergio Aponte (then commander of the Second Military Region) spoke to me, a lot of people talked to me about coming, but I didn't want to.

Eventually there was a lot of pressure, it almost always happens this way, when I couldn't handle the pressure anymore, I was alone, I talked to him alone.

'Well, if it's your will that I go there, then I'll go. But let's just make a deal: I'm going to go and do my job like I know how to do it, without getting involved in things I shouldn't get involved. I'll do my job well, put all my commitment, but I also ask you for something, I do my job but you (God) take care of me.'

CHAPTER EIGHT

SONGS FROM A STRANGE PLACE

THEY HAD ESCAPED THE HELL OF GANGS AND THE STREETS that had forced them to do things they didn't want to do. They wanted to invent a new life, but it was difficult because they couldn't remember anything else, only that hell.

Their presence in this city was unsettling. Local authorities believed that ex-cons, especially gang members from California that the United States had deported across the Tijuana border, were the ideal manpower for organized crime. From 2008 to 2012, the United States deported 1.9 million people, according to figures from the Bureau of Immigration and Customs Enforcement (ICE). These figures are not divided by the nationality of the deportees, but most had Mexico as a final destination, and the checkpoints in Tijuana and Mexicali were the main gateways for sending deportees to the country.

According to the Attorney General of the State of Baja California, there was evidence that many deported ex-cons were recruited by organized crime. Some were even found murdered in the city just days after their deportation, along with other victims who were suspected of belonging to different mafias.

The PGJE had asked the California attorney general for a list of former inmates who, after serving their sentences, would be repatriated to Mexico, in order to monitor them. However, both offices were very busy and had no staff, budget, or procedures to carry out this request.

The National Migration Institute did not know how many ex-cons or gang members were deported to Tijuana every day. Officers from the Beta Group, a security force created for the protection of migrants, estimated in 2007 and 2008 that on average, a hundred gang members or ex-cons were expatriated every day, out of the 400 people deported daily during those years. But in fact neither this office nor any other state agency had a system in place to identify the legal status of deportees. Therefore, there was no special program to help this population adapt to their new country, help them find a job, or to rehabilitate them from the world of gangs, prison, or drugs.

Given this need, some nongovernmental organizations, mostly Christian churches and rehabilitation centers, were addressing the problem, but the heads of these organization admitted that their help was very limited.

ONE SUNDAY MORNING I WENT TO A CHRISTIAN SERVICE with about two hundred attendees. Almost half of them were former gang members who had been repatriated from the United States, according to the 42-year-old pastor at Ministerio Llamada Final (Final Call Ministry), Leopoldo Morales.

The service was in a modest wooden structure that looked like most of the structures stacked and embossed, built in the slope of Cerro Colorado, on Uxmal Street, in the Mariano Matamoros neighborhood, on the city's east side. The hymns of praise and the applause were heard over several blocks of this dry, yellowish area, classified by the authorities as one of the most violent of the city.

I had gotten there thanks to the directions the neighbors gave me, with phrases like, "You know where they found the dead cop?" or "Do you know where the four young men were gunned down? Ah, well, turn on that corner and you won't get lost."

THE CHRISTIAN CONGREGATION AT THE LLAMADA FINAL MINISTRY, which has four other churches in Tijuana, meets there every Sunday for three hours. During that time, the congregants, who claim to have many sorrows, go from being surprisingly cheerful (dancing, clapping, and letting out screams of joy) to crying inconsolably, moaning in so much pain that they end up with their foreheads on the ground. The experience is intense. Some people beg for divine help, others grab their chests so tightly as to stop their hearts from leaving their bodies. Weeping women swear that they feel Jesus Christ making them laugh and cry. They pray, whimper, and seem to get rid of the loads that burden them, of rough patches when they were unhappy, of people who destroyed them.

There at the service in the last rows—where, as I was told, the youngest people always sit—were 25-year-old José Miguel García and 26-year-old Israel Flores, who told me they had belonged to gangs in California and were deported.

García, a dark man of small stature and sad eyes who worked on this side of the border installing tiles, said he had been on the verge of committing suicide three times, but that "something happened." He could not explain at that moment what it was, but it saved him.

The first time he tried to kill himself, he let go of the wheel of a car he was driving at a high speed on a freeway in Los Angeles, California. But the vehicle kept going in the same direction. The second time he jumped from a pier in this city not knowing how to swim and still floated. On the last occasion he was going to jump in an elevator shaft while working at a construction site in San Diego, California, but a co-worker he had never seen before stopped him and told him about a Christian congregation that he should go to, García explained. That was four years ago and since then he has been in this church, where he was baptized.

"I'm from Oaxaca, but I was taken to the United States as a child. I grew up without parents. My grandparents raised me. I grew up surrounded by a lot of loneliness. I joined gangs because I wanted to belong to something," García said. When he was 15 years old he served a year and a half in prison for drug crimes, and in 2008 he was arrested during a raid in San Diego and deported to this border.

"Many join gangs because they didn't have the opportunity of a family and want to show that they're brave and courageous, but really they're afraid, they're dried up inside," he added. "I now try to help other people. I try to show them what God did for me."

ISRAEL FLORES, ANOTHER FORMER GANG MEMBER, had just been attending the church for three months, since he was repatriated. He was arrested during a raid east of Los Angeles, California, where he had lived since his parents brought him when he was two months old, from his native Morelos, Michoacán. He spoke very little Spanish, expressed himself in English and constantly moved his hands to explain anything.

The pastor of the church and some friends had tried to convince him to get baptized and try to become a new man. Flores told me that not too long ago he had gone to a ceremony where about 30 families, around 120 people, had been baptized at a beach in the center of Rosarito, a town about 20 minutes south of Tijuana. During the baptism ceremony many spoke about how "the sea signifies renouncing your old life, reinventing yourself, building a new life: the desire for a clean conscience." He didn't dare to be baptized, he just went because he wanted to see the sea.

Flores has a distracted and enigmatic demeanor. He looks as though at any given moment he could stab you and then sing a religious hymn. As they prayed, he played around with his baseball cap. Sometimes he looked at the congregation while they screamed or cried or sang, and his immutable demeanor remained fixed. He told me he behaves this way because his life has been so rough that he was tired of everything. He's only 26 years old, but his luck "or life" had already taken away nine of those years: his adolescence and part of his youth. That was the amount of time he served in prison, accused of conspiracy to commit murder. When he was still a child, at age 11, he joined a gang in Los Angeles, and that sealed his fate. He has the number 13 tattooed below his right eye, like a tear. And his torso and arms have demons and female clowns in blue ink.

"I still don't know if I'll get baptized. I'd have to change a lot, I don't know what I want in my life... I like to be alone, alone," he told me with a slight smile that showed the gap where his incisor teeth were.

During those three months in Tijuana Flores had gotten temporary employment as a day laborer, but he earned little and it was not steady work. He lived in a small room that he rented for 500 pesos a month (about $37), what he sometimes made in a week. He worked in construction in Los Angeles and did well economically. He never questioned if his salary was going to be enough to pay his rent, or about going to a restaurant if he felt like it, as was the case now. In addition, the environment, everything, was very different on this side of the border, different colors, different smells. Which is why he wanted to go back to the United States, even if that meant going back to jail if he got caught.

A young boy, dark skin, his face pitted by adolescence, sitting at on a side bench, stared at me constantly during the service. He knew from the pastor about the work I was doing there and he wanted to tell me his story. They had recommended that he talk to me, open up to me, that it would do him good. His name was Enrique and he was 17 years old.

He told me that he had arrived by himself at the bus station in Tijuana when he was 11 years old, from his native Guadalajara, Jalisco. He slept there that night because his father did not pick him up until the next day. He lived for a week in a hotel in Tijuana until his father entrusted a smuggler with taking him illegally into the United States.

"The *pollero* took us through 'El Hongo' (Tecate). There were like 15 of us going around 2 AM towards the United States. We started to climb a hill so the *migra* wouldn't see us, but when we reached the top of the hill the *pollero* twisted his ankle and couldn't go on, so he told us to just walk straight down the hill. I felt lonely, disoriented. Then I got separated from the group and got lost. I walked aimlessly around the hill, scared of the spiders, the snakes, and other animals there. I walked and walked for like

12 hours. I had run out of water and food. And then, after walking so much, I found a road. I waited for a car to pass and asked for a ride to a payphone so I could call my dad. A man in a pickup truck stopped and took me to a 7-Eleven and I stayed there," he told me.

What Enrique told me next had the same sense of uneasiness and adventure as his crossing. It was painful to tell me about it because it came from his family, the neighborhood where he arrived, and his "luck, or life," as he explained to me.

"My dad took me to Los Angeles and he bought me new clothes and a pair of sneakers. But he didn't take me to live with him because he already had another family. I lived comfortable there, but my uncles, who were about my own age, and the black people from the neighborhood called me 'pinche paisa' (fucking Mexican) or 'Indio muerto de hambre' (starving Indian). I was very angry, and one day when they insulted me, I took a stick and broke the heads of three of my black neighbors. Then I couldn't go out anymore, because everybody wanted to beat me up. My grandma told my dad, she said that I couldn't live with her anymore. My dad took me to his place, in Rampart, west of Los Angeles. They enrolled me in a new school, where they also insulted me because I didn't speak English. I reacted violently. But I made friends with Robert, who belonged to a gang called MS13, and he invited me to join so people would respect me," he told me.

As part of his initiation to be accepted, the gang tested Enrique by making him sell drugs, hit another guy with a bat, and endure the blows of eight gang members for 13 seconds. He spent two years in the gang, left school, and became a drug dealer, he said. He sold opiates outside nightclubs and on some streets in West Los Angeles.

"I made a lot of money there, until one day we got caught by the police in a car with drugs and guns. We were put in jail and after a while they deported me," he told me.

In Tijuana he lived with his mother, who had come to this city with two other children. She worked in a factory and often told Enrique that what had happened to him was an opportunity to change his life. Going to the Christian church was part of the change. Enrique told me that he was trying: he had gone back to school, gotten a part-time job at a grocery store, and attended church every Sunday. But he sometimes missed his old friends, the respect he commanded in the neighborhood, the money and the drugs he consumed.

In the congregation Enrique hung out with David Solís, a thin, young 19- year-old, native of this border. David had been an addict, a drug dealer, and a gang member, but he was also trying to leave that world, where aggression had become his means of escaping the social inequality and the frustration both felt at the lack of opportunities.

"I didn't want to be in this mess anymore. I had already decided to beat the addiction. I went through many things and met pretty intense people, for real, dangerous people who handled a lot of money and a lot of all kinds of drugs, people with power. I got scared when dead people started popping up. I wanted to change for a long time. I felt empty, as if my life had no meaning. Then the pastor told me why. I had friends and a girlfriend, but I had no family or Christ within me, I didn't love myself," Solís told me.

For Leopoldo Morales, the Christian pastor of the Llamada Final Ministry, the deportation of gang members and ex-cons represents a challenge for the authorities and the churches of the region, as they are obliged to offer another kind of life to these people.

"They are rejected by the country where they lived more than half of their lives, and now also by the country where they were born. And they're unfamiliar with this country because many left when they were still young children," Morales said.

His congregation alone in the Mariano Matamoros area was serving a hundred former gang members who had been repatriated. Many already had families, wives, and children, and some evangelized or helped the church in different ways. In all of them, however, as the poet Octavio Paz wrote in his book *The Labyrinth of Solitude*, we see that their sensibilities are like a pendulum, "a pendulum that has lost its reason and swings violently and erratically back and forth."[1]

"Mexico is their parents' country, not their own. They are deported here, to a culture they don't know," José Luis Ávalos, president of the rehab center Cirad, told me. He estimated that he had given shelter to 1,500 ex gang members trying to kick their addictions between 2007 and 2012.

Ávalos said the state has not come up with any public policies to help this population, whether health-wise or to develop their potential, for example, to take advantage of those who speak English. They have chosen

---

1   Paz, Octavio. *The Labyrinth of Solitude*. 1986. Translated by Kemp, l., Milos, Y., and Belash, R.P. New York: Grove Press, 13.

to ignore the problem. According to Ávalos, most ex-cons and former gang members who are deported stay on the border to be closer to their families in the United States, but many also join organized crime.

"These are people who were in prison. They have no fear, they know what it is like to be part of gangs. To many of them, since they can remember, their world has been like that," he told me.

For Victor Clark, a scholar of organized crime, not having real development opportunities for former gang members who are deported pushes them to become skilled manpower for the mafias.

"These young people are going to be hard to rehabilitate because there are no programs for that in the city," he said. "There are no jobs for them, people have many prejudices against them because of their tattoos, they're deported without any identifications and many don't even have birth certificates."

He added that even smugglers or *polleros* do not want to take them because they eye them with suspicion.

A hundred meters from the customs checkpoint of San Ysidro, California, Javier Valencia, 44 years old, had a small Mexican curio shop: ceramics, ponchos, hats, soccer jerseys, and musical instruments.

Valencia told me that in 1993 he was deported. He used to live in Oxnard, California, and had been in prison for drug crimes. When he was repatriated he kept doing in Tijuana the only things he knew: "keep consuming drugs, keep breaking the law."

That was until April 25, 1995, when he entered a rehab center on his own accord. He left in the fall of that year and began working as a clerk near the international border. Soon after, he started his business and began hiring deported ex-cons. He talked to them about his experiences and sent them to rehab centers.

"I wanted to give them a chance at life. These are people who get here with no money, no job, no friends, no hope," he told me.

Currently 12 former gang members deported from the United States are working with him. The employee that has been with him the longest is 59-year-old Gerardo Fuentes, who has a virgin tattooed on his chest and has worked there for 13 years.

"The U.S. government wanted to solve the problem by deporting gang members, but they are only moving them to a new place," Valencia told me.

CHAPTER NINE

CITY LIGHTS

IT SEEMED THAT LIFE WAS HERE AND NOWHERE ELSE. The thousands dancing in the street did not want to be like those living in Madrid, Paris, New York, London, or another big capital. Those people could keep their beautiful avenues, their money and luxuries, their skyscrapers and monuments, with their modernity and their history. They could keep their lives in cities where their governments do not allow for anarchy.

Here, in this border, there was a lot of heart and a light flowing from the string instruments of the Baja California Orchestra (Orquesta de Baja California or OBC) and from the synthesizers spewing electronic music. The irony! Northern ballads or bands of yesteryear mixed with melodies of a future world that has already happened: the Nortec collective.

For months, the deaths, kidnappings, and other usual calamities dominated the front pages of the media and the authorities "recommended that people not leave their homes." They feared attacks in public places after several shootings and hundreds of people gunned down.

So to see thousands of people on Paseo de los Héroes Avenue defying the odds on a Sunday (October 4, 2009) was extraordinary. (Officially organizers of the *Entijuanarte* festival said "25 thousand people," although no one can accurately count a crowd. Every media outlet, government office or nongovernmental agency guesses their own figure that fits their point of view.) It was like closing your eyes to the horrors of reality. *Waiting for Godot*, for something to happen, a miracle that makes life more tolerable.

Meanwhile we had that fusion, a return to the origins of the music paradoxically displaced by computers. A music that is so much from the border and at the same time so universal that, after traveling through many universes, returned to the acoustic, to the primitive, making people dance, hug, kiss, and repeat advertising slogans: *Tijuana Makes Me Happy*.

Oddly enough it did not seem surprising that local artists made people take back the streets. For two decades, thousands of artists and musicians, chefs, architects, and cultural promoters, among other professionals, had been creating a new border identity that intended to bury the bad reputation of Tijuana, or at least give another face to the city. In addition to the creation and restoration of several historical sites and art districts, plastic artists from the city had secured their place in modern art museums in Mexico, Spain, and the United States. And they not only exposed the border's hostile environment of human beings climbing, swimming, or running in search of better destinies, they also showed the many paradoxes on the run:

men and women who inhabit a complex, disjointed, underdeveloped world that is but a few meters from wealth and access to cutting-edge technology.

Nortec and the OBC, two musical projects with disparate origins (although both with Latin Grammy nominations and a national following) spearheaded this whole cultural movement that *Newsweek* magazine called in 2002 an arts Mecca, naming Tijuana among the eight most creative cities in the world, and that *The New York Times* described in an article in 2006 as HIP&HOT, an adjective alluding to this peculiar art movement.

The events of the day pass leisurely. To correspondents (and hence to the national and international media outlets they represented) and even to many local reporters, Tijuana had only crimes, and they often wrote about how the residents in this border town died in shootings at the hands of narcos. The city was doomed, cursed. It was a purgatory where everyone was guilty (see, for example, how the people there worship Juan Soldado or Al Capone behind the casino), people used to say. Nothing else happen, except those calamities. Nobody cared about trying to penetrate and understand the culture that has produced so many extraordinary human beings, understand the many people who work so hard that they bring to mind the stories of the grandparents who migrated to foreign places just to build a new life.

And yet the city was still a beautiful woman that the world would never abandon to her luck. How do you behave when a extraordinarily pretty girl looks at you like that? How do you talk to her, or light a cigarette? How do you look at her and what do you wear? That is not taught in any school. And the city was just like that behind all the violence, just as this community seemed to have nothing in her belly, when it was shown without passion and was just her figure, clothing, and attitude.

Artists, musicians, chefs, and students; children of laborers, whose parents, despite working ten hours a day, could barely feed them and take them to school; businessmen and entrepreneurs, with some of their offspring studying in schools in San Diego, and their friends: the people, all social classes, finally meeting in the street. Not for a demonstration—at least not consciously—but for a free concert. There was hope here, in the form of something.

I remember a tired, weathered man who was watching the concert from the lawn of the median strip, embracing a robust woman in her forties who seemed to be his life partner. He was amazed by the crowd. I heard him say on a couple of occasions: "Look old woman, after all we've been through, look," as he pointed to where the people were.

The fear that had permeated the city and then gotten inside its skin (not only for the armed attacks, people also feared losing their jobs after the harsh world economic crisis, or getting sick, a fatal disease in these times we were living), making thousands of families lock themselves up in their houses after 9 PM, seemed to be over, at least for that night.

That image reminded me of a crude phrase the Albanese poet Xhevdet Bajraj, who had sought asylum in Mexico after the war in the Balkans, said during a brief visit to Tijuana.

"One of the most important things that a person in a war zone understands is what it means to go to sleep without fear, to wake up and make coffee or not, you decide. Or you sleep in and miss a day of work, or take walk in the park or you go get drunk."

"In war you understand what life is, what it is to be happy, what life is about, to have the right to breathe freely, without fear. Why are they going to kill you? Just because you're Mexican or Serb or American," Bajraj told me.

TJ WAKES UP

AMERICAN TOURISTS STOPPED TRAVELING TO TIJUANA AND ROSARITO (a small beach town on the Pacific coast that was part of Tijuana's delegation until the first half of the 1990s, and where 80 percent of the economy depends on tourism) after strong security measures at international ports of entry were implemented following the terrorist attacks of September 11, 2001. The waiting time to cross the border increased to over two hours. But even after the prevailing insecurity in the region and the economic crisis, there were almost immediate reactions from the community against the drug war.

They were spontaneous movements, nobody agreed on anything while planning their own projects. They were started by entrepreneurs (*Tijuana Innovadora* or Innovative Tijuana, a 15-day institutional convention that showed the country and the world the innovations in education, science, culture, art, and technology that are exported from Tijuana, and where international personalities from various areas, such as Al Gore, Carlos Slim, or Biz Stone, gave lectures), cooks (Low Med), musicians (one of the most interesting projects was created by the Musical Arts Center [Centro de artes musicales or CAM], a music conservatory on OBC headquarters, that formed orchestras with more than 1,500 amateur musicians from poor neighborhoods), traders (Calle Sexta), and artists (festivals, exhibitions, and new independent arts districts), who for the first time set their attention on the residents of this city and stopped betting, as before, on the Americans and their dollars. The world of the American tourist, whose image strolled on Revolución Avenue, had collapsed, and now deliverance would come from the heart of the border: from its people.

SIXTH STREET

BY THE SUMMER 2011, SIXTH STREET COULD BE SEEN as the antitheses of that verse that has infected many poets, music, and generations: "the boulevard of broken dreams".

It looked as if no one there felt lonely or afraid of the violence of the drug cartels that shook this city bordering the United States, where there were more than 3,000 deaths from 2008 to 2011 and politicians recommended to stay inside your house.

Sixth Street is a long historic avenue called Flores Magón that runs along 11 long blocks, downtown, with a couple of them intersecting with the emblematic Revolución Avenue, and where many businesses and a immense cultural activity have flourished since early 2009.

Defying fear, thousands of people began crowding its bars, restaurants and dance halls, while local artists took to the streets and painted murals, sang opera and read poetry. New establishments opened and others were rehabilitated, including the restaurant where the Caesar salad was invented and an old, beat-up movie theater, a former cinema palace of the 1940s, soon to become a venue for theater again.

Sixth became a symbol for the people not to hide in their homes from the violence and criminal gangs that generated terror through kidnappings, executions, and scenes of sadism: bodies hung from bridges, decapitated and mutilated.

The vitality of Sixth, especially on the weekends, became a model for the community.

"It's a breath of fresh air in a space where the city itself had adopted a context of fear, derivative fear, full of risky scenarios," said social anthropologist and researcher at College of the Northern Border (COLEF) José Manuel Valenzuela. "The worst thing we can do is to abandon the cities. We must take them back, find ways of coexisting, ways of being together. That's the only antidote to what we are living through, which is very intense."

It is common to see on that street university students, taxi drivers, and laborers mingle with local artists, professionals, and middle-aged men. They fill the old bars and dance halls, new taverns and restaurants in a festive mood.

The music gives an idea of what happens in the street. You can hear a live band from Sinaloa, electronic music, salsa, a cumbia from *La Sonora Dinamita*, *boleros rancheros* from Javier Solís, national and American rock, accordions from a *Norteño* band and trova.

When was it that the jukeboxes in these places stopped playing classic ballads and cumbias and gave way to alternative rock or modern pop?

Rosa Aída Escobedo, 70 years old, who owns the bar *Dandy del Sur*, explained that by 2007 young artists working in the arts began to visit. They read poetry, had book parties, or showed artwork.

Nortec Collective then composed a song with the bar's name and soon another wave of young people got interested in visiting.

Nortec had revalorized through their music (a mix between electronic music and *Banda Sinaloense*) the border culture: its *mestizo* vocabulary and music, the chromatic syncretism and the people who inhabit this region, whose only constant is change. "The music began to vary a bit," added De Escobedo. "They were looking for rock, but they also played classic *rancheras* in the jukebox. We were surprised when these young people became our customers."

The revival of Sixth occurred against a backdrop of horror and death. The war between two cartels left a trail of 3,167 murders between 2008 and 2012, plus hundreds of missing and kidnapped people. An undetermined number of families left the city to escape the violence. Then there were the shootings in public places and the constant revelations that over 700 local and state police officers had been discharged because they were not trustworthy.

Military and civilian authorities established in 2008 a coordination plan for the state with a single command and key high military positions. There were also purges and intensified police operations and patrols.

Even when this model of public safety began producing results with significant seizures of drugs, weapons and drug traffickers arrests, U.S. diplomats believed that the border remained a "safe harbor" for criminal organizations, as they "have the protection and cooperation of the local police," according to cables leaked by Wikileaks.

The cables questioned the "police purge" and the official statistics indicating an alleged reduction in violence.

A cable signed by then-Consul Steven Kashkett, from October 30, 2009, stated that "the improvement in the statistics does not say much. Tijuana is a city in dispute between leaders from the Arellano-Félix and Sinaloa cartels, and crime remains high."

The atmosphere in the city had changed radically. Tourism seemed like an old story and thousands of people had lost their jobs after the U.S. housing crisis.

Revolución Avenue, the economic thermometer of the city, had lost its soul. According to authorities, of 724 establishments lining the avenue, only 325 remained open in 2009 (the occupancy had remained at 50% until 2012).

31-year-old José Luis Flores was one of the laid off employees from a restaurant on Revolución Avenue in early 2008. He went to work at La Estrella, a popular, three-decades-old dance hall on Sixth which was patronized mainly by day laborers, migrants, and domestic workers.

"La Estrella felt the crisis, like all businesses, but continued because it didn't depend on tourism but on the people from here. Late in 2008 a funny thing happened: a lot of young people started to come and play their music. There were no longer old cumbias but reggaeton and *banda*," explained Flores, who is now the manager of the dance hall.

As young people patronized old bars and taverns, other entrepreneurs opened pubs or bars with cultural themes on the same street.

"We wanted people to take back the streets of the city, creating new entertainment options for *Tijuanenses*," said Mirza Muñoz, an artist who owns the bar *Santa Leyenda* (Holy Legend), which opened in December 2009 on Callejón de La Sexta (Sixth Alley).

Another shopkeeper from the area, 80-year-old Giuseppe Di Carlo, believes that the revitalization of the streets is just an illusion. Di Carlo, owner for more than four decades of Tropic's Bar, says that "most (current customers of The Sixth) are university students who only drink beer and want to go from one place to another, just to see them. They're going to graduate and will never come back again."

"This is temporary," he told me.

Valenzuela—anthropologist and author of *Jefe de jefes* (Boss of Bosses), among about 30 published sociology works—believes that the vitality of Sixth contributes to the transformation of the scenarios of violence, as it offers "new ways of inhabiting the city".

Community and artists groups began organizing events that made people stop thinking so much about the violence. In 2009, two blocks from Sixth Street, in an abandoned store on the corner of Revolución Avenue and Fourth Street, a club of senior citizens began to meet on the weekend to dance to *danzones* and salsa. Soon it became known as "the place where old people dance."

The building was for rent and the owners lent it to the club for ballroom dancing. At first there were about 50 couples, but soon the number increased to up to 1,200 people of all ages every weekend, Miguel Rodríguez, 66, self-proclaimed promoter of these events, told me. The collective Poetas Intransigentes (Intransigent Poets) began organizing poetry readings around that time. They were a dozen local writers who read poetry in downtown streets and generated discussions with the public. There is also the Ópera Ambulante (Traveling Opera), a group of professional singers who sing popular arias in enclosed public places, like bus terminals, dressed like employees of the place, to the surprise of all around.

In an alley that crosses Revolución Avenue toward the congested Constitución Avenue, between Third and Fourth streets, scores of painters, photographers, and graphic designers transformed old craft shops in 50 small studios and galleries.

"We can't wait for the insecurity and the economic crisis to ebb down to start our projects. We are a group that has hope, faith, that we ourselves can change the city," Luis Eduardo Díaz, a graphic designer leading a gallery in Pasaje Rodríguez Arte y Diseño (PRAD), a cultural center opened in April of 2010, told me.

At almost the same time another group of artists was painting a series of murals on the aluminum sheet gates of stores for sale or lease on Revolución Avenue as part of *Entijuanarte*, one of the most important annual art festivals in the country, which shows, promotes, and sells contemporary art by national and foreign artists. Meanwhile, in July of 2010, Chef Javier Plascencia, one the country's most creative chefs, rescued the space of Caesar's restaurant, one block away from Sixth, where the restaurateur and Italian immigrant Caesar Cardini invented the salad made of whole romaine leaves, garlic, Worcestershire sauce, raw eggs, and parmesan cheese, in the 1920s. Plascencia redecorated the place and began offering "Baja Med cuisine" and other dishes made with old recipes from Italian immigrants who founded the first restaurants in Tijuana over a century ago.

BAJA MED CUISINE

BY THEN THE GASTRONOMIC MOVEMENT led by a score of chefs was creating recipes that until recently were not part of Mexico's culinary traditions, which is considered Intangible Cultural Heritage of Humanity by the United Nations.

The few references to the cuisine of this region were the invention of the famous Caesar salad and lobster Puerto Nuevo style, served with beans, rice, and flour tortillas in a small town 30 minutes south of Tijuana.

Even the lack of gastronomic options in this border zone inspired Tijuana writer Luis Humberto Crosthwaite a decade ago to state ironically that the real local cuisine was Chinese, alluding to the more than a thousand restaurants this community has in the state, half of them in Tijuana, from the Chinese immigration to the Valley of Mexicali, the capital, in the late nineteenth century.

However, a group of chefs, supported by wine producers, beers brewers and baby-vegetable growers, seafood farmers and fishermen, all from Baja California, were giving a unique identity to the cuisine of this region and at the same time getting the attention of international experts .

They called the new cuisine Baja Med and its chefs mixed ideas and concepts from traditional Mexican cuisine with recipes from migrant groups in Mexico, Chinese and European immigrants, and with a great variety of products that only Baja produces.

Many dishes of this cuisine had been eaten for decades in the region and people just complacently consumed them (tacos with unique sauces, sandwiches with bread warmed on the grill, seafood cocktails, lobster and *machaca* burritos, among other delicacies), but until then there was no "city brand." The chefs and the haute cuisine schools established on the border gave the city this distinction and advertised the idea that Tijuana was synonymous with good cuisine and new culinary trends rivaling those found in Spain and Peru.

"We understood the ingredients we had here and worked with them. That has defined our kitchen," said Plascencia, who is also chef and owner of Restaurant Misión 19, one of the main representatives of this new cuisine.

Leonardo González, president of the Association of Chefs of Baja California, said that Baja Med comprises a series of dishes based on fish and shellfish that are only caught or farmed in the cold Pacific waters in the Sea of Cortez.

These stews, he explained, are made with red lobster, several species of fish such as farmed fresh tuna, croakers, mantas, marlin, barracuda or flounder, and seafood such as abalone, oysters, mussels, lion's paw scallops, shrimp, clams, sea cucumbers, octopus, squid, red sea urchins, and crabs.

And also products from the land like baby vegetables from Maneadero, south of Ensenada; olives from the trees in the wine producing valleys, used in Mediterranean dishes and to make olive oils; dates from San Ignacio; tomatoes, strawberries, and raspberries from San Quintín.

That in addition to the grapes grown in the valleys of Guadalupe, San Antonio de las Minas, Calafia, Santo Tomás, and San Vicente, which are the heart of the Wine Route, where 90 percent of Mexican wines are produced from brands like Monte Xanic, LA Cetto, Domecq, Balche Baron, Chateau Camou and St. Thomas, among others.

"We are looking for our own cuisine. We are geographically privileged, because throughout the year we have a great variety of products. After so many generations, we still didn't have a regional, traditional cuisine. So in Baja Med the products are the main players," said Miguel Ángel Guerrero, chef of La Querencia Restaurant and one of the proponents of this cuisine.

This movement was conceived in 2006, but in 2009 it began to appear in various food festivals in the city and attract the attention of culinary specialists.

"(In) Tijuana and Ensenada there are amazing things happening right now. They got tired of waiting for the Americans to return and began to create delicious and creative food," Anthony Bourdain, chef and host of "No Reservations" on the Travel Channel, told LA Weekly.

And international chef Rick Bayless, who has participated in TV programs like "Iron Chef America" and "Top Chef," after recording a program on the border for his series "One Plate at a Time" on PBS, said that "Tijuana has one of the most interesting Mexican cuisines today. It is of one of the greatest cities to eat in across North America."

According to the National Institute of Statistics and Geography (INEGI), Tijuana houses a little more than half of the 3.1 million people who live in Baja California. 50 percent of those who live in this border city were born in other states of Mexico, and they coexist with the children of Mexican, Asian Americans and Europeans immigrants from first and second generations.

"Baja Med is a cuisine that mixes the many cultures of the people who have come with the intention of crossing to 'the other side' but have stayed, in addition to the French and Italian restaurateurs (the so-called international restaurants) who settled here after the prohibition era in the United States (1920), whose main clients were the Americans who came to the border to have fun. And then there is the influence of the Chinese settlements," Plascencia told me.

Many "international restaurants" were closed during the decades of the 1990s and 2000s, when their owners died and tourists stopped coming, after 9/11 and the war on drugs, which made Tijuana a hostile territory.

Plascencia believes that this land took so long to develop its own native cuisine because most restaurant owners were not Mexican, they cooked with products that were not from the region and that they easily got from California. Plus Mexican cuisine was looked down on and only consumed in small mom-and-pop restaurants.

"Our job was to appreciate the products that we had here, with the historical experience we had from the mix of cultures, and take advantage of what grows during each season in the region," he said.

According to the state government, Baja California is among the top four states in the country in production of vegetables. The municipality of Ensenada, 40 minutes from Tijuana, is the leading producer of mussels and wine in Mexico. It is also a national leader in the aquaculture of oysters, clams, and shrimp, and in fishing seafood and farming blue fin tuna.

"Many producers thought about their products in terms of the markets in the United States and Japan, they didn't trust us. What we have done is convince them to sell us some of their products for distribution here. It has been labor intensive, but we've had the support of chefs like Benito Molina (Manzanilla restaurant owner and star of a TV program in the Utilísima network), who have promoted the products," explained Blanca Zamora, manager of El Sargazo, a distributor from Ensenada that sends seafood, vegetables, cheeses and other products of the region to 400 gourmet restaurants in touristic cities around Mexico.

"Most of our products are being exported to the United States, but the demand for local products is growing, since the boom of Baja Med cuisine," said Héctor González, manager of the company Max Mar, dedicated to the cultivation of Manila clams and oyster Kumamoto in Ensenada since 1999.

According to the head of chef of La Baja, producers now have "a great laboratory, where they are creating amazing products for the gastronomic market. What is happening in restaurants is a synthesis of all this."

One of the producers is David Martínez, owner of the farm Martínez e Hijos, who has grown baby vegetables for 25 years.

"There was no market then for these products in the United States, much less in Mexico. We used to go to California and offer the products. My plan was to take an old product, modify it, and draw the attention of restaurants and the housewives," he explained at his ranch in Ensenada.

"The goal was to produce small vegetables with better colors, flavors and textures," said Martínez. They began producing peeled baby carrots and mini yellow and green star squashes by order for chefs from Los Angeles, California.

"In the United States they began to call these vegetables gourmet products. I didn't even know what that was," he told me.

Just like Martinez, some 80 wine producers from Ensenada's wine valley, and 30 artisanal cheese producers of Real del Castillo, a town southeast of Ensenada, had spent decades making their products and now they are the ones nurturing this new kitchen.

"Many of us were working on our own for some time and gradually we just started working together, but each with their own style," said Marcelo Castro, the main cheese producer in Real del Castillo and a great-grandson of a Swiss immigrant who came to Ensenada in the late nineteenth century.

One evening at the Misión 19 restaurant I asked Plascencia if there were enough ingredients in the region to create a wide variety of dishes. He told me that "the products we have are enough for countless dishes, thousands. It all depends on the creativity of the chef."

ART CAUSED BY THE NARCO WAR

One morning in the summer 2010, residents of the Reforma neighborhood on Tijuana's east side woke up to a thunderous noise, as if stones were crumbling down hitting the pavement. They did not know what it was. Soon after they learned that there was a shootout between criminals and the authorities that left twenty people dead. The painter Silvia Galindo, a resident of the neighborhood, said at the time: "My neighbors' roosters don't wake me up anymore, now it's the gunshots." She went up to her studio and began working on a painting she titled "El que le cantó a San Pedro no le volverá a cantar" (The One Who Sang to St. Peter Will Not Sing to Him Again).

That painting was included in an exhibit called "El recuento de los días", (The Count of the Days), a collection she worked on mainly from 2007 to 2012 and that included a lecture on the prevailing climate of violence on the border and in the rest of the country. It has been fully or partially exhibited in galleries in Mexico, Cuba, England, Japan, and the United States.

"Crucero" (Crossing) is part of this collection. It is a wooden cross, 2.5 by 2.5 meters, with shell casings glued on both sides. Also, "Desaparecido," (Disappeared) consisting of 14 pieces that gradually form the silhouette of a dead body wrapped in a blanket (an *encobijado*); "Diccionario de la violencia" (Dictionary of Violence), 27 sheets with news clips, each describing a violent event; "Sangre" (Blood), "Ola" (Wave), and "¿Cuántos? (How Many?), strokes-silhouettes closer to poetry than drawing and made with acrylic paint on a canvas, among other pieces.

The last work she did for this collection, in 2012, was called "El pan nuestro" (Our Bread). It includes a wooden table with a tablecloth and four plates glued to it. Instead of food the plates have bullet casings on them.

The violence became so common that it was impossible not to talk about it at the table, she said. "This has become a war where people die daily. In this show I talk about the killings, the human-rights violation, the nighttime and broad-daylight shootings, the crosses in the streets reminding us of the many deaths and the impunity, the demonstrations where people have nothing left but to turn to the heavens, the news media, and the degree of dehumanization we have reached."

Like Galindo, a score of artists from the region have worked on several pieces that deal with the violence generated by the war against traffickers from their own perspective.

Tijuana was one of the first cities in the country to which former President Felipe Calderon (2006–2012) sent marines and federal agents to fight drug traffickers engaged in a war between rival cartels.

During those years, the authorities reported over 3,500 murders and about a hundred missing persons related to drug trafficking, hundreds of abductions and muggings, dozens of corpses hanging from bridges and beheaded, and multiple shootings in restaurants, dance halls, hospitals, residential areas, and busy roads.

In January of 2013, the National Human Rights Commission (NHRC) noted that during the administration of Calderón there were more than 25,000 missing persons in Mexico and over 60 thousand people killed in the battle against drug traffickers.

"Historically, drug trafficking and violence have been featured in some works by border artists, but the themes became more acute during those years. It coincides with what was going on. It didn't become a movement per se, but the subjects were captured, " explained the contemporary art curator Olga Margarita Dávila, who is also a teacher and an art critic with 20 years of experience.

"It had to do," added Dávila, "with the way people react as a community, about that thing that is hurting us, oppressing us. And then groups like Reacciona Tijuana or Tijuana Innovadora joined in."

Dávila, along with Carlos Ashida, were curators of the exhibition "Obra Negra. Una aproximación a la construcción de la cultura visual de Tijuana" (Unfinished Work. An Approach to the Construction of Tijuana's Visual Culture), which was shown from March to June of 2011 in the three galleries of El Cubo at the Tijuana Cultural Center (Centro Cultural Tijuana or CECUT), the most important space for artists in the northwest region of the country.

"Obra Negra" recreated Tijuana's life from the Treaty of Guadalupe in 1848 to the violence generated by drug trafficking in recent years, from the perspective of 137 artists.

The art inspired by the narcos' war included works by news media photographers from the region, such as Alex Cossío, Guillermo Arias, Roberto Córdova, and Pablo Guadiana, who showed disturbing images not only of the reality of the bullets and victims of drug trafficking, but also of the wearing out of the society and glimpses into the inner world of the traffickers, Davila explained.

From March to May of 2013, the CECUT presented in one of the galleries from The Cube the exhibit "Retrocrónica" by painter Franco Méndez Calvillo, who defined the collection as "a synthesis of his work but also a chronicle of our time obsessing over violence, seen from the perspective of an esthete."

The exhibition, comprising five parts, began with a series of calendars (made in 1996), that did not feature bucolic landscapes or hot ladies. The images alluded instead to violent events. Traces of violence and death tolls linked to immigration.

The second part of the exhibit had large paintings of men hanging inside chrysalises (made in 2009), as if nature were embracing them, and, as the painter said, they allude to the victims displayed on bridges during the war against drug trafficking.

"Franco's pieces represent a kind of ritual that seeks to alleviate the pain of those offering testimony. Franco is someone seduced by beauty with such strength that perhaps no other emotion can move him the same. On the other hand, he has a spirit given to experimentation and risk, which has not changed in over twenty years," Ashida explained.

In several public sites, murals, and city streets there are references to the phenomena provoked by the war against narcos. There are, for example, pieces, sculptures of white puzzles with words of harmony, tolerance and peace, placed in various areas during demonstrations in which citizens demanded "a stop to the violence," and "justice," or that the authorities find the missing persons.

Outside the Children's Museum El Trompo, located on the east side of the city, since last year there has been a sculpture called "Sitio de Seguridad" (Site Security) by Daniel Ruanova. The sculpture, part of a series called "The Fuck Off Project" that he exhibited for the first time in the spring of 2010 at the CECUT, is made with lightweight materials (galvanized steel cut, bent and bolted) and resembles a porcupine.

According to Ruanova, this work/installation "invades, besieges, and defends the public space, assaulting it, while motivating certain fascination with the aggressor, creating a physical and conceptual metaphor about the use of security and violence as a system of personal, communal and political protection."

Around El Trompo museum there are about 30 neighborhoods that have been affected the most by the drug war. According to the Attorney General of the State in Baja California, about 80 percent of drug-related crimes occurred on the east side of the city.

There, despite the austerity of the houses, people have closed down their properties, sealing the windows and the doors of their homes. On some walls and fences you can see barbed wire or cut glass in an attempt to ward off criminals.

HEMINGWAY SAID, REFERRING TO MORAL AND AMORAL DECISIONS, that "if it made you feel good, it was good." That is, trust your senses, a maxim from St. Thomas Aquinas.

I witnessed all these projects and, as a well-meaning child who always wanted others to be happy in an orderly city, I was pleasantly impressed.

I had noticed that for a long time, the inhabitants of this border town were not going to where our steps should take us to, but to where circumstances had placed us. But little by little, everyone embracing what they loved most, we are returning to set our feet back down on the ground. On our own piece of ground.

For me the drug war on this border, and the reaction of the community, made me want to *return to the land*. I mean, in my delirium, I thought the idea of civilization was born out of the human horror at having to face the overwhelming fear that the immensity of nature provoked of us (and the primitive men, advised by devils who murdered and burned entire communities, storms that drowned them, trees that communicated thorough their, winds that insulted them) as everyday phenomena. So our ancestors worked to create a civilization that isolated us from the brutality, the killings that primitive men committed when they found themselves surrounded by demons, angels, and gods, and the huge demands of existence.

Life in this city would continue to flow seemingly as before. But we should not deceive ourselves, about what had happened, and still continues happening although with less virulence. It has changed many of us from top to bottom, and not even wearing our parents wardrobe or smelling the scents that comforted us could we shed the intense feeling of loss and absence we have kept inside, as if our world, what this city was, were not here anymore.

CHAPTER TEN

THE HYDRAS OF DRUG TRAFFICKING

THE ARREST OF SOME OF THE MAIN LEADERS OF THE CARTEL that controlled drug trafficking into California through this border, and the retail sale of narcotics in Tijuana, did not stop the killings linked to this illegal business, nor drug consumption.

The only thing that changed was who was in charge of the drugs and the cartels, as it has historically happened in organized crime, as demand persists and grows, several specialists said.

While it was true that by the 2012 high-impact crimes (shootings in public places, decapitated victims, or bodies hung from bridges) seemed like a bad memory in Tijuana, the authorities still kept reporting more than 300 murders linked to drug trafficking during that year.

One such victim was identified by state prosecutors as Gustavo Torres, 35 years old, who had been deported from the Unites States in the spring of 2012. Torres did not have a permanent address in the city, was addicted to drugs, and worked as a drug dealer. He was stabbed to death by a man who was owed 25 doses of heroin, according to the attorney general of the state of Baja California. He became one of the 364 murders reported in 2012 that the authorities linked to small-time drug dealers in the city.

The settling of scores between small-time drug dealers were the main manifestation of drug violence in Tijuana, according to state attorney general Rommel Moreno, whose office would record about 100 homicides linked to this problem during the first three months of 2013.

In addition, new evidence showed that the complicity between organized crime and current and former police officers was not over.

On March 4, 2013, the PGJE announced it had remanded former municipal officer Mario García Corona, 25 years old, who was a member of a criminal cell linked to the Sinaloa cartel, "dedicated to street drug dealing and the execution of people opposed to the organization." According to prosecutors, two months ago García had participated in the murder of a drug dealer, identified as José Guadalupe Jiménez, who sold narcotics on the east side of the city.

The explanation that the authorities offered for this kind of violence was unbelievable.

The secretary of the Agency for Public Safety of the state of Baja California (Secretario de seguridad pública del Estado or SSPE), Daniel de la Rosa, said most of the executions that were happening in the city were done by suspected criminals who had been arrested between 2010 and 2012, but were later released for lack of evidence. Many returned to the areas where they sold drugs, mainly on Tijuana's east side, which were already taken by other drug dealer belonging to enemy cartels.

Violence had decreased significantly, but traffickers´ main targets were small-time drug dealers like Torres, who owed drugs or belonged to one cartel or another, to the point that 80 percent of the homicides in the city in 2011 and 2012 were linked to small-time drug dealing, said the state prosecutor.

That contrasted with what happened between 2008 and 2010, when the wars between cartels caused an average of 800 murders a year, dozens of abductions and hundreds of missing persons. The victims were drug dealers, businessmen, children of businessmen, professionals, students, and citizens killed during shootouts.

During those years, the community lived terrified by the confrontations between the cartels and the government forces and between each other in public places, which left dozens of mutilated bodies dumped in crowded places and bodies hanging from bridges.

By the spring of 2013 you could see a revitalized nightlife in the bars and restaurants of this border. There were many shows and gastronomic festivals in the streets, and tourism authorities reported surges of up to 20 percent in hotels occupancy.

"I think security has improved a little, or maybe we have become used to this environment. It's true that we don't have as many murders in the streets or bodies hung from bridges, but there are still dead people (linked to drug trade) and other types of problems, such as robberies. With everything that's happened maybe we've all learned to not pass by high-risk areas," Susana Domínguez, a high school teacher who lives on Tijuana's east side, one of the most troublesome areas, told me in early 2013.

I consulted experts who pointed out that the reduction of violence was because the Sinaloa cartel, led by Joaquín *El Chapo* Guzmán, and considered the country's most powerful drug trafficker, had taken over the control and transfer of drugs in Tijuana, inaugurating a new era of organized crime.

"A cartel was dismantled, but another one came," said Vicente Sánchez, a researcher in the department of Public Administration from the College of the Northern Border (COLEF). The Sinaloa cartel, however, acts with "less virulence" than the Arellano Félix brothers, who they displaced.

"Apparently, this organization is not interested in kidnappings and does not pose a threat to the population that has nothing to do with their business," he said, "but it is a group that still uses violence to gain control."

For his part, social anthropologist Victor Clark, director of the Binational Center for Human Rights, who has studied drug trafficking along this border for more than two decades, said that unlike any other criminal organization, the Sinaloa cartel uses violence as a last resort.

Their organization is more business-like, more financial. They don't use executions as a first resource," he told me.

Clark says the *El Chapo* Guzmán group, who controls the sale of drugs in Tijuana and its transportation into the United States, was favored by the federal government´s war against drug trafficking along this border.

Tijuana was one of the first cities in the country where the federal government sent the army to deal with organized crime. The fierce crackdown, that intensified from 2008 on, dismantled the Arellano-Félix cartel and in turn generated infighting that weakened the organization even more.

"We faced a war of cartels and real and serious confrontations," state attorney Moreno told me. He added that since the beginning of 2008 they saw a series of kidnappings from both criminal groups intended to send messages to each other.

The arrest of major drug kingpins, the coordination between the Mexican army and civil authorities (municipal, state, and federal), the partial purge of the police forces and the decrease in violence in the city, was interpreted by President of Mexico, Felipe Calderón, as a victory in the fight against drug trafficking.

Calderón said during various public events held at the end of his term that Tijuana offered an example of how to combat drug traffickers. The battles were focused on the border region and emphasized capturing the cartel leaders. The army took a prominent role in this battle.

The security tactics made by the government of Baja California were intended to put a war marshal, the commander of the Second Military Region, in charge of coordinating the anti-drug operatives, and compel him to explain his actions during accountability meetings attended by key political and public-safety figures.

"The security strategy worked well in the state as far as it could. It contained the most serious problem. However this did not solve other problems such as addiction, common crimes like robberies, or social inequalities," Mario Herrera, director of the School of Law at the Autonomous University of Baja California (Universidad Autónoma de Baja California or UABC), told me.

HERRERA BELIEVES THAT THE TACTICS EMPLOYED by the federal government worked because it could coordinate local and state leaders in the fight.

"(In the fight against the *narcos*) Baja California is generating better results compared to any of the other border states, like Chihuahua, Sonora, Tamaulipas, and Nuevo Leon," Herrera told me.

Although military interventions have been instrumental in hitting drug trafficking organizations, they have not been so forceful as to extinguish them. The blows dealt to the Arellano-Félix cartel allowed the group of *El Chapo* Guzmán to take control and create a new dynamic in the region, with fewer murders.

The importance of street sales, on the other hand, increased since late 2001, when the United States reinforced surveillance at the border, hindering the crossing of drugs into that country, according to Abel Galván, Deputy Attorney of Organized Crime (Subprocurador contra la delincuencia organizada or SCDO) of the PGJE. Unable to pass drugs across the border, the traffickers increased the sales of narcotics in Tijuana and created more addicts.

"In Baja California, (street drug dealing) generates approximately 22 million pesos (approximately $1.7 million) a day," Galván told me.

According to the official, by 2012, street drug dealing in Tijuana was already handled by cells linked to the Sinaloa cartel, but they had also identified cells from other criminal organizations, and the fights over territory and score settling were abundant.

Seizures of drugs, money, and tunnels "indicate that the Sinaloa cartel is gaining strength, filling the power vacuum" left by the dismantled cartel that used to have control of the area," said Sánchez, researcher at COLEF.

While Clark believed that, "unlike the Arellano cartel, the Sinaloa organization is more discreet and avoids attracting the attention of public opinion, but their activity has not diminished."

In July 2011, the military seized a field of 120 hectares of marijuana south of Ensenada, Baja California, the largest cultivation of this narcotic found in the country so far. And three months later, the military announced the seizure in Tijuana of 358.2 kilograms of cocaine and dozens of tons of marijuana packaged for shipment to the United States. They also found transnational tunnels next to the airport and confiscated 15 million dollars in cash from a vehicle. Authorities blamed all the narcotics seized, the tunnels, and the money, on the Sinaloa cartel.

"The problem is not in arresting people, but in the structure. We attack them in the media but we don't attack their financial or political structure, which remain intact. They arrest a drug trafficker but another one comes along and we continue to have an abundance of drugs in the streets. That hasn't changed," Clark told me.

El Chapo is a fugitive since January 2001, when he escaped from a maximum-security prison in a laundry container. *Forbes* magazine has estimated that he has an economic power valued at about a billion dollars.

The combination of first-world luxuries, where society can buy any drugs to either achieve a promised happiness or escape the harsh reality at a bargain price, along with the business opportunities offered by the infrastructure of a developing city, has been historically irresistible to organized crime.

This mix has been understood by the people who inhabit this city as well as businessmen, criminals, politicians, and tens of thousands of migrants who have taken advantage of this border area to do business, work, and rebuild their lives.

It is no secret that drug use is closely tied to a system that has created enormous social inequalities, political corruption, and continuous economic crises. The global markets (just look at what happened with the financial and real estate sector since the summer of 2007) are insufficiently regulated, and there is a great spiritual vacuum in the population when it comes to how much we bet on material goods.

But culture has also played an important role in spreading the idea of the pleasures that narcotics can offer. I remember in the 1990s, for example, the impact on my generation that the *grunge* movement had (the drugs that band members of Nirvana or Pearl Jam consumed openly). Or films like *Pulp Fiction* (Tarantino, U.S., 1994) , *Trainspotting* (Boyle, Scotland, 1996) and *Hate* (Kassovitz, France, 1995), that contain many scenes where drug use is permissible. Or *rave* culture, associated with the use of amphetamines and ecstasy.

The declaration of war against drug traffickers by then-President Felipe Calderón, and his quest to solve the drug problem with police and military deployments, only betrayed an outright renunciation of political responsibility. His plan lacked the vision or the interest needed to address the enormous inequities of the country, which fuel organized crime and its financial system, like money laundering. Organized crime is not made up of sinister corporations plotting to take over the world, but of a complex interaction between the formal and informal economies that could theoretically be tracked down by both the Mexican government and its wealthier northern partner.

The border situation has been compounded by the cynicism of the Unites States government, not only about the sale of guns and war rifles to criminals in Mexico (like the *Fast and Furious* operation by U.S. authorities), but also about the high demand for illicit drugs from their society. For example, the display of drugged up celebrities in luxury cars and dream mansions, no matter the bloodbath that those drugs generate in Mexican border cities and much of Central America.

Often, when a conflict erupts, the community tends to isolate it, to wash their hands out of it. That is what the United States and Europe did. They cordoned off Mexico when the drug war started as if they had nothing to do with it. Do they still ignore the tens of thousands of tons of drugs that each year travel through their borders from Mexico?

THE UNSTABLE AND DANGEROUS SITUATIONS THAT LED TO the drug war in Tijuana (and that still plague the rest of the country) continue, even if they are less flashy and no longer terrorize the population. But they are there. Like a rabid dog just resting for a moment.

Tijuana, perhaps like no other city in the world, is a synthesis of poverty and wealth (that enormous gap), and the dividing line between them is a solid fence or a neatly trimmed garden. That is, the ambition of those who have nothing (and nothing to lose) is an everyday occurrence that matters. As the fish from the Guy Davenport's story, which seems to be the only creature in the sea that cannot describe the water and can only say, "It is what it is. This is how things are," in this city the situation is like it is, and sometimes you cannot escape it.

The economic, political, and social environment continues to favor drug trafficking (for many people, to belong to a criminal cell means the possibility of having the things they have always desired, from a succulent dish to a mansion next to the sea). It matters little if we come up with new police forces or if the army keeps patrolling the streets.

OMAR MILLÁN

(Tijuana, Mexico, 1978)

Es periodista independiente y docente. Desde 2011 trabaja para la agencia *Associated Press* (AP). Es autor del libro *La fábrica de boxeadores en Tijuana* (Trilce, 2012). Egresó de la licenciatura en Lengua y Literatura Hispanoamericana por la Universidad Autónoma de Baja California (UABC), campus Tijuana; tiene un posgrado en educación media superior y un diplomado en periodismo. En 2005 fue uno de los diez finalistas del Premio Latinoamericano a la Mejor Investigación Periodística de un Caso de Corrupción (IPYS-TILAC) y obtuvo una mención especial del Instituto Prensa y Sociedad y de Transparencia Internacional por el reportaje "Caso Sasayama". En 2012 obtuvo la medalla de bronce del premio de periodismo *José Martí* de la National Associated of Hispanic Publications por el reportaje "Doble desafío". Fue reportero fundador de planta del diario tijuanense *Frontera* de 1999 a 2005 y *freelancer* de *The San Diego Union Tribune* de 2006 a 2013. Ha colaborado además para las revistas *Gatopardo* (México/Colombia) y *Le Courrier International* (Francia), y el diario estadunidense *Minneapolis Star Tribune*.

Omar Millán is a journalist and a professor. He has written for the Associated Press (AP) since 2011. He is the author of *La fábrica de boxeadores en Tijuana* (Trilce, 2012). Millán received a BA in Spanish Literature from the Autonomous University of Baja California (UABC), Tijuana campus, a graduate degree in education, and a journalism diploma. He was one of ten finalists for the Best Investigative Journalism Report on Corruption in Latin America and the Caribbean which is awarded annually by Transparency International in Latin America and the Caribbean (TILAC) and the Instituto Prensa y Sociedad (IPYS), and received a special recognition by the IPYS and TI for his article "Caso Sasayama." Millán won a bronze award from The National Association of Hispanic Publications' 2012 José Martí Publishing Awards for his article "Doble Desafío." He was a full-time reporter for Tijuana's newspaper *Frontera* from 1999 to 2005 and freelancer for *The San Diego Union Tribune* from 2006 to 2013. He has written for the magazines *Gatopardo* (Mexico/Colombia) and *Le Courrier International* (France), and the U.S. newspaper *Minneapolis Star Tribune*.

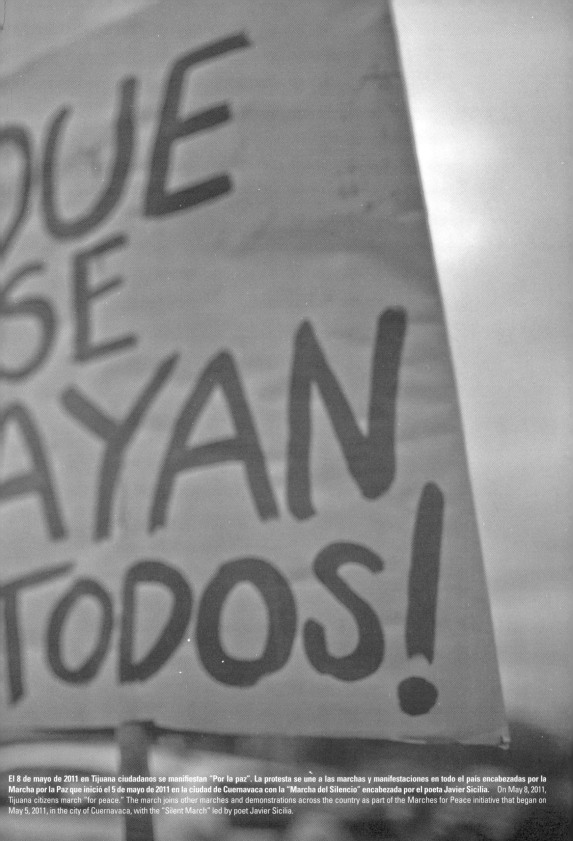

El 8 de mayo de 2011 en Tijuana ciudadanos se manifiestan "Por la paz". La protesta se une a las marchas y manifestaciones en todo el país encabezadas por la Marcha por la Paz que inició el 5 de mayo de 2011 en la ciudad de Cuernavaca con la "Marcha del Silencio" encabezada por el poeta Javier Sicilia. On May 8, 2011, Tijuana citizens march "for peace." The march joins other marches and demonstrations across the country as part of the Marches for Peace initiative that began on May 5, 2011, in the city of Cuernavaca, with the "Silent March" led by poet Javier Sicilia.